Clinton Cash

クリントン・キャッシュ

外国政府と企業がクリントン夫妻を『大金持ち』にした手法と理由

Peter Schweizer
ピーター・シュヴァイツァー◉著　あえば直道 監修

LUFT
メディアコミュニケーション

クリントン・キャッシュ

――外国の政府と企業がクリントン夫妻を『大金持ち』にした手法と理由――

まえがき

あえば直道

『クリントン・キャッシュ』は、日本と世界の行く末が気になる全ての人にとって、必読の書といえる。なぜなら、次期大統領候補の筆頭であるヒラリー・ローダム・クリントン（前・国務長官）が、アメリカの元首としてふさわしい人物かどうかは、長年の同盟関係にある日本にとって、最も重要な外交テーマの一つだからである。

原著のサブ・タイトルに「―外国の政府と企業がクリントン夫妻を『大金持ち』にした手法と理由―」とあるように、ヒラリーとビル（元・大統領）がこの十数年で築いた莫大な富の、背後に潜む存在と、不正な取引の実態を、緻密な調査と膨大な出典に基づいて検証したのが本書の内容である。

具体的には、二人が慈善団体として立ち上げたはずの「クリントン財団」への寄付や講演料を外国政府や企業から受け取る見返りに、ヒラリーが国務省の権限等を利用して、何度も便宜供与を図っていた、との主張を、各国ごとの詳細な実例に基づいて展開している。

昨年五月にアメリカで発刊されて以来、この本がメディアと国民に与えた影響は大きかった。保守系・リベラル系を問わず、主要なニュース媒体に次々と取り上げられ、「ニューヨーク・タイムズ」では、たちまちベスト・セラー・リストの二位に躍り出た。

さらにアマゾン・レビューは一、〇〇〇件に到達寸前で、今も☆四・五の快進撃である。

本書の発刊に最も衝撃を受けたのは立候補表明をしたばかりのヒラリー陣営であった。慌てて反論サイトを立ち上げ「でっち上げだ！」と主張したものの、無かった事を証明するには至らず、逆に、本書の著者、ピーター・シュバイツァーとそのチームは、各メディアからの取材を受ける度に、本書の内容以上に詳細な資料を提供し、ヒラリーの「罪の検証」を重ねている、というのが現況である。

訴訟大国のはずのアメリカで、ヒラリー陣営が裁判を起こせずにいる点に、本書の内容の真実性が「見え隠れ」している、と述べる識者も多い。

本書が発刊されてからというもの、昨年半ばまで〝泡沫候補〟であったはずのドナルド・トランプ（共和党）に、いまや支持率で同点になるところまで、「本命」のヒラリーは追い上げられている。

昨年一二月のＣＮＮによる全米世論調査での「ヒラリーは正直で信頼できる人物か」の質問に対し、「信頼できる」三〇％、「信頼できない」五九％、という結果が示すように、本書が今回の大統領選挙に与える影響は、少なくなさそうである。

二〇一六年一月

目次

ロンダへ

第一章　グローバルな「リンカーン・ベッドルーム」

クリントン財団——正式名称はビル、ヒラリー、チェルシー・クリントン財団——に、これまで外国政府、企業、財産家から流れ込んだ巨額の資金について、「チーム・クリントン」に尋ねてみると、実に興味深い説明を受けることになる。それは、〝愛のしるし〟であると。「大統領として、ビルは世界中から愛されていた。だから大統領退任後の彼の仕事を維持するため、世界中から、財政支援が怒涛のごとく流れ込んでも、不思議ではないはずだ」という。(1)

次に、世界中で得てきた数千万ドルにも及ぶ講演料の理由について、講演者本人であるビル・クリントンに尋ねてみよう。このお金も、外国政府や企業、財産家から支払われたものだ。すると、ビルからも、実に慈しみあふれる説明を受けることになる。「人々を助けたいと願っている証拠なんだ」と。ビルは、多額な報酬が支払われる講演を行うことによって、「人々が、世界で何が起こっているのかについて考え、自らの人生をふり返る手助けをしている」らしい。(2)

数千万ドルが、純粋な愛情のあかしであり、さらに数千万ドルが、人々が自らの人生について考える手助けのため……。この論理でいけば、多額の資金を調達する政治家こそが、アメリカで最も愛され、もっとも慈悲にあふれる人物だということになる。

しかし、アメリカの政治で起きている現実のほとんどは、「取り引き」である。人々は、権力を持つ政治家に資金を投じることで、彼らに影響を与える方法を求めている。そして政治家たちは、嬉々として、支援者や、コネを求める人々からの寄付金を吸い上げる。公職を離れた多くの政治家は、人間関係や以前の立場を利用して、自分自身や家族が豊かになるために腐心している。

アメリカの法律では、政治家への献金の集金限度額を定め、また寄付金額の情報公開を求めている。あるべき姿は、政治家が良心を発揮して、自制してくれることである。民主・共和、両党の政治家に良識さえあれば、「ある種の」取引に身を染めることは防げるはずだ。

どの取り引きがどんな方法で規制されるべきかについては多くの議論がある一方で、この「ゲーム」がどれだけ汚いものだとしても、アメリカ人のみによって行われるのが、ほぼ共通の合意だった。そのため、アメリカの政治活動に外国人が寄付することは、長い間、違法とされた。二〇一二年には、二人の外国人がこの法律の合憲性に異議を唱えた。しかし、米最高裁は九－〇で評決を下し、この法律は合憲であるだけでなく、道理に適っていると宣言した。(3)

ところが、クリントン夫妻はしばしば、外国の団体からお金を受け取っている。クリントン財団への寄付、あるいは講演料として支払われるお金は、どの選挙運動の寄付金と比べてもはるかに大量に流れ込んでいる。実際に、これほど高額な寄付は、アメリカの政治の歴史において前例がない。その結果、クリントン夫妻は現在、異常なほど裕福になっている。

大きな疑問は、このようなお金の受け取り方が、「取り引き」によるものかどうかということだ。クリントン夫妻は間違いなく、そうではないと主張するだろう。だが、これから本書で提示する証拠は、その逆の結果を示唆している。

真剣なジャーナリストや調査官の多くは、政治家の汚職を証明することは極めて困難だと言う。事件に関与した人物がわざわざ進み出て宣誓陳述でもしなければ、プライベートな会話で何を言ったか、取り引きは正確にどのような性質だったのか、権力を持つ人物がなぜそのような決定を下すのか、私たちは知ることができない。これこそが、FBI（連邦捜査局）がおとり捜査を仕掛ける理由なのだ。、疑わしい犯罪者を現行犯で捕えるための手法である。

この場合、捜査当局はまず、行動パターンに注目する。例えば、ある政治家が違法と推察される方法で、選挙の際、寄付者に対する便宜を図ってないかをあなたが調べていると仮定しよう。もしも、選挙への大口献金が行われるタイミングが、寄付者にとって極めて好都合な決定をその政治家が行う直前だったとしたら、そしてそのパターンが十分に立証しうるものなら、さらなる調査を行う根拠になるだろう。

この手法がまさに、二〇一一年の自著『Throw Them All Out（全員クビにしろ）』の中で、私が取り入れたアプローチである。連邦議員が、株式市場でインサイダー取引に手を染めた疑いのある場合、私は、彼らの株取引と、特定の法案にどう投票したかという、公的な活動の両方に目を向けた。すると、政治家による株の銘柄選びのやり方には、興味深い法則があり、実に都合のよいタイミングで売り買いしている事実を私は発見した。例えば、二〇〇八年の金融危機の際に、一部の政治家は、政府高官から経済動向について秘密のブリーフィングを受けたすぐ後に、株を売ったり、あるいは値下がりに賭けて空売りしていた。

ではこれが、インサイダー取引が行われていた証明になったのか。答えは、ノーだ。政治家たちがなぜこれら特定の株取引を、そのタイミングに行ったのかについては、私たちは知ることができない。

しかし、そのパターンが、非常に疑わしいものであることだけは事実だった。前著が発売され、私の調査結果がテレビ番組「60ミニッツ」で紹介されてからまもなく、両党の政治家たちは、連邦議員によるインサイダー取引の禁止を意図した「株式法（STOCK Act）」の成立に向けて、協力した。(i)

オバマ大統領は、二〇一二年の一般教書演説でインサイダー取引について非難し、その後、この「株式法」に署名し、成立させた（この法律は後に、議会とホワイトハウスによって骨抜きにされたが、これはまた別の話だ）。私の調査結果が、共和党と民主党の両方から攻撃を受けた事を、私は誇りをもって言うことができる。

法的な意味で、私は、インサイダー取引の実態を証明することはできなかった。株取引が、ずばりどんな動機でなされたのかは、分からなかった。しかし、私が明らかにした株取引のパターンとタイミングの提示は、連邦議員でも無視できないほど、厄介な問題を提起したのだった。

二〇一三年に、私は追跡調査として『Extortion（恐喝）』という本を出版し、その中で、両党の政治家が選挙資金やその他の便宜を、企業や外部団体から「ゆすり取る」習慣を持っていると論じた。政治の世界に流れ込むお金は、政治家の「買収」をもくろむ利益団体からのものだけではなかった。政治家たちは意図的に、外部の利益団体を「保護」を乞わなければならない立場に置いていたのだ。私はまた、連邦議会のある委員会の席を得るためには、自分が属する政党に一定額のお金を払わなければならないという「政党会費」のリストの存在についても、二〇一三年に初めて公にした。その委員会が重要であればあるほど、より多くの額を支払うことが求められた。さらに私は、両党の政治家たちが、どのようにして、得た資金を自分たちのライフスタイルの向上のためにつぎ込んで、私腹を肥やすために資金団体を使っているかを説明した。(ii)

政治家の意図を証明したり、彼らの行為の理由を知ることが私にできたかと言えば、もちろん、ノーだ。しかし、以前の例と同様に、これらの取り引きのタイミングは非常に疑わしいものだった。いま一度、「60ミニッツ」が私の調査結果について報道し、その結果、資金団体の活用方法を規制する法律の導入につながった。私の調査結果は、またもや共和党と民主党の双方から批判された。

このように、両方の政党ではびこっている私的な金融取引や汚職に焦点を当ててきた私が、なぜ今回、「クリントン夫妻」にスポットを当てたのだろうか。単に私が、ビルとヒラリーに恨みを持っているだけなのか。あるいは、二〇一六年に大統領選に出馬するヒラリーの目論見を、何とかして挫こうと試みているのか。

答えは実にシンプルだ。この政治家夫妻のグローバルな活動は、連邦議会のインサイダー取引や選挙の寄付金のゆすりと同じくらい、党派を超えて米国民の注目を受けるべき事例だからだ。二人で、あるいはヒラリーが公職にある間に、クリントン夫妻ほど莫大な富を得た例は、近年、見当たらない。元大統領や、元上院議員、元下院議員、あるいは共和党だろうと民主党だろうと、誰の能力をもってしても、短期間にこれだけ多額のお金を蓄えた力には敵わない。それに近いケースさえ存在しない。

今回、私は、外国の企業や投資家、政府が関わった金融取引に焦点を当てて調査した。海外の利益団体がアメリカで政治運動に献金することはできない。しかし、彼らも講演に対してなら、「御礼」

を支払うことができる。また、クリントン財団に「寄付」をすることならできる。果たして彼らは影響力を得るために、そうしているのか。支払いのタイミングは、アメリカ政府の高官が行った重要な決定と一致するのか。彼らは都合の良い結果を得ることに成功したのか。

研究チームと私は、財務記録や納税記録、政府の文書など、公に入手が可能な情報を駆使して、数々の金融取引が、クリントンへの寄付者にとって好都合なタイミングで政府（ヒラリー側）がアクションを起こす、というパターンが繰り返されていることを明らかにした。それは、FBIがさらなる調査を行う根拠とするに十分なほど、インパクトがあるものだ。議員たちがインサイダー取引をした罪を証明できなかったように、私には、ヒラリー達の金融取引がなぜ行われたのかを正確に言い当てることはできない。しかし、これから見ていくように、他に類をみない規模の取引額や、関係している人物が怪しげであること、取引がなされるタイミング、そして取り引きがしばしば外国政府や企業に都合のよい結果をもたらしていることはすべて、強く懸念されるべきである。

クリントン夫妻が二〇〇一年にホワイトハウスを去った時、自分達は「無一文」だったとヒラリーは語った。この発言は、はなはだしくオーバーだとして、ただちに反論に遭った。(4)(5) それでも、二〇〇〇万ドルの純資産を持つジョージ・W・ブッシュや、一億ドルを優に超える純資産を持つジョン・ケリーといった他の政治家に比べれば、当時の彼らの経済力は控えめなものだった。

クリントン夫妻は財務情報を「範囲」として公開しているため、正確な総資産額を知ることはできない。ワシントン・ポスト紙によれば、二〇〇一年から二〇一二年におけるクリントン夫妻の総所得は、少なくとも一億三六五〇万ドルだったという。USAトゥデイは、ビル・クリントンの個人純資産を五五〇〇万ドルと推定している。これは、短期間で「無一文」から大きく飛躍したことを意味する。ここで重要なのは、講演料やコンサルティング料といったビル・クリントンへの支払いは、妻であるヒラリーや、夫婦としての純資産にとっても、プラスになることだ。

彼らの収入の一部は、本の契約からも入ってくる。クリントン夫妻は、公職時代の回顧録を書くことで、かなりの収入を得た。しかし、より多くの収入はビルの講演によるものだ。公開された財務情報によると、ホワイトハウスを去ってから、ビルは年平均で八〇〇万ドル以上を、世界中で講演することで受け取った。彼が集めている講演料は前例がないほど巨額で、一回あたり五〇万ドルや、七五万ドルを超える時もある。最も敬虔な観客の立場に立ってみても、クリントンの〝珠玉の知恵〟がどれほどの価値があるのか、想像するのは難しい。

しかし、本書がこれから示そうとするように、ビルの講演活動は降ってわいたものではない。これまで一度も語られなかった、より大きな活動パターンの一部なのだ。

ヒラリーが公職にあった間に、クリントン夫妻は個人として、あるいは政府高官として、外国政府や企業、民間の財産家たちとの大規模な案件を、数多く、促進してきた。割のいいビルの講演の成果として、これらの大規模な取り引きが成立し、数百万ドルがクリントン夫妻の懐に入ったこともある。そのほか大規模取引の成果が、アメリカの外交政策の一部として実現することもあった。あるいは、クリントン夫妻に直接でなくとも、「クリントン財団」に、数百万ドルが入ったケースも多い。これらが積み上がった総収入額は、天文学的数字である。

しかも、こうした大規模取引は、上院のオフィスビルか国務省の三階かにかかわらず、ヒラリーのデスクに外部の利益団体が重要な案件を持ち込んでいた時に、ことごとく実現されてきた。深刻な規模の事例を少し挙げると、アメリカのウラン資源をロシア政府が買収した件、アメリカの重要な核技術を外部に提供した件、中東政策に関係する事例、論争を呼ぶであろうエネルギー事業の承認事案、数十億ドルにおよぶ米国民の血税を海外に分配した件、アメリカの人権政策に関する件などだ。

さらに大きな懸念は、クリントン夫妻に資金を提供する海外の関係者の中に、ロシアやインド、アラブ首長国連邦といった、アメリカの外交政策にとって重要問題になっている国々の政府や、いわくつきの政治家がいることだ。他のケースでは、クリントン夫妻が関わる外国高官との私的なミーティングの直前や直後に、両者につながるビジネスマンが利益を得ていたと思われる事例もある。これらの支払いは、端的に違法とされるわけではない。しかし、資金の出所や規模、タイミングが、調査に値するだけの深刻な疑問を提起している。その一部の事実は散発的に報道されてはいるが、本書では初めて、入り組んだ全体のメカニズムや、いかがわしい人物、あるいは行動パターンを描く事に成功した。

また、多額の寄付金や報酬を生み出す精巧なシステムの中心にある「クリントン財団」の役割についても描写した。

一九九九年六月、大統領としての第二期が終わりに近づいていたとき、ビル・クリントンはマンハッタンのミッドタウンにあるラ・グレノイリで、彼の資金調達の責任者や、四〇人のビジネスリーダーと膝をまじえ、非営利組織の運営について、将来のビジョンをまとめていた。(6)クリントン財団が、大統領の任期を終えた後のビルの仕事の中心となることになっていた。そこには、ヒラリーも関わっていた。ニューヨーク・タイムズ紙によると、ヒラリーは、「財団の組織と、その仕事の範囲を設計する重要な役割」を果たしていた。財団の最初の事務局長を務めたカレン・トラモンターノは次のように述べている。「彼女(ヒラリー)と私(トラモンターノ)は頻繁に話をした。彼女はたくさんのアイデアを持っていた。彼(ビル)のところに行った書類は、ヒラリーのもとにも届いていた」。ヒラリーは、上院議員として勤めている間にも、財団の計画を練る会合に参加していた。(7)

財団の使命は、ビルによる慈善事業を世界中で推進すると同時に、クリントン大統領の功績を守るためなら何でもするという計画のようだった。その運営方法は、まず寄付によって資金を調達し、その資金を、健康管理の分野や環境、第三世界の開発についてイニシアチブを取る財団の慈善事業をまかなうために使うという内容だった。

しかし、ビルが大統領のオフィスを去る前でさえ、財団の存在はすでにメディアで議論の的になっていた。ある寄付金のタイミングが、公的な便宜と結びついたものではないかという疑問が持ち上がったのだ。一九九九年一〇月六日、アンホイザー・ブッシュ社（大手ビール会社）は、クリントン財団を通じて提供された寄付金によってその一部の費用がまかなわれていたウィリアム・J・クリントン図書・博物館（あるいは、略してクリントン図書館）のため、総額一〇〇万ドルに及ぶ五回のうちの最初の支払いを行った。ニューヨーク・タイムズ紙が報じたように、未成年で飲酒する若者を狙っていると言われた「ビールやワイン、リキュールの広告を規制しようとの取り組みを、クリントン政権の連邦取引委員会が断念」して、一カ月と経っていなかった。(8)

一九九九年五月には、シカゴの破産法系の弁護士であるウイリアム・A・ブラント・ジュニアもまた、一〇〇万ドルの寄付を財団に約束した。その当時、クリントン政権の司法省は、クリントン陣営の資金調達の担当者や連邦政府の職員へのロビー活動に関して、ブラントが宣誓に背いて嘘をついていたかを判断するため、彼の議会での証言を調査しているところだった。三カ月後の八月、司法省はこの調査を中止し、「訴追することは正当ではない」という判断を下した。(9)

一九九九年、リチャード・マチャド・ゴンザレス博士と、彼の弁護士であるミゲル・ローセルは、プエルトリコの病院に支払われるメディケアの還付金を増やすように、クリントン大統領に働きかけていた。これは、対象の病院の一つを所有しているマチャドにとって、利益になる話だった。クリントンがメディケアについての支払いの増額を提案する八カ月前、ローセル弁護士はクリントン図書館に一〇〇万ドルを寄付していた。その六カ月後、マチャドも財団に一〇〇万ドルを提供している。

財団絡みの論争は、クリントンの大統領任期の末期に最高潮に達した。アメリカの検察当局から多くの罪状で起訴された上に国外逃亡していた、石油トレーダーで財産家の逃亡者であるマーク・リッチに対し、大統領は恩赦を与えたりもした。リッチのビジネスに関係があったのは、フィデル・カストロ、ムアマー・カダフィ、アヤトラ・ホメイニといった、不快な独裁者の「人名事典」に名を連ねる人々だ（リッチは、イランがアメリカ人を人質に取っていた時に、法律を破ってイランの指導者と石油取引をしていた）。脱税を図っていた彼は四八〇〇万ドルの税金を滞納しており、三二五年の懲役に処せられる可能性に直面していた。彼はＦＢＩの最重要指名手配リストに名前が挙がっていた。クリントン大統領は任期最後の日に、不名誉にもリッチに恩赦を与え、ワシントンに衝撃が走った。この恩赦が行われたのは、彼の前妻のデニス・リッチが、ヒラリーの二〇〇〇年の上院議員選挙に一〇〇万ドル、クリントン図書館に四五万ドル、そして民主党に一〇〇万ドルを寄付した後だった。

この事件のてん末については、ただちに非難が巻き起こり、全米に広がった。モーリーン・ダウドはクリントン夫妻を「ペテン師」と名付け、ニューヨーク・タイムズ紙はクリントン大統領の「恩赦を与える権力の恐るべき濫用」を嘆いた。[10]ジミー・カーター元大統領は、事件について「恥ずべきことだ」と言った。[11]ジェームズ・カービルや、テリー・マコーリフといったクリントンの長年の支持者たちでさえも、批判的だった。[12]ワシントン・ポスト紙は、「羞恥心を持たないこと」が、クリントン夫妻のトレードマークなのかと訝しがった。

この最後のコメントこそ、ジャーナリストや社会のトップ層にある人々がクリントン夫妻についてたびたび述べてきた意見を、代弁している。実際に、クリントン夫妻の行動について動機を憶測することは、ワシントンにおいて、二択のクイズを当てるような感覚になっている。この見方でいくと、クリントン夫妻はどんなスキャンダルが来ても生き残れると仮定しているまったくの恥知らずか、あるいは、自分たちの美徳や善意を確信しており、どれほど程度が低く、道徳に反していても、高邁な目的を追求するためなら何でも正当化できると思っているかのどちらかになる。この魅力的な謎かけへの答えは、永久に分からないままなのかもしれない。

いずれにせよ、クリントン夫妻は新たな生活を始めたばかりだった。ホワイトハウスから解放されると、ビルは講演巡業に出て、二〇〇一年から二〇一二年の間に一億五五〇〇万ドルを集め、クリントン財団のために数億ドルを調達した。重要なことに、ビルへの資金の最大の支払い元はアメリカ国内からではなく、元大統領を喜ばせることに熱心な――そしておそらく、アメリカの権力者への接触を求めている――外国の投資家や企業、政府からのものだった。同時期に、ヒラリーは米上院で急速に地位を高め、特に安全保障と外交政策に関する分野についての影響力と権力を身に着けていった。彼女が二〇〇八年の大統領選で民主党の公認争いに出馬した時、彼女の権力が強まるだろうとの見通しは、さらに高まった。バラク・オバマが民主党の予備選で予想外に勝利したことで、彼女の上昇機運は挫折したかに見えたが、それでも以前に比べればさらに力のある地位に落ち着いた。

大統領に選ばれたオバマが、二〇〇八年の終わりに国務長官候補としてヒラリー・クリントンの名前を初めて示唆した時、クリントン夫妻が関わる様々な事業に寄付された資金の出所について深刻な疑問が持ち上がった。クリントン夫妻が新たに得た財産の多くが、外国からの寄付者たちと関係している事実に、多くの人々が懸念を感じた。ヒラリーが上院議員である間に、ビルが得た巨額の講演料の三分の二は外国から入ってきたものだった（これから見ていくように、彼女が国務長官になってから、海外での講演活動によるビルの講演料と収入はさらに膨れ上がる）。また、数千万ドルが、サウジアラビアやクウェート、アラブ首長国連邦といった外国政府や、数十の海外の財産家からクリントン財団に流れるという事実もあった。

ヒラリーは、これら外国の寄付者に恩義を感じたのだろうか。これらの関係は、アメリカの国益に影響する問題として、彼女の決断に、影響を与えたのだろうか。

一部の海外紙は、特定の国々から彼女の財団に資金が流れていることを根拠に、彼女の「公平性」について懸念を表明した。(13) 外国から見ている一部の人々は、財団への寄付金が公平無私な慈善行為ではなく、次期国務長官から善意や影響力を得ようとするものだととらえていた。インディアン・エクスプレス紙は、インドの億万長者や実業家たちからの寄付について、次のように書いた。

「（寄付は）コネと影響力を得るために為されたものだ。インドで事業を遂行するクリントン財団の姿勢が、よく言って消極的な時に、実業家達がこれだけ熱心に献金する理由を、どう説明すればいいのだろう」(14)

亡くなったクリストファー・ヒチェンズも、同じ疑問をもち、二〇〇九年にこう書いている。「なぜこれら第三世界の権力者たちは、シンプルに自分の国の慈善事業に直接、お金を寄付しないで、自分の政治力を売り歩くベテランの元大統領が運営する団体のオフィスを通じてお金を配るのだろうか」(15)

クリントン夫妻はそうした批判を無視した。ヒラリーの国務長官指名を承認する上院外交委員会での公聴会の際、両政党の議員たちは、グローバルな利益誘導について公然と懸念を表明した。当時のリチャード・ルーガー上院議員は、これは深刻な問題だと述べた。ルーガーは、過激な発言で注目を得ようとする類の人物ではなく、タイム誌が紹介しているように「超党派での議員協力の模範」と言える。(16)彼はたまたま、クリントン夫妻の友人でもあった。

ルーガーの発言は率直だった。

問題の核心は、外国の政府や団体がクリントン財団を、国務長官から便宜を得るための手段と認識するかもしれないということだ。クリントン上院議員もクリントン大統領も財団に個人で出資しているわけではないが、財団の事業は明らかに、彼らの功績や公務上の優先事項と連動して、恩恵を与えるものである。(17)

さらに、ルーガーは続けた。

しかし、クリントン財団は寄付を通して便宜を得られると考える外国の団体や政府にとって、誘惑的な存在である。そして、国務長官が外国の寄付者やその人の国と関係する、いかなる行動を取る際にも、疑惑が起きる可能性を生む。(18)

ヒラリーが就こうとしている(国務長官という)仕事は、様々な問題に関わりを持つものであり、人の生死を左右する多くの重要な事柄にも関わる。ルーガーは次のように警告した。

どんなに特定の地域に限ったアメリカの外交政策であっても、その影響が各国、各大陸に及ぶ以上、国務長官のポストとは、特定の政策決定への関与を避けることができない性質のものである。財団が新たに受け取る外国からの献金の一つひとつは、グローバル・メディアによって、直近の国務省の政策や決定と結び付けられるリスクをはらんでいる。(19)

党派を超えたルーガーの同僚議員たちも、彼の懸念に同調していた。上院外交委員会の委員長であるジョン・ケリー議員は、次のように、一般的な見方を繰り返した。「ルーガー上院議員は自分の党派の立場からの話をしたのではなく、委員会全体の意見を表明したと言っていい」。

クリントン夫妻への外国からの資金の流れについて、不安を感じていたのは政治家だけではない。タイム誌のような主要メディアも、「外国資金が、国務長官としてのヒラリー・クリントンの役割を損なう危険性」について警告していた。[20]

ヒラリー自身は、彼女がアメリカの外交政策の指揮者を務めるかたわらで、外国政府が数百万ドルを夫に支払うことが問題になるかもしれないとの批判を拒絶していた。彼女は上院議員たちに、こう述べた。

「究極的には、アメリカの外交政策と、人類の苦しみを軽減し、助けを必要とする人々のチャンスの増大を追求するクリントン財団の取り組みとの間に、利害の対立はない」[21]

しかし、この問題を軽視したり、無視しようとするクリントン夫妻の試みは、懸念を鎮めることにはならなかった。

大統領になろうとしているオバマと、彼の政権移行チームもまた、外国からの資金の影響力について心配していた。ヒラリーを国務長官に指名すると発表する前に、オバマは、この問題についてクリントン陣営と詳細かつ広範な交渉を行うよう、側近に指示していた。クリントンの腹心で、財団の側近のトップでもあるダグ・バンドは、オバマ・チームの代表であるクリントン政権のホワイトハウスの弁護士を務めたチェリル・ミルズと、長い時間をかけて交渉を行った（ミルズは同時に、クリントン財団の理事を務めており、ほどなく国務省でのヒラリーの参謀長に任命される。他の主要なクリントンの家臣と同様に、彼女はこの本に何度か登場する）。

双方はようやく、合意事項の覚書をまとめた。財団を運営していたクリントンの長年の友人、ブルース・リンゼイが、クリントン財団と次期政権との間の取り決めに署名し、ヒラリーの任命は前進することになった。実務に長けたオバマ氏の腹心、ヴァレリー・ジャレットが、次期大統領の代わりに署名した。

覚書では、クリントン財団に対して寄付や講演料を通じて入り込む恐れのある外国からの影響に対処すべく、いくつかの条件に従うよう求めていた。

ひとつには、今後、報酬付のすべての講演について国務省の倫理局に提出し、審査を受けることで、クリントン夫妻が合意した。彼らはまた、クリントン財団とその事業への、すべての主要な寄付者の名前を、毎年、公開することを約束した。そして、外国政府や外国の国有企業からの、クリントン財団への直接の寄付については、オバマ政権からの事前承認を求めると述べた。

ビルとヒラリーはともに、外国からのお金の流れについて透明性を高めると、明確に宣言した。ヒラリーは、上院外交委員会への書面での回答で、「財団は毎年、その年のすべての寄付者の名前を公表する」と約束した。(22) ビルはCNNに出演して、「もし彼女が国務長官になり、また私のグローバルな活動を通じこれらの取り組みに貢献する人々が世界的に出てくるとしたら、活動の透明性を完全なものにすることが重要だと思う」と述べた。オバマ政権の国家安全保障会議でスポークスマンを務めるトミー・フィエトールもこれと同じ意見で、「今後、すべての寄付者は毎年、公開されることになり、外国政府からの新しい寄付は、政府の倫理問題の担当者によって精査される」と言った。(23)

熱烈なクリントン支持者の一部は、これらの条件は重すぎるととらえた。彼らは、ビルとヒラリーが、「他の人の場合に設定される制約よりも高いハードルを押し付けられた」と考えた。(24) しかし、夫婦の片方がアメリカの外交政策を構想する一方で、もう片方が外国政府や企業からお金を受け取るほど大胆な人物が、アメリカ政界において他にいるだろうか。あるいは、一人が外国の団体と慎重に取り扱うべき交渉を行っているときに、その配偶者が、同じ団体から巨額の講演料を集めることが許されるのだろうか。

まさにこの理由のために、合意は十分ではないと、広く批判された。ルーガー上院議員は、ストレートにこう述べた。

「今後も続くこのリスクをなくすための唯一の確実な方法は、クリントン上院議員が国務長官になった際には新たな外国からの寄付を止めると、クリントン財団が誓うことだ」

ワシントン・ポスト紙の社説ページはこれと同じ見解を述べ、「たとえヒラリーが夫の慈善事業への寄付によって、影響を受けないとしても、利害が対立していると見られることは避けられない」と指摘。(25)さらに「新しい政権は、この合意によって、危険な問題の山を手に入れてしまった」と警告した。(26)

それでも、この合意は功を奏した。政府と関連のある資金について情報公開したり、事前承認を求めるという約束は、財団の問題が完全に解決されたという幅広い印象を、上院や、メディア、そして一般市民に残したからである。ヒラリーは、九四－二の差で国務長官として承認された。

ところが、透明性の約束が守られたのは、つかの間だった。クリントン夫妻は、すぐに約束を破った。これから見ていくように、安全保障への重大な影響を生む恐れのある取り引きを承認してもらえるよう、国務長官としてのヒラリーの助けを必要とする外国の団体やビジネスマンたちからの、数百万ドルに上る寄付について、クリントン財団は公表することを怠った。クリントン財団はまた、オバマ政権による事前承認なしに、外国政府が所有する企業からもお金を集めていた。そして、ヒラリーの目の前の案件に関係する団体を所有する企業や個人からお金を受け取るパターンは、衰えることなく続いた。

ヒラリーの上院議員や国務長官としての公的なキャリアを、夫の個人的な商業活動と結びつけることは不公平だという人もいるかもしれない。しかしそもそも、彼ら二人はともに、公人として活発な生活を送り、かなりの時間を二人離れて過ごしてきた。ヒラリーはワシントンDCの北西部の自宅が好きなようで、一方のビルは、ニューヨークのチャパクアでほとんどの時間を過ごしている。

しかし、彼ら本人たちの話では、二人はたびたび提携して仕事をし、定期的に連絡をとっているという。ヒラリーは「私たちは終わりのない会話をしている。お互いに、決して飽きることがない。私たちは、行っている仕事すべてに深く関与しており、それについて常に話をしている」と述べている。(27) クリントン夫妻と一緒に旅をしているジャーナリストたちも、これを確認している。フィナンシャル・タイムズ紙のアンドリュー・ジャックが、ビルと一緒に七日間、アフリカを旅したとき、「旅の間、彼は頻繁にヒラリーと電話していた」と指摘している。(28)

政治家の配偶者というのは、一般的に、縁故主義や、腐敗、影響力を行使するための手段として見られてきた。そのため、連邦政府の倫理法は、政治家自身の金融資産、持ち株、収入だけではなく、その配偶者についても同じく情報を公開するよう義務づけている。政治家が配偶者や家族を富ませることは、政治における汚職の、もっとも一般的な方法のひとつである。国務長官時代のヒラリーは、まさにこの懸念に対処するための国際的な汚職防止の基準を、推し進めていた。

これは単に、「ビルの問題だ」と主張する人もいるかもしれない。彼らはクリントン夫妻を、「良いクリントン」と「悪いクリントン」に分けたがる。ヒラリーは「良い」方で、献身的でタフな公僕。ビルは「悪い」方で、倫理的に問題があり、お金と個人的な欲得を追求している。ある雑誌の見出しは、「ヒラリーの大きな倫理問題はビルだ」との言い方で、これを説明していた。(29)

しかし、これから見ていくように、そうした見方は二人の複雑な関係を粗っぽく劇画化してしまう。クリントン夫妻のそれぞれの役割は、実は逆だったというのが、ある意味で真実である。ヒラリーが上院に入ったとき、その後、国務省に入ったとき、実際の権力をもった人物はビルではなく、ヒラリーだったのだから。

どのようにして、クリントン夫妻がこれほど短期間に、莫大な富を蓄えたのか。その答えは、魅力的な読み物となろう。

ひとつには、クリントン夫妻は、先進国の周縁部で活動しており、多くの場合、数億ドルの価値がある巨大な資源採掘の案件が進むよう支援していた。グローバル化の進む現代社会は、一九世紀の植民地主義の高み以来、かつてない規模で利益が生み出され得る、開拓のチャンスの時代となった。クリントン夫妻にとって、もっとも収益性の高い取り引きは、ビジネスと政治が厳しい倫理的ルールや手順によって監視されているドイツやイギリスではなく、ルールが曖昧な開発途上国の専制的な地域で行われている。また、汚職や賄賂が単なるビジネスの一環となっている世界の一部で富を蓄えている、ヨーロッパやカナダといった外国のビジネスマンからも、お金が入ってきた。

クリントン夫妻が関わる金融取引が、資金提供者が利益を得るのに都合の良いアメリカの政策決定と、時を同じくして起きているというパターンを、私たちは（この本で）目にすることになる。

取引が、どのように機能するかを説明しよう。ビルは世界中を飛びまわって講演を行い、世界的な人道主義者や賢人としての自分の評判に磨きをかける。これらの旅には、行き先の国に商売上の利害を持つ「親しいビルの友人たち」や仲間が、かなりの頻度で付き添った。お互いの紹介があって、契約がまとまり、それを賞賛する外国メディアの前での写真撮影が設定される。同時に、行政上や法律上の障害は不思議とクリアされ、承認は権力のある上院議員か国務長官である妻の権限で付与される。それから巨額の寄付金がクリントン財団に流れ込み、ビルは、これらの明らかな介入から恩恵を受けたビジネスマンたちが支払う巨額の講演料を受け取った。

もちろん、ケースによっては、ヒラリーは外国に好都合な結果をもたらすために、何も介入していなかったということも、あり得る。これらの外国の利益団体はただ、ヒラリーに影響を与えたいとの望みから、ビルに巨額の支払いを行ったのかもしれない。彼らは、ビルと財団への数百万ドルの支払いが、自分たちが望む効果を持つと考え違いをしたのかもしれない。私たちには分からない。しかし、いずれにせよ、クリントン夫妻は巨万の富を手に入れた。

これまでの主張が、どれほどショッキングなものに映るか、私は理解している。クリントン夫妻の活動は違法なのだろうか。私はそれについて言える立場にはない。私は法律家ではない。しかし、かつて誰かが言っていたように、ワシントンにおける大問題は、何が違法なのかではなく、何が違法ではないかの方だ。クリントン夫妻は自身も弁護士であり、自分たちが超えてはならない法的なラインを、非常によく分かっている。法律に関する自らの手腕を駆使して、クリントン夫妻はしばしば、倫理的な行動かどうかを分ける境界線に触れるのを避けてきた。彼らの行動は、たびたび厳しい非難や批判の的となりながらも、いつも、重大な法的責任から逃れてきた。ある意味で、あなたがこれから読もうとしている内容は、リトルロックからリンカーン・ベッドルームまで、彼らが常にやってきたことと似ている。(iii) 彼らはそれをグローバル規模で行っているだけなのだ。

国際的コネクションを通じて高みへ上がろうとする外国人たちは明らかに、クリントン夫妻を、栄誉ある地位と影響力を自らが得る手段と見なしている。

ウズベキスタンの独裁者の長女、グリナラ・カリモヴァのケースを見てみよう。組織犯罪や、強制労働、拷問が支配するこの国で、グリナラは市民たちから、ひどく嫌われている。アメリカのある外交電報には、こう書いてある。

「カリモヴァは父親を使って、経営者など彼女の邪魔になる人間は誰でも弾圧する、貪欲で権力に飢えた人物だと、ほとんどのウズベキスタン人はとらえている。……彼女はこの国で、もっとも嫌われた人物であり続けている」(30)

ウズベキスタンで最も嫌われているという表現は、よほどのことである。今日でもウズベキスタンを支配している彼女の父親は、一九九〇年代に、政敵たちを熱湯で茹でて死なせた、と広く報道されている。

グリナラは当初、野心的に、ヨーロッパとアメリカでファッションとジュエリーの商売を成功させようと躍起になっていた。二〇〇九年七月に、ウズベキスタンのタシケントにあるアメリカ大使館からCIAと他の諜報機関に送られた、「外国人に見せてはならない機密」にあたる電報によれば、グリナラは「彼（ビル）とのコネクションによって、国務長官（ヒラリー）と良い関係を築くことを望んでいた」という。(31)そのため彼女はモナコで、クリントン財団の資金調達の協賛を行うことから始めた。彼女はそのイベントで、ビルとポーズを取って写真に収まり、まもなくNBCの「トゥデイ・ショー」が、ビル・クリントンは「彼女の友人の一人」だと報じた。(32)

こうしたことのすべてが、どこにつながったのか、私たちに知るすべはない。なぜなら、グリナラは二〇一三年に、独裁者である父親と不仲になったからだ。この本を書いている時点で、彼女は、ウズベキスタンで自宅軟禁にあると見られている。

生意気なグリナラ・カリモヴァのケースは、極めて多くの海外の独裁者や利害を持つ投資家がすでに知っている事柄を表現したにすぎなかった。そして、クリントン夫妻もその意味を知っている。クリントン夫妻の支持者と反対者たちは、長い間にわたって二人をいろいろな言葉で呼んできた。しかし、絶対に使わない呼称は、「naïve（単純で世間知らず）」である。


（ⅰ）正式には、「議会での知識に基づく取引の禁止に関する法律（Stop Trading on Congressional Knowledge Act）」。

（ⅱ）ここでの「資金団体」は、原文ではLeadership PAC。議員が他の議員を支援するために設立する資金団体。

（ⅲ）リトルロックはアーカンソー州の州都。ビル・クリントンは同州の州知事だった。リンカーン・ベッドルームは、ホワイトハウスの賓客用寝室。ビルは大統領時代に、大口の寄付者をこの部屋に泊まらせたという疑惑で、批判を受けた。

（1）Solomon, John, and Jeffrey H. Birnbaum, "Clinton Library Got Funds from Abroad," *Washington Post*, December 15, 2007, http://www.washingtonpost.com/wp-dyn/content/article/2007/12/14/AR2007121402124.html.
（2）Storace, Patricia, "Q&A. How Bill Clinton Is Changing the World," *Condé Nast Traveler*, August 15, 200) http://www.cntraveler.com/stories/2007-08-15/q-a-how-billclinton-is-changing-the-world.
（3）"Bluman v. Federal Election Commission Case Files," *SCOTUSblog*, http://www.scotusblog.com/case-files/cases/bluman-v-federal-election-commission/.
（4）Von Oldershausen, Sasha, "Are the Clintons Trying to Duck Property Taxes in New York?" *The Real Deal*, June 17, 2014, http://therealdeal.com/blog/2014/06/17/are-theclintons-trying-to-duck-property-tax-payments/.

(5) Marquis, Christopher, "Clintons Buy $2.85 Million Washington Home," *New York Times*, December 29, 2000, http://www.nytimes.com/2000/12/30/us/clintoms-buy-2.85-million-washington-home.html.

(6) Van Natta, Don, Jr., Jo Becker, and Mike Mcintire, "In His Charity and Her Politics, Many Clinton Donors Overlap," *New York Times,* December 19, 2007, http://www.nytimes.com/2007/12/20/us/politics/20-linton.html?pagewanted=all&_r=1&.

(7) 同右。

(8) 同右。

(9) 同右。

(10) "Sorting Out the Pardon Mess," *New York Times*, February 22, 2001, http://www .nytimes.com/2001/02/23/opinion/sorting-out-the-pardon-mess.html.

(11) "Carter: Rich Pardon `Disgraceful'," *CBSNews*, February 21, 2001, http://www.cbsnews.com/news/carter-rich-pardon-disgraceful/.

(12) Berke, Richard L., "The Clinton Pardons. The Democrats; This Time, the Clintoms Find Their Support Buckling from the Weight of New Woes," *New York Times,* February 23, 2001, http://www.nytimes.com/2001/02/23/us/climton-pardons-democratsthis-time-clintons-find-their-support-buckling-weight.html.

(13) Reid, Tim, "Donors List Raises Fears over Hillary Clinton Role as Secretary of State," *The Times* (London), December 19, 2008, http://www.thetimes.co.uk/tto/news/world/americas/article1998893.ece.

(14) Mehta, Pratap Bhanu, "Charity at Home?" *Indian Express*, October 18, 2010, http://archive.indianexpress.com/news/

charity-at-home-/69359/.

(15) Hitchens, Christopher, "Why Are So Many Oligarchs, Royal Families, and Specialinterest Groups Giving Money to the Clinton Foundation?" *Slate*, January 12, 2009, http://www.slate.com/articles/news_and_politics/fighting words/2009/01/more than_a_good feeling.html.

(16) Calabresi, Massimo, "A Blip in Hillary Climton's Senate Lovefest: Bills Donations," *Time*, January 14, 2009,http://content.time.com/time/nation/article/0,8599,1871526,00.html.

(17) US Senate, Committee on Foreign Relations, *Nomination of Hillary R. Clinton to be Secretary of State* (2009), 8 (testimony of Richard Lugar).

(18) 同右、11。

(19) 同右。

(20) Calabresi, "A Blip in Hillary Clinton's Senate Lovefest."

(21) US Senate, Committee on Foreign Relations, *Nomination of Hillary R. Clinton to be Secretary of State* (2009), 156 (testimony of Hillary Clinton).

(22) 同右、286。

(23) "Saudis, Indians among Clinton Foundation *Economic Times, India Times*, December 18, 2008, http://articles.economictimes.indiatimes.com/2008-12-18/news/27709369_1_annual-charitable-conference-income-and-speeches-william-j-clinton-foundation.

(24) Allen, Jonathan, and Amie Parnes, *HRC: State Secrets and the Rebirth of Hillary Clinton* (New York: Crown Publishing Group, Random House, 2014), 81.

(25) "The Clinton Foundation," *Washington Post,* December 21, 2008, http://www.woullinolomon com/wp-dyn/content/article/2008/12/20/AR2008122001647.html.

(26) 同右。

(27) Ghattas, Kim, *The Secretary: A Journey with Hillary Clinton from Beirut to the Heart of American Power* (New York: Picador, 2013), 40–41.

(28) Jack, Andrew, "Charm Offensive Five Years after Leaving Office, Bill Clinton Is Applying His Famous Drive and Charisma to Talk AIDS in Africa," *Financial Times,* August 19, 2006.

(29) Wiener, Jon, "Hillary's Big Ethics Problem: Bill," *The Nation*, November 22, 2008, http://www.themation.com/blog/hillarys-big-ethics-problem-bill.

(30) Leigh, David, "WikiLeaks Cables: US Keeps Uzbekistan President Onside to Protect Supply Line," *The Guardian*, December 12, 2010, http://www.theguardian.com/world/2010/dec/12/wikileaks-us-conflict-over-uzbekistan.

(31) US Department of State, Embassy in Tashkent, "Uzbekistan: Rumors of Succession Planning, Government Reshuffling." WikiLeaks, July 31, 2009, http://www.wikileaks. org/plusd/cables/09TASHKENT1357_a.html.

(32) Stump, Scott, "Fashion Week Cancels Show from Dictator's Daughter." Today.com, September 9, 2011, http://www.today.com/id/4445.2554/ns/today-style/t/fashion-weekcancels-show-dictators-daughter/#.U_ZBSf3DdBM.

第二章　事業譲渡

ビルの素晴らしき冒険――カザフ編

二〇〇五年九月六日、ビル・クリントン元大統領は、カザフスタンのアルマイトにいた。(1) 広いステップ草原と険しい山々を持つ国であるカザフスタンは、かつてチンギス・ハンが暴れ回っていた地域である。最近では、コメディ映画「ボラット」で、無能な人々ばかりの貧しい国として、痛烈に皮肉られていた。しかし、実のところ、この国は推定五兆ドルに相当する天然資源など、鉱山資源の広大な貯蔵庫の上に位置している。(2) 非常に貴重なのは、原子炉を動かしたり、核爆弾を製造するために使用される、巨大なウラン鉱床だ。

ビル・クリントンがカザフスタンに滞在していたのは、表向き、この国のＨＩＶ／エイズの患者たちに、より廉価な抗レトロウイルス療法を取り寄せる援助のためだったとされている。しかし、世界保健機関（ＷＨＯ）と国連エイズ合同計画によると、クリントンの訪問時にそうした治療法を必要としていたカザフ人は、推定でたった一五〇〇人だったという。カザフスタンにおけるＨＩＶ／エイズの罹患率は二〇〇五年に、国民一五四〇万人のうち〇・一％から〇・三％で、ボツワナ（二四・一％）や南アフリカ（成人の一八・八％）のようなアフリカ諸国と比較すると、低い数値だった。(3)

いっそう好奇心をそそるのは、クリントンが、大統領として一九九〇年からカザフスタンを統治してきた独裁者であるヌルスルタン・ナザルバエフと、公式会談と私的なミーティングの両方を行うと合意していたことだ。ソビエト時代に共産党内の出世街道を上ったナザルバエフ氏は、ソ連崩壊の後、労働者階級向けのポーズをやめ、古典的な専制君主に戻った。実際に、「大統領」というのは、彼が選んだ肩書きだ。カザフスタンには、私たちが西洋社会で考えるような選挙はない。ナザルバエフはいつも九〇%を超える得票率で再選されている（前回の選挙では、対立候補たちもナザルバエフに投票したと言っていた）。(4)

要するに、ナザルバエフは、どんな手を使っても、自分が望むものを手に入れてきた。妻と長きにわたる結婚生活を送り、スチュワーデスの愛人がいたにもかかわらず、彼には三人の娘しかおらず、息子はいなかった。男子の後継者がいないため、彼は元ミス・カザフスタンであるアセル・イサバエワと関係を持ち、人工授精で妊娠させた。彼女は二〇〇五年四月二日に、ナザルバエフの息子である・・・・・スルタンシクを出産。問題は解決した。(5)

ハフィントン・ポストによると、「様々な事業に隠れた利権を持っているらしく、どれほどの金持ちなのかは誰も知らないが、ナザルバエフ自身は世界で最も金持ちの一人であると噂されている」という。カザフスタンの五人の億万長者は、みなナザルバエフと緊密なつながりをもっている。そのうちの二人は彼の親戚だ。(6)

ナザルバエフは、欧米から受け入れられたいと熱望していた。しかし彼は、政敵やジャーナリストたちを刑務所に放り込む卑劣な悪習を持っていた。拷問も一般に行われていた。アメリカ政府によると、カザフが犯している人権侵害は、拷問に加えて、恣意的な身柄の拘束、言論・報道・集会の自由の制限、広範に行われている汚職や、人身売買などがあるという。

ではなぜ、ビル・クリントン元大統領は、人権侵害の危険な前科を持つ後進国のビリオネア独裁者に、国際的な尊敬を与える真似をしたのだろうか。そして、全国的な選挙の直前で、ビルの存在自体が独裁者の「大統領候補としての地位」を認めたと解釈されかねない時に、なぜビルはそんなことをしたのか。

クリントンの旅仲間である、カナダ鉱業界の大物、フランク・ギウストラに目を向けることが、答えを知る上でのヒントになる。背が低く小柄で、白髪のシーザー・カットがトレードマークのギウストラは、数億ドルの資産をもっていると推定される。ビルはギウストラのプライベートジェットでカザフに飛んだ。豪華なMD－87（というジェット）は、寝室、シャワー、金メッキを施した備え付けの浴室、革張りのリクライニングシート、薄型テレビ、客室の壁にかけられたオリジナルの絵画を搭載している。毛布には、『ギウストラ航空』の紋章の飾りがついている。会議室もあり、一八人が快適に眠れるようになっている。(7)

「飛行機は、ビジネスツールである。それ以上でもなければ、それ以下でもない」と、ギウストラはあからさまに述べている。その役立つ機能のひとつが、クリントンの便宜を図ることだ。ギウストラは数年にわたって、ビルが大金絡みの講演で世界中を旅したり、ヒラリーが二〇〇八年の大統領選の選挙戦で移動するために、ジェット機を使用できるようにしていた。カナダ国籍のギウストラは、ヒラリーの選挙には献金できなかったが、ビルが使えるように自分の飛行機を提供することには問題がなかった。彼はまた、クリントン夫妻や彼らが管理している事業体に、数千万ドルを誘導することもできた。(8)

ギウストラは、世界でもっとも危険ないくつかの地域で取り引きを結び、自身の帝国を築いた。二〇〇五年にビルと旅をしたとき、彼はバンクーバー西部にある、一二〇〇〇平方フィートの宮殿のような自宅に住んでいた。カナダのメディアによると、「執拗なほど素性を明かしたがらない」彼は、バラード通りのコーナーにある三一階のオフィスを中心に活動しており、そこはバンクーバー港の美しい景色を望む、坂道の大通りにあった。

鉱産会社の経営者というよりは株の投機家であるギウストラは、カナダの証券取引所で鉱業株を上下させて富を稼いだ。(9) カナダで最も権威あるグローブ・アンド・メール紙は、おおむね同情的な描写で、ギウストラは「ペーパー・カンパニーや、こっそりとした株の購入、そして巧妙な補償の制度といった、極めて複雑なシステムを通じて」豊かになったと紹介した。(10) カザフスタンで彼は、大規模な契約を結ぼうとしていた。

ギウストラは、サハラ以南のアフリカや南アメリカで、鉱山の契約をしていた。彼は独裁者たちと、どのようにビジネスをすべきか知っていた。独裁者にとって、アメリカの元大統領に便宜を図るということの魅力には、特別な価値があったようだ。特に、クリントンのように力のある妻を持つ元大統領であれば、なおさらだ。ギウストラは二〇〇六年のニューヨーカー誌の取材で、珍しく率直に次のように認めた。

「自分は、ほぼすべてをビル・クリントンに賭けている。彼は世界的なブランドだ。彼は、他の誰もできないようなことができ、それを頼むことができる」(11)

ビルとギウストラによると、二人が最初に会ったのは二〇〇五年だった。(12) 厳密に言えば、それは正しいかもしれない。しかし、彼らのビジネスでのつながりは、実際は数十年前にさかのぼる。

どちらの男も、鉱業起業家であるジャン・ジェイモンド・ブールと関わりがあった。ブールの会社であるダイアモンド・フィールズ社は、クリントンが知事だったときに認可したアーカンソー州のダイアモンド鉱山に投資をしていた。(13) ダイアモンド・フィールズ社は当時、ダイアモンドの鉱床があることで知られていた、アーカンソー州立公園に目をつけていた。そこで、ブールはリトル・ロックに行き、クリントンの友人であるジム・ブレアと付き合うようになった(14)(ブレアは、ヒラリー・クリントンが先物取引で一〇〇〇ドルを一〇万ドルに変えるのを手伝った男として、一九九四年にマスコミの見出しをにぎわせた)。ブレアは、ブールをクリントン知事に引き合わせ、ダイアモンド・クレーター州立公園にあるダイアモンド鉱山を売り込んだ。(15) ブールは、この鉱山が「世界最大のダイアモンド生産地のひとつ」となる可能性があると主張した。(16) クリントン知事は一九八七年、このプロジェクトに署名し、この地所が採掘認可を得るのを支援した。クリントンの友人であるブルース・リンジー——ホワイトハウスの上級顧問になり、現在はクリントン財団の理事長を務めている——は、法的な面でこの駆け出しの企業の面倒を見た。ダイアモンド・フィールズ社は、ビル・クリントンの地元であるホープに本社を設立した。(17)

ビルが大統領に選出された時、ブールはワシントンDCでの就任式に招待された。その夜、クリントン一家が、町中のいくつもの就任舞踏会でその勝利を祝っていたとき、ヒラリーはブールの鉱山から採れた三・五カラットのダイアモンドの指輪を身に着けていた。

ギウストラは一九九〇年代初めに、国内や海外の持ち株会社を通じて、六万株以上にのぼるダイアモンド・フィールズ社の株式をもっていた。(18)しかし、二〇〇五年になるまで、クリントンとギウストラの関係は、表向きはすべて慈善活動によるものということになっていた。二人はクリントン財団のプロジェクトとして、「クリントン・ギウストラ持続可能な成長イニシアチブ（ＣＧＳＧＩ）」を設立した。ＣＧＳＧＩは途上国の経済成長を促進するためのプロジェクトとされている。しかし、その活動場所は、ギウストラが投資する鉱山や油田といった「天然資源産業」のプロジェクトに近いところにある。

カザフの鉱区に近づくための競争は、非常に激しい。オーストラリアからロシアまでの大きな鉱産企業が、そのために争っている。ギウストラ氏のユーラシア・エナジー社（UrAsia）という企業は、ウラン事業を手掛けた実績のない新参者であり、そのためカザフの原子力公社であるカザトムプロム社にとっても、同社を選ぶことは論理的ではなかった。この分野で数十年の経験をもつ他の企業の方が、規模の大きなこの手の案件では、有望だったはずだ。ウラン産業株の上級アナリストであるファディ・シャディドは、「誰もがカザトムプロム社をダンスに誘っていた。ユーラシア社のような二流で経験の浅い会社にとっては、ありったけの支援が必要になるだろう」と述べた。(19) ユーラシア・エナジー社はペーパー・カンパニーに過ぎなかった。しかし、ナザルバエフの支持で、その立場は変化しようとしていた。

ギウストラは、アルマトイから数百マイル離れたところにある、三つの鉱山に目をつけていた。この案件は、スタート時点から怪しかった。鉱山の利権は、イギリス領バージン諸島で登録されていたジェフコット・グループ株式会社を含め、謎めいた海外の事業体に移されていた。ギウストラや、このベンチャーに関与していた他の人物たちは後に、実際にこの不思議な事業体を誰が所有していたのかさえ知らなかったと主張した。ウラニウム・ワン社で、企業開発と投資家向け広報を担当する副社長だったクリス・サトラーは次のように述べた（ユーラシア・エナジー社も、ほどなくしてこの企業の一部となった）。

「私たちは、その資産に権利をもつ企業や団体と取り引きしていた。事実、私たちはその代表者たちと取り引きしていた。……そのため、私たちはジェフコット社の背後にいる受益者や株主については知らない」(20)

しかし、別の場面ではフランク・ギウストラが、その取り引きで誰とやりとりしていたのかを正確に知っていたと主張している。

ビル・クリントンの旅程には、カザフスタンの独裁者との私的の豪華な宴席だけではなく、公式な記者会見も含まれていた。(21)元大統領にとって、これは一種の再会のようなものだった。ビルは一九九四年、カザフの独裁者であるナザルバエフが、アメリカの新大統領に会うためにワシントンにやってきた時、彼に会っている。(22)二人はいくつかの話題について議論し、「カザフスタンの法治、人権の尊重、そして経済改革へのコミットメントを認める」という、民主的パートナーシップ憲章に署名した。(23)ナザルバエフは守る意図がさらさらない文書に署名するのが習いになっていた。クリントンとナザルバエフは一九九九年一二月にも会っている。この時、彼らはたくさんの問題について議論したが、そのうちのひとつは、カザフスタンで問題を抱えていた、二つの鉱業と金属の企業に関する懸念だった。カナダ企業のワールドワイド・ミネラルズ社とロンドンに拠点を置くトランス・ワールド・メタルズ社が、カザフ政府によって資産を没収されていた。(24)

二〇〇五年九月の訪問の一部を企画したのは、カザフスタンでビジネスを行ったことのあるシベリア出身の丸顔の原子力物理学者、セルゲイ・カージンだった。アルマティでのミーティングを設定することに加え、彼はギウストラがユーラシア・エナジー社を設立するための支援を行った。(25)

カージンとクリントンが以前に会ったことがあったのかどうかは不明だが、彼らはその後の数年間、さらに多くのミーティングを持った。そして彼らには、逃亡中の財産家、マーク・リッチという共通項もあった。二〇〇一年一月、ビルが大統領としての最後の日に、リッチに恩赦を施したことを思い出してほしい。カージンは以前、ほどよい投資の機会を求めてロシア中を旅していたリッチのもとで、働いていたことがあった。(26)

カージンは二〇〇八年に、ニューヨーク・タイムズ紙の記者であるジョー・ベッカーとドン・ヴァン・ナッタとのインタビューで、この訪問については「タイミングがすべてだった」と述べている。(27)同紙の記事が掲載された後、カージンは、ギウストラから怒りの電話を受けたとしている。カージンは、この秘密主義のカナダ人が「彼はその記事を見た後、電話で激しく私に怒鳴りつけてきた」「彼は私がジャーナリストと話したことに激怒していた」と、後に語った。(28)

クリントンとナザルバエフ、ギウストラが共にした夕食会で明らかになった内容は、誰に取材するかによって違う。衆目の一致するところでは、ゲストが七五人を超える豪勢なものだったという。

ビルは「この訪問は、カザフスタンでのＨＩＶ／エイズに対処するものだった」と主張した。ギウストラは、自分が確保しようとしていた採掘の案件は、ナザルバエフやカザフ政府が関係しているものではないと主張した。彼の説明では、「カザフスタンで達した採掘合意は、カザフスタン政府ではなく、民間企業との長い交渉の後で、締結された」という。(29)ビルはさらに、「その資産を取得する上で、カザフ政府からの公式の承認は必要ではなかった」とまで述べた。(30)また彼は、「カザトムプロム社は、ギウストラの会社が署名した覚書の、いずれの署名者でもなかった」と、細かい法的な問題まで議論した。(31)

しかし、これらは、よくできた逃げ口上にすぎない。ウラン会社（ウラニウム・ワン社）の企業幹部たちは、この取引には絶対にカザフの当局者たちが署名する必要があったと、後にジャーナリストやアメリカの外交官らに対して認めている。この資産をやがて管理することになる会社のＣＥＯであるジャン・ノーティアは、「カザフスタンで取り引きを行うには、政府の承認が必要だ。ユーラシア社は承認を得ており、ユーラシア社がウラニウム・ワン社と合併したとき、その承認が新会社に再び与えられた」と述べた。(32)

流出した、駐カザフスタンのアメリカ大使から送られてきた国務省の外電は、ビル・クリントンの主張にさらに異を唱える内容になっている。ギウストラは、ダミー会社のユーラシア・エナジー社を通してカザフスタンでの資産を取得した後、その資産をウラニウム・ワン社という企業との合併によって、移譲したというのだ。(33)ウィキリークスによって明らかにされた二〇〇九年のアメリカの外交電信によると、ウラニウム・ワン社のユーラシア社の買収は、当時のダニエル・アクメトブ首相（のちの防衛相）や、「当時のエネルギー天然資源相でカザトムプロム社社長のウラジミール・シュコルニック」など、「現在でも権力にある人々によって承認されたものだ」と、ウラニウム・ワン社のポール・ルイス・クラーク上級副社長が主張しているという。(34)ウランの権利をめぐる、どのような資産の譲渡も、カザフ当局からの承認が必要であった。(35)

この取引に関与した主要なカザフ当局者に、ムフタール・ザキシェフがいる。彼は、カザフスタンのウラン、原子力産業を運営している政府機関のカザトムプロム社社長である。親欧米の心情を持つ技術系出身のザキシェフは、アメリカと仕事をしたいと熱望しており、後の二〇〇七年にはビルをニューヨークの自宅に訪ねている。ザキシェフによると、ウランの契約は、その夜の晩さん会の場で議論に上がったという。(36) クリントンとギウストラは、これについて反論している。

しかし、それ以上に、ザキシェフや他のカザフ政府高官がすでに数カ月の間、契約を完了してギウストラに、この儲けのよいウランの特権を与えるよう、圧力にさらされていたという指摘もある。(37) 今日まで明らかになっていない理由によって、承認の手続きはカザフ側で停滞していた。ギウストラは当然のことながら不安を抱き、ビルに介入を依頼したのかもしれない。

二〇〇九年に収められた、これとは無関係な事柄についての当局への声明の映像で、ザキシェフは、当時のヒラリー・クリントン上院議員がカザフの高官らに、カナダ人たちに取り引きを保証するよう圧力をかけたと主張していた。ザキシェフによると、次の通りだ。

「カザフスタンのカリム・マシモフ首相は、アメリカにいて、ヒラリー・クリントンに会う必要があったが、このミーティングは中止になった。そして、カザフスタンで仕事をしているクリントン夫妻と関係のある投資家たちが、問題を抱えていると彼は述べていた。カザフスタンがこれらの問題を解決するまで、会合を持つことはなく、あらゆる手段が取られるという」

マシモフはカザフスタンに戻ってザキシェフを呼び、彼になんとかするよう指示した。(38) ザキシェフはその後、ビルの顧問であるティム・フィリップスから連絡を受けたと述べている。ザキシェフによると、フィリップスは彼に、カザフ当局がギウストラのウラニウム取引を承認するまで、ヒラリー

とのさらなる会合はないだろうと伝えたという。(39)

ザキシェフは確実に、知りうる立場にあった。彼は、ギウストラのウラニウム取り引きで中心的な役割を果たした。彼は、カザフスタンでギウストラがその問題を議論するために会った最初の人物の一人であった。彼は後に、ビル・クリントンとニューヨークのチャパクアの自宅で会い、カザフスタンの幅広いウラン市場について議論した。(40)

アメリカが援助を停止するかもしれないという脅威は、根拠のない噂とは認識されていなかった。カザフ側は、冷戦後の核拡散防止プログラムの一環として、アメリカ政府から多額の資金を受け取っている（例えば、彼らは二〇一一年に一・一億ドルを、「大量破壊兵器との戦い」のために受け取っている）。当時のヒラリーは、強い力を持つ上院軍事委員会のメンバーであった。より具体的には、彼女は、新たな脅威と能力についての小委員会のメンバーでもあった。ヒラリーの小委員会は、核不拡散プログラムの監督に責任を持っていた。(41)

ザキシェフはまた、関係している「民主党員たち」にとって契約を結ぶことは重要なのだと、フィリップスが「叫び始めた」と述べた。(42) ザキシェフはフィリップスを、後に首相になるカリム・マシモフ大統領補佐官らカザフの高官らに引き合わせた。ワシントン・ポスト紙からザキシェフの釈明について尋ねられたとき、フィリップスは答えなかった。しかし彼は、オンライン上にある自分の履歴書を変更し、クリントン財団の資金調達を担当していたことに関連する記述をいずれも削除している。(43)

同時にビルは、ナザルバエフが切望していた国際的な信用を彼に与えた。大きな金がはめ込まれたカザフスタンの国家紋章の前に集まったメディアの前に立ち、ビル・クリントンは、ニヤニヤした表情のナザルバエフと並んで演壇に立った。(44)ビルは、ナザルバエフを「貴国における社会的、政治的な生活を開放した」と讃える前に、自身のグローバルなAIDSに対する取り組みについて話をした。クリントンの熱のこもった所見に同意する者は、人権尊重を訴える関係者には誰もいない。実際に、一九九〇年代にクリントン政権の国務省で働き、後に非営利団体のフリーダム・ハウスに加わったロバート・ハーマンは、この発言について「明らかにばかげている」と言った。(45)確かに、アメリカ国務省は、ビルの、へつらいに満ちた称賛に、賛成しないだろう。国務省は長いこと、カザフスタンは「人権遵守についての状況を、はっきりと改善できていない」と断固として述べていた。(46)

各国のメディアはビルの言葉を記録していたが、彼はまた、カザフスタンを欧州安全保障協力機構（OSCE）という権威ある機関の議長国としようというナザルバエフの取り組みを支援すると公言した。ビルは、「今こそ、議長国になるべき時だと思う。実に重要なステップだ。私は、あなたが積極的にそれに取り組んでいることを嬉しく思う」と述べた。ナザルバエフはすぐに、クリントンからの支持を誇らしげにうたったプレス・リリースを出した。ビルは、ナザルバエフの広報におけるこのウィニング・ランに、反論することも異議を申し立てることもしなかった。

クリントンの推薦は、際立って大胆なものだった。OSCEは主として人権擁護のための組織であり、一九七五年のヘルシンキ協定によって設立されたものだ。この国際組織にはほとんど力がないが、ナザルバエフは名誉としてそれを求めた。ナザルバエフのカザフスタンに、OSCEの実権を握らせることは、まるでイランを国際原子力機関（ＩＡＥＡ）の責任者に置くようなものだった。ナンセンスである。でも、独裁者にとって、これは権威ある職位となる。

ヒラリーはその時、ヨーロッパの安全保障協力に関する委員会のメンバーであり、委員会にたった九人しかいないアメリカ上院議員のうちの一人であった。ヒラリーは二〇〇四年に、汚職のまん延と人権問題を抱えるカザフスタンがＯＳＣＥの議長国となることは「受け入れがたい」とする国務省への書簡に、連名で署名している。二〇〇八年七月、委員会が開いた「守るべき約束二〇一〇年、カザフスタンのＯＳＣＥ議長職」という公聴会で、民主党員でメリーランド州選出のベン・カーディン上院議員は、カザフスタンの「人権と民主化の状況は確かに、懸念されるべきものだ。国務省の年次報告書は、カザフスタン内外の多くの人権団体と同様に、問題のある分野について詳細に説明している」と述べた。(47)

公式の筆記録によると、ヒラリーはその公聴会に出席しなかったという。

ビルとギウストラは、晩さん会の翌日にカザフスタンを発った。四八時間の間に、ギウストラの会社であるユーラシア社は、ウラニウム鉱業の資産譲渡について概説した二つの覚書にサインし、カザフ当局は後にこれを承認した。内容は、カラサンでのウラン事業の三〇％を買収し、ベットパク・ダラという別のジョイント・ベンチャーの七〇％も取得するというものだ。(48)この取引は、鉱業を長年ウォッチしてきた人々を仰天させた。業界紙のトレード・テック紙の最高責任者である、ジーン・クラークは、これらの鉱山買収にユーラシア社を選んだのは、「ミステリー」だと述べている。彼は、

「ユーラシア社は何らかの方法で、全体のプロセスを勢いよくスタートさせることができた。この会社は、かつて存在しなかったのに、今や主要なウランの生産者だ」と述べている。[49]

その後、数カ月の間に、ギウストラはクリントン財団に三一三〇万ドルを提供した。[50] これは他の儲けのいい天然資源の契約を世界中の発展途上国で結ぶ中での、何回かの大口の寄付のうちの最初のものとなった。この後の章でも、彼の名前が再び登場する。

すでに述べたように、ビルが訪問した時、カザフスタンは、全国的な選挙の直前だった。ビルが去った数日後、野党の選挙本部は放火によって破壊された。一〇月一二日には、重武装した警察が、野党の指導者を一時的に逮捕した。選挙は『脅迫の雰囲気』と『投票箱の水増し』によって台無しになった」とOSCEは述べた。[51]

二〇〇五年一二月、ナザルバエフは、九〇%以上の票を得て再選を勝ち取った。ビルは彼に祝福の手紙を送っている。その中でビルは、「あなたの仕事が素晴らしい評価を受けたことをたたえるのは、自分の人生で誇りに思うことのひとつだ。大統領としてのあなたの新しい任期の始まりに際し、あなたは国民の期待に今後も沿い続けていくだろうという確信を表明したい」と述べた。[52] カザフの独裁者はすぐに、クリントンの祝いの手紙を、公にした。

カザフでの利権を手に入れたユーラシア・エナジー社は、その資産を大幅に拡大していった。同社はカナダにいる「友人たち」に、自社株を振り向けていった。ギウストラは三〇〇〇万株を得た。彼は、証券会社の元同僚であるロバート・クロスに五〇〇万株を渡して理事にした。グローブ・アンド・メール紙によると、彼の友人であり投資仲介者の仲間であるイアン・テルファーは、二二〇〇万株を受け取った。(53)

ギウストラのように、テルファーも、数十年間、鉱産業でいろいろとやっており、注目の高いいくつもの鉱産株の投機に関与していた。(54) 彼は「先見性があるというより、日和見主義者だ」と、自身で認めている。(55) そして彼は、自身の資金をクリントン財団に提供した。

株式を分配した上で、ユーラシア社は上場し、カナダのベンチャー取引所で取引された株の中で、「最大額を記録したうちの一社」となった。(56) カナダ企業のBMOネスビット・バーンズ社や、カナコード・アダムス社、GMP証券社が、株式の仲介を行い、これから見ていくように、彼らもクリントン財団の支援者になる。(57)

そして、第二段階の始まりである。二〇〇七年二月、ユーラシア・エナジー社は、ウラニウム・ワン社との合併を発表。ウラニウム・ワン社は、南アフリカとカナダを超えて拠点をもつ企業だ。(58)

カザフスタンでのウランに関わるすべての取り引きと同様、この合併は、カザフ政府による承認を必要とした。同じ月に、カザトムプロム社の社長であるザキシェフは、ビル・クリントンとのプライベートな会合のため、チャパクアに向かった。(59) フランク・ギウストラが、そのミーティングをセットしたと言われている。(60)ザキシェフによると、彼らはウラン市場と、原子力の未来について話し合ったという。ギウストラがカザフ政府の承認を必要としていたように、カザフもまた、アメリカの主要な原子力発電所の部品メーカーであるウェスティングハウスの株式を購入するために、アメリカ政府の承認を必要としていた可能性がある。(61)

しかし、ナザルバエフの人権侵害の状況と、カザフスタンがOSCEのような国際人権団体の議長を務めることの適切さについて、ワシントンでは圧力が高まっていた。上院外交委員会の議長であるジョー・バイデン上院議員は、二〇〇七年三月一三日にナザルバエフ大統領に書簡を送りつけ、カザフスタンがこれまでの行いを綺麗にしなければ、カザフの取り組みを支持しないという姿勢を明確にした。

「目に見えるような進捗がすぐに得られない限り、私は、OSCEの議長に就きたいというカザフスタンの目標を支持することはできない」(62)

しかし、クリントン夫妻は、別のやり方をとった。取り引きの前でこそカザフスタンがOSCEを率いることについて懸念を表明していたヒラリーは、今や不思議にも沈黙していた。(63)ビルはさらに大胆になった。彼はナザルバエフを、クリントン・グローバル・イニシアチブ（CGI）にゲストとして招待した。このカザフの独裁者は、喜んで駆けつけ、二〇〇七年九月二五日、彼はニューヨークで開かれたCGIの特別会合のメイン参加者となった。(64)

ナザルバエフは、その二カ月後にOSCE議長の地位を与えられ、二〇一〇年にそのポストについ

た。(65)

一方、二〇〇七年二月、株主がユーラシア社とウラニウム・ワン社の合併を承認した。(66)ギウストラは、この取り引きを、彼の会社であるユーラシア・エナジー社を、ウラニウム・ワン社が買収したことにしようとしたが、実際にはその逆の合併だった。ギウストラ、彼の友人、他の株主が、新会社の六〇％をコントロールすることになった。(67)そして、それから数カ月で、彼らは、アメリカ国内のウラン資産をも取得し始めた。(68)彼らは翌年までに、二〇〇九年に同社の株式を購入することになるロシア国家原子力庁と交渉を始めていた。これについては次の章で説明する。(69)

この儲けのいい合併に続いて、この取り引きの最大の株主たちの多くは、クリントン財団とそのプロジェクトである「クリントン・ギウストラ持続可能な成長イニシアチブ」に対し、数百万ドルの小切手を送っていた。ギウストラは三一三〇万ドルの寄付に加え、一億ドルと彼の今後の収益の半分をクリントン財団に寄付するという、複数年にわたる約束を発表した。(70)この約束によって、カナダの鉱業投資家であるギウストラは、二五〇〇万ドル以上を提供しているビル・ゲイツといったはるかに裕福な人々に匹敵する、クリントン財団の最大の個人寄付者の一人となった。(71)

これから目にするように、ビル・クリントンは重要なタイミングで、ギウストラが事業を行っている他の発展途上国に姿を現す。カナダのグローブ・アンド・メール紙が書いているように、「ギウストラが資源の資産を買収している場所に、ビル・クリントンは現れ続けている」。(72)

この取引から利益を得た投資家たちからの約束と寄付金の合計は、最終的に一億四五〇〇万ドルを超えた。(73)(クリントン財団は、正確な額ではなく、金額の範囲しか報告していない)。これらの投資家たちには、以下のギウストラのビジネス仲間が含まれている。

・この契約で、もう一人の主要な株主となったフランク・ホームズは、クリントン財団宛てに、二五万ドルから五〇万ドルの小切手を書いている。(74) ホームズはまた、クリントン財団の顧問に名を連ねている。

・エンデバー・フィナンシャル社を設立したギウストラの同僚、ネイル・ウッディアは、五〇万ドルを約束し、「継続的な財政支援」を提供していくことを約束した。(75)

・ヘイウッド・セキュリティーズ社のブローカーであるロバート・ディスブローは、ユーラシア社の私募株式を市場に出すために資本五八〇〇万ドルを提供したが、数カ月後にはクリントン財団に、一〇〇万ドルから五〇〇万ドルの間の額を送った。(76)

・カナコード・キャピタル社の幹部であるポール・レイノルズも同様に、一〇〇万ドルから五〇〇万ドルの範囲の額を寄付した。(77) ユーラシア社の契約はカナコード社の歴史の中で、最大規模のものだった。

・ユーラシア・エナジー社のもうひとつの大株主であるGMPセキュリティーズ社は、CGSGIに会社の利益の一部を寄付することを約束した。GMPは、株式の私募やユーラシア・エナジー社の契約の引き受け手として多額のお金を得た。(78)

・ユーラシア・エナジー社の主要株主で、理事でもあったロバート・クロス氏は、自分の将来の収入の一部を、クリントン財団に渡すことを約束した。(79)

・BMOグローバル金属鉱業グループの副会長でグローバル共同経営者のエギジオ・ビアンチーニもまた、この鉱産契約の出資者であった。(80) BMOは、CGSGIが二〇〇八年三月に開いた慈善イベントで、二つのテーブルを買うために六〇万ドルを支払っている。(81)

・カザフスタンのウラン契約に関与したロシアの交渉役でユーラシア・エナジー社の株主でもあるセルゲイ・カージンもまた、CGSGIに一〇〇万ドル誓約をしている。(82)

・ユーラシア・エナジー社の会長で、ウラニウム・ワン社の新しい会長になるイアン・テルファーは、三〇〇万ドルを約束した。(83)

ビル・クリントンは、発展途上国での経済成長とヘルスケアを支援する無私な慈善の振る舞いの結果として、「たなぼた」でに手に入った大金を歓迎した。「天然資源の産業内で、提携がまとまっていくことを、私は誇りに思う」と、彼は述べた。(84) カナダの鉱業投資家グループは、非常に短期間のうちに、クリントン財団への、明らかに大きな寄付者となったのだ。

ギウストラはこの財団に、さらに資金をもたらした。彼は二〇〇六年に、印象的な招待者リストが花を添える、ビル・クリントンの誕生日と資金調達を兼ねたパーティーを、トロントのフェアモント・ロイヤル・ヨーク・ホテルで主催した。このイベントでは、ケビン・スペイシーがメディアの見出しを飾り、ビリー・クリスタルやボンジョビも参加していた。(85) 二〇〇八年三月には、トム・クルーズやロビン・ウィリアムスといったスーパースターを招いた、もう一つの大規模なパーティーがあった。(86) 二〇〇八年一〇月一七日にはバンクーバーで、ギウストラとクリントンが、ブリティッシュ・コロンビア州ビジネス協議会で企業の社会的責任に関する講演を行った。(87)

クリントン夫妻が、カナダ人のギウストラをウラン契約で支援するために取ったいかなる行動も、アメリカ人の雇用創出やアメリカ企業の海外での競争力強化といった、政治家が企業や寄付者に図った便宜を正当化するためによく使う説明によっては、正当化できないはずである。

しかし、案件の国際的な規模は、カザフスタン、カナダ、ワシントン、チャパクアを超えて広がり、ロシア最強の政府関係者さえ含まれるものとなっていく。資金の流れは、ただ増加の一途をたどった。

(1) Becker, Jo, and Don Van Natta Jr., "After Mining Deal, Financier Donated to Clinton," *New York Times*, January 31, 2008, http://www.nytimes.com/2008/01/31/us/politics/31donor.html?pagewanted=all&_r=0.

(2) "How to Make Money in Kalistan," TheNewswire.ca October 14, 2011, http://www.metalinvestmentnews.com/how-to-make-money-in-kazakhstan/.

(3) World Health Organization, "Summary Country Profile For HIV/AIDS Treatment Scale-Up," December 2005, http://www.who.int/hiv/HIVCP_KAZ.pdf. *UNAIDS Sub Saharan Africa Fact Sheet*, report, May 25, 2006, http://data.unaids.org/pub/GlobalReport/2006/200605-fs_subsaharanafrica_en.pdf.

(4) Nichol, Jim, "Kazakhstan: Recent Developments and U.S. Interests," Congressional Research Service, June 20, 2008, http:/assets.opencrs.com/rpts/97-1058_20080620.pdf. Foust, Joshua, "The Gilded Age of Asia," *Foreign Policy*, April 11, 2013, http://www.foreignpolicy.com/articles/2013/04/11/the_gilded_cage_of_asia. Watt, Nicholas, "Kazakhstan's Autocratic President Tells David Cameron: I Would Vote for You," T*he Guardian*, July 1, 2013, http://www.theguardian.com/world/2013/jul/01/kazakhstan-president-david-cameron-vote.

(5) Mayr, Walter, "Ex Stepson Talks in Family Feud, Tapping Kazakstan's Natural Resources," *Spiegel*, May 19, 2009, http://www.spiegel.de/international/world/ex-stepson-talks-in-family-feud-the-long-arm-of-kazakhstan-s-president-a-625720-2.html.

(6) Love, James, "The Well-Connected Dictator," *Huffington Post*, May 25, 2011, http://www.huffingtonpost.com/james-love/the-wellconnected-dictato_b_67423.html. Kilner, James, "Copper Tycoon Tops Kazakhstan's Rich List." *The Telegraph*, May 15, 2012, http://www.telegraph.co.uk/news/worldnews/asia/kazakhstan/9268133/Copper-tycoon-tops-Kazakhstans-

rich-list.html. Buckley, Neil, "ENRC Founders Made Good in Kazakhstan," *Financial Times*, May 3, 2013, http://www.ft.com/intl/cms/s/0/7la13774-b3e0-11e2-ace9-00144feabdc0.html#axzz351P7vNvu.

（7）Hoffman, Andy, "Renaissance Man," *Globe and Mail* (Toronto), June 27, 2008, http://www.theglobeandmail.com/report-on-business/renaissance-man/article17988489/?page=all. Humphreys, Tommy, "Stop Taking Yourself so Seriously, Says Tycoon Frank Giustra," Mining.com, June 28, 2013, http://www.mining.com/web/stop-taking-yourself-so-seriously-says-tycoon-frank-giustra/

（8）Cernetig, Miro, "Frank Giustra: A Man of Many Hats," *BC Business*, November 5, 2011, http://www.bcbusiness.ca/people/frank-giustra-a-man-of-many-hats. Smith, Elliot Blair, "Clinton Used Giustra's Plane, Opened Doors for Deals (Correct)." Bloomberg.com, February 22, 2008, http://www.bloomberg.com/apps/news?pid=newsarchive&sid=aa2b8Mj3NEWQ.

（9）カナダのグローブ・アンド・メール紙はギウストラのアプローチを次のように説明している。「鉱産の発起人が、すでに上場している安いペーパー・カンパニーを買い、会社取得を助けてくれる友人を集め、そして、しばらく経ったら、その会社に鉱産資産を詰め込んで（入れ替えを覚えているか？）、もう一度、株式を公開する」。これらの取り引きは、特に発起人の「信頼できる仲間の輪」にいる場合に、非常に実入りの良いものになり得る。Hoffman, Andy, and Sinclair Stewart, "How to (Still) Get Rich in Mining," *Globe and Mail* (Toronto), globeadvisor.com, May 19, 2007, https://secureglobeadvisor.com/newscentre/article.html?servlet/GIS.Servlets.Wire.FeedRedirect?cf=sglobeadvisor/config_blank&vg=BigAdVariableGenerator&date=20070519&archive=gam&slug=RCOVER19.

（10）Hoffman, "Renaissance Man."

（11）Remnick, David, "The Wanderer: Bill Clinton's Ouest to Save the World, Reclaim His Legacy—and Elect His Wife," *The New Yorker*, September 18, 2006, http://www.newyorker.com/magazine/2006/09/18/the-wanderer-3.

（12）Becker and Van Natta, "After Mining Deal, Financier Donated to Clinton."

（13）Jenkins, Iain, "Fun and Games with Penny Stocks," *New York Times*, March 9, 1996, http://www.nytimes.com/1996/03/09/your-money/09iht-penms.t.html. McNish, Jacque, *The Big Score: Robert Friedland and the Voisey's Bay Hustle* (Tronto: Doubleday, Canada, 1998, ix, 45.

（14）"Corporate Info." Diamond Fields International Ltd., http://www.diamondsields.com/s/Management.asp (accessed 2014). Morais, Richard C., "Friends in High Places," *Forbes*, August 10, 1998, http://www.forbes.com/global/1998/0810/0109038a.html.

（15）Morais, "Friends in High Places."

（16）McNish, *The Big Score*, ix, 40.

（17）Morais, "Friends in High Places."

（18）McNish, *The Big Score*, ix, 45.

（19）Becker and Van Natta, "After Mining Deal, Financier Donated to Clinton."

（20）Hoffman, Andy, "Who Sold Key Asset to Uranium One?" *Globe and Mail* (Toronto), May 29, 2009, http://www.theglobeandmail.com/report-on-business/who-sold-key-asset-to-uranium-one/article4274871/.

(21) Becker and Van Natta, "After Mining Deal, Financier Donated to Clinton."

(22) Clinton, William J., "President's News Conference with President Nursultan Nazarbayev of Kazakhstan," American Presidency Project, February 14, 1994, http://www.presidency.ucsb.edu/ws/?pid=49652.

(23) Nichol, "Kazakhstan: Recent Developments and U.S. Interests."

(24) US Department of State, "Visits to the U.S. by Foreign Heads of State and Government–1999," http://2001-2009.state.gov/r/pa/ho/15730.htm. "Kazakh President, Clinton to Meet," *American Metal Market*, December 21, 1999. Kazakhstan Goldfields Corp., "Open Letter to President Nazarbayev of Kazakhstan," December 20, 1999, http://www.infomine.com/index/pr/Pa034388.PDF.

(25) Sidorov, Dmitry. " An Interview with Sergei Kurzin," Forbes, April 20, 2009, http://www.forbes.com/2009/04/17/clinton-sergei-kurzin-opinions-contributors-sidorov.html.

(26) "A Russian's Underground Route to the Stock Market," *The Telegraph* (UK), February15, 2004.

(27) Becker and Van Natta, "After Mining Deal, Financier Donated to Clinton."

(28) Sidorov, "An Interview with Sergei Kurzin."

(29) "Wall Street Journal Publishes Letter from Frank Giustra that Corrects Misinformation," *Reuters*, May 01, 2008, http://webcache.googleusercontent.cohttp://webcache.googleusercontent.com/search?q=cache:UsTisocqOKUJ:www.reuters.com/ article/2008/05/01/idUS188740+01-May-2008+PRN20080501 &cd=1&hl=en&ct=clnk&gl=us.

(30) Clinton Foundation, "Statement on Frank Giustra from President Clinton," January 15, 2009, http://www.

clintonfoundation.org/main/news-and-media/statements/statement-on-frank-giustra-from-president-clinton.html.

(31) Clinton Foundation, "Statement on Frank Giustra from President Clinton."

「ボラット・ゲート」疑惑が起きてから後、フランク・ギウストラとクリントン夫妻の双方は、ある事実と解釈をめぐって激しく論争してきた。彼らの反論は、二つのカテゴリーに要約される。一つは、ギウストラとそのパートナーによって結ばれた合意は、カザフスタンの民間の当事者とのものであって、概して政府とのものでもなければ、特にカザトムプロム社とのものでもなかった。次に、ギウストラとそのパートナーが一年以上をかけてカザフスタン国内で取り引きに取り組んできたのだから、彼らは合意を締結する上でクリントン大統領を必要としてはいなかったというものだ。

最初の反論は、ある質問への答えを使っているという点で、誤解を招くものだ。つまり、ギウストラとそのパートナーは、カザフスタンでウランを掘る権利のために民間の当事者にお金を払ったのかということだ。答えは実質的にイエスである一方で、このことはより関係ある二つの質問を曖昧にしてしまう。一つには、ユーラシア社はカザフスタン政府との商業関係に、その国営原子力機関であるカザトムプロム社を通じて入ったのかということ。そして二番目に、その合意全体がカザフ政府の承認に依存するものだったのかどうかということだ。それら二つの質問への答えは、疑う余地のないイエスだ。ギウストラが二〇〇五年に確保したものは、三つのウラン鉱山を含む二つのジョイント・ベンチャーであり、ユーラシア社の申告では、それぞれにおいてカザトムプロム社が商業パートナーとして取り上げられていた。少なくとも一つの鉱山については、クリントンの訪問の五日後に、カザフ政府が権利を譲渡している。ギウストラたちは、その鉱山ともう一つの鉱山の権利のために、（ベットパクＬＬＰに対して）三億五〇〇〇万ドルを支払った。その権利譲渡がなければ、ギウストラは何も買うものはなかったはずだ。

反対意見はその他の三つの理由により、さらに明らかに間違っている。まず、論争が始まる前に出されたか、論争に言及がない合意についての説明は、最初から最後まで、この合意をカザフ政府とのもの――特にカザトムプロム社とのもの――として扱っている。このことは、ギウストラたちが二〇〇六年初めに、カナダのフィナンシャル・ポスト紙にビクトリー・ランのように書いた論説だけでなく、ギウストラがカザフスタンで一九九〇年代中ごろから断続的に一緒にビジネスをしてきたセルゲイ・カージンに、鉱産貿易についての出版物がインタビューしたものにおいても、あてはまる。カージンは、自身とギウストラ、カザトムプロム社トップのムフタール・ザキシェフとの取り引きにおいて重要な他の人物らとの間で、彼がセッティングしたミーティングから、この合意が始まったと詳しく語った。二つ目に、ザキシェフは二〇〇九年五月の終わりに逮捕され、ユーラシア社の合意に関する罪状で起訴された。この時までに、ユーラシア社の後継会社であるウラニウム・ワン社は、論争になった株式を引き継いだ。投資家をなだめるのに不安だったウラニウム・ワン社の当時のジャン・ノーティア社長は、明確な言葉で、ユーラシア社とウラニウム・ワン社の双方の鉱産権利は、政府による明示的な承認を受けたものであると述べた。「ユーラシア社によるこれらの資産の取得、ならびにそれに続くウラニウム・ワン社によるユーラシア社の買収は、カザフの法律の求めに則って完了したものであり、どちらの契約もカザフ当局に承認されている」。三つ目に、ユーラシア社とウラニウム・ワン社は自身の会社の申告において、カザフスタンにおける地表下の鉱物の権利についてのいかなる譲渡も、カザフスタンのエネルギー鉱産権利省（ＭＥＭＲ）に承認されなければならないと、ハッキリと明示している。ついでながら、二〇〇五年にＭＥＭＲのトップだったウラジミール・シコルニックは、ザキシェフが逮捕された後に、カザトムプロム社のトップになっている。それから間もなくして、彼の義理の息子であるヴァディム・ジヴォヴはウラニウム・ワン社の取締役に昇任し（彼は後に社長になった）、ギウストラの良き友人でクリントン財団の寄付者であるイアン・テルファーは取締役会の議長になった。いずれにせよ、証拠が明らかにする重要な事実は、カザトムプロム社が商売でユーラシア社と関わったというよりは、カザフスタン政府が同社の鉱産権の取得と同国でのその後の経営に、完全な権限を持っていたということだ。カザフ当局がサインしなければ、合意はなかったことだろう。

合意をまとめる上でクリントン大統領の参加が必要だったのかについては、ギウストラの長年の仲間でユーラシア社の幹部であるゴードン・キープの次の言葉を考えてみるといい。「一四週間の合意をまとめるために、私たちには六週間しかない」。クリントンがカザフスタンでギウストラに加わる時までに、カナコード社とGMF証券社の彼の友人は、五億四〇〇万カナダドルを調達し、そのベンチャーに投資していた。この金額は、このような事業の最初のものとして、カナダの金融メディアが報じたものだ。クリントン大統領の存在が合意に不可欠でなかったとしたならば、ギウストラの国際的なチャリティーへのコミットメントを示すことにもなり、あろうことか五億四〇〇万ドル分の信頼がかかっている経験豊かで利口な投資家が、合意をまとめる能力で名高い同大統領のような政治家を、デリケートな交渉の締結の段階で連れてこようとしたという軽薄な思い込みを打ち砕くことになる。カザフスタンの独裁者であるヌルスルタン・ナザルバエフは、思いつきでベンチャーを潰す力を明らかにもっていたし、ナザルバエフもカザフスタンの国も、他の有望なウランの投資家には事欠かなかった。賄賂を得ようというナザルバエフの熱心さはよく知られており、報じられるところでは、チェブロン社のような数十億ドル規模の西洋の会社からの例がある。有用だが比較的、小粒なギウストラのようなプレーヤーから、果たして彼は何を期待するだろうか。さらには、以下に論じたように、クリントンはナザルバエフに提供できる、とても現実的な事柄があった。それは、ＯＳＣＥの議長職への承認という、ヨーロッパとの外交や商業のドアを開くであろう名誉だ。これなしには、ドアは彼に閉ざされたままだ。カザフ大使館はこの承認の知らせを、同じ日にネット上に掲載している。事実は自ら語るものだ。

(32) Stewart, Sinclair, and Andy Hossman, "Uranium One Ensnared in Kazakh Scandal," *Globe and Mail* (Toronto), May 27, 2009, http://www.theglobeandmail.com/globeinvestor/uranium-one-ensnared-in-kazakh-scandal/article4211504/.

(33) Chapman, David, "Glowing Prospects for 6 Uranium Miners," Moneyshow.com, April 17, 2012, http://www.moneyshow.com/articles.asp?aid=Global-27436. Becker and Van Natta, "After Mining Deal, Financier Donated to Clinton."

(34) US Department of State, "Kazakhstan: Business as Usual in the Uranium Mining Sector" WikiLeaks, June 17, 2009, https://www.wikileaks.org/plusd/cables/09ASTANA1033_a.ltml.

(35) Seccombe, Allan, "Kazakh Move Stuns Uranium One," *MiningMx*, May 27, 2009, http://www.miningmx.com/news/energy/kazakh-move-stuns-uranium-one.htm. See note 51.

(36) Becker and Van Natta, "After Mining Deal, Financier Donated to Clinton."

(37) Pan, Philip P., "Clinton Adviser Intervened with Uranium Deal, Ex-Kazakh Official Says," *Washington Post*, February 24, 2010, http://www.washingtonpost.com/wp-dyn/content/article/2010/02/24/AR2010022403290.html.

(38) ザキシェフは二〇〇八年に、他の三人のカザトムプロム社の最高幹部とともに、カザフの治安部隊によって逮捕された。このことは、国営の鉄道やエネルギー会社のトップを含む、より広範な粛清の一部だった。リークされた国務省の公電によれば、この逮捕は、政府外のオブザーバーから、「政治的動機によるものとして非難された」という。カザフの政治ではとてもよくあることだが、この出来事は陰謀に組み込まれていたものだ。ナザルバエフ大統領の家族が実際にカザトムプロム社の一部を保有しており、合意から利益を得ていたという申し立てがなされた。報じられたところによると、逮捕はこのことを隠すために仕組まれたのだという。ザキシェフはまた、ナザルバエフの疎遠になった義理の息子であるラクハト・アリエフの長年の友人だった。ヨーロッパに亡命中のアリエフはザキシェフを、「ナザルバエフ政権の政治的拘留者」と呼んだ。

US Department of State, "Kazakhstan: Changes and Charges at Kazatomprom," WikiLeaks, June 3, 2009, https://www.wikileaks.org/plusd/cables/09ASTANA343_a.html. Pan, "Clinton Adviser Intervened to Help with Uranium Deal."

(39) 同右。and videos of Dzhakishev: https://www.youtube.com/channel/UC9Ze93MxqaQKPVHLkKmVpeQ; translation by Dr. David Meyer.

(40) Lenzner, Robert, "Clinton Commits No Foul in Kazakhstan Uranium Deal," *Forbes*, January 12, 2009, http://www.forbes.com/2009/01/12/giustra-clinton-kazakhstan-pf-ii-in_rl_0912croesus_inl.html.

(41) Bronson, Lisa, "Testimony on Cooperative Threat Reduction Program before the Subcommittee on Emerging Threats and Capabilities," March 10, 2004, http://www.globalsecurity.org/wmd/library/congress/2004_h/040310-bronson.pdf.

(42) Pan, "Clinton Adviser Intervened with Uranium Deal."

(43) 同右。Tufts University, "Board Members: Tim Phillips," http://www.tuftsgloballeadership.org/about/boards-and-staff/tim-phillips. "About Us," Beyond Conflict. http://www beyond.conflictint.org/about-us/staff/timothy-phillips/.

(44) Embassy of the Republic of Kazakhstan, "Weekly News Bulletin," September 7, 2005, http://prosites-kazakhembus.homestead.com/090705.html.

(45) Becker and Van Natta, "Aster Mining Deal, Financier Donated to Clinton."

(46) Nichol, "Kazakhstan: Recent Developments and U.S. Interests."

(47) Commission on Security and Cooperation in Europe, "Promises to Keep: Kazakhstan's 2010 OSCE Chairmanship," official transcript, July 22, 2008, http://esce.gov/index.cfm?FuseAction=ContentRecords.View.Detail&Content Record_id=434&Region_id=0&Issue_id=0& ContentType= H,B&ContentRecord Type=H&CFID=13299032&CFTOKEN=93551824.

(48) Signature Resources Ltd., "Signature Enters into Acquisition Agreement with Urasia Energy Ltd," September 20, 2005, http://www.infomine.com/index/pr/Pa299684.PDF.

(49) Becker and Van Natta, "After Mining Deal, Financier Donated to Clinton."

(50) 同右。

(51) 同右。

(52) "Kazakhstan Timeline," Knowledge Ecology International, July 30, 2007, http://keionline.org/content/view/110/1. Kazakhstan News Bulletin, www.kazakhembus.com, 5, no. 52, December 7, 2005, http://prosites-kazakhembus.homestead.com/December_7.pdf.

(53) Canadian System of Electronic Disclosures (SEDI), http://www.sedica: "Access Public Filings," "View Summary Reports," "Insider Transaction Detail," "Select `Insider Family Name,' " "Search `Ian Telfer.、 " "Select `Date of Transaction,'" "Search `January 1, 2000-present day,' " "Urasia Energy." Hoffman and Stewart, "How to (Still) Get Rich in Mining."

(54) Moriarty, Bob, "Girls and Peak Gold: Wheaton River Jr., 321gold.com, October 7, 2007, http://www.321gold.com/

editorials/moriarty/moriarty103007.html (accessed November 2, 2014).

(55) Hoffman, Andy, "Ian Telfer: 'I'm More of an Opportunist than a Visionary' " Globe and Mail (Toronto), May 27, 2011, http://www.theglobeandmail.com/report-on-business/ careers/careers-leadership/ian-telfer-im-more-of-an-opportunist-than-a-visionary/ article382085/?page=all.

(56) Kirby, Jason, "Uranium Blockbuster," *National Post* (Canada), January 31, 2006, http://www.canada.com/story.html?id=c8c388e6-ba0b-4ed3-bc67-21a05ec652c2.=.

(57) "ComingSoon! A New Uranium Stock," Stocks, Uranium, Exchange, Symbol, November 7, 2005, http://socialize.morningstar.com/NewSocialize/forums/p/158426/2044148.aspx#2044148 (accessed November 2, 2014). "Uranium Mining and Exploration Post#2119," Investors Hub, November 7, 2005, http://inventorulub advfn.com/boards/read_msg.aspx?message_id=8398619 (Accessed November 02, 2014). See also "Uranium Blockbuster: Canaccord Adams-led IPO Financing of Uranium Producer Urasia Energy Faced Language Barriers, a 14-hour Time Difference anda Drop in the Equity Markets. But the Deal Was Done," *Financial Post* (Canada), January 31, 2006.

(58) Uranium One, "Uranium One and Urasia Energy Announce Combination to CreateEmerging Senior Uranium Company," news release, February 12, 2007, Uraniuml.com, http://www.uranium1.com/index.php/en/component/docman/doc_download/256-uranium-one-and-urasia-energy-announce-combination-to-create-emerging-senior-uranium-company.

(59) Lenzner, Robert, "Clinton Commits No Foul in Kazakhstan Uranium Deal." *Forbes*, January 12, 2009, http://www.forbes.com/2009/01/12/giustra-clinton-kazakhstan-pf-ii-in_rl_0912croesus_inl.html.

(60) Becker, Jo, and Don Van Natta, Jr., "Ex-President, Mining Deal and a Donor." *New York Times*, January 30, 2008, http://www.nytimes.com/2008/01/31/us/politics/31donor.html?pagewanted=all&_r=1&.

(61) ギウストラは当初、ミーティングの存在を否定していたが、後に撤回し、「彼の側近は、ニューヨーク・タイムズ紙の事実確認の質問のきき方は誤解を呼ぶもので、チャパクアでの会合を彼らに思い出させるものではなかったと説明している」。Lenzner, "Clinton Commits No Foul in Kazakhstan Uranium Deal." Becker, and Van Natta, "Ex-President, Mining Deal and a Donor."

(62) Hamm, Nathan, "Joe Biden's Letter to Nursultan Nazarbayev," Registannet RSS, March 23, 2007, http://registan.net/2007/03/23/joe-bidens-letter-to-nursultan-nazarbayev/.

(63) Becker and Van Natta, "Ex-President, Mining Deal and a Donor." Cooper, Helene, and Peter Baker, "Clinton Vetting Includes Look at Mr. Clinton," *New York Times*, November 16, 2008, http://www.nytimes.com/2008/11/17/us/politics/17memo.htm l?pagewanted=all&_r=0.

(64) Love, James, "The Well-Connected Dictator," *Huffington Post*, October 6, 2007, http://www.huffingtonpost.com/james-love/the-wellconnected-dictato b_67423.html. "Featured Attendees," Clinton Global Initiative, http://reclintonfoundation.org/page. aspx?pid=1263. Official Site of the President of the Republic of Kazakhstan, September 26, 2007, http://www.akorda.kz/en/page/page_president-nursultan-nazarbayev-takes-part-in-the-clinton-global-initiative-forum_1348723422.

(65) Smith, "Clinton Used Giustra's Opened Doors for Deals (Correct)."

(66) Uranium One, "Uranium One and UrAsia Energy Announce Combination to Create Emerging Senior Uranium

Company."

一部では買収と報じられているものの、これは実際には、逆さ合併だった。フランク・ギウストラとその他の株主は、買収されたのではなかった。彼らは実際には、ウラニウム・ワン社と名付けられた新会社の支配権を握ったのだった。Hill, Liezel, "Uranium One Wraps Up Urasia Acquisition, Eyes London Listing," Engineering News, April 23, 2007, http://www.en gineeringnews.co.za/article/uranium-one-wraps-up-urasia-acquisition-eyes-londonlisting-2007-04-23.

「協定が完了してすぐに、ウラニウム・ワン社は、約60％を旧ユーラシア社の株主によって、約四〇％を当時存在していたウラニウム・ワン社の株主によって保有された」。Uranium One Inc., Annual Information Form 2007, report, March 31, 2008, http://www.uranium1.com/index.php/en/component/docman/doc_download/69-2008-annual-information-form.

(67) プラッツ・ニュークレオニクス・ウィーク誌が報じたように、「経理上の目的のために、ユーラシア・エナジー社はウラニウム・ワン社と今や呼ばれるようになったものの子会社になった。しかし、カナダの証券規制当局に提出された文書によれば、新会社の支配権を握ったのはユーラシア・エナジー社の株主たちだった」。Stellfox, David, "Uranium One's Russian Deals Pushes Kazakh Probes to the Background," Platts Nucleonics Week, June 18, 2009. ロンドン証券取引所が伝えたように、「ユーラシア社の普通株はそれぞれ、ウラニウム・ワン社の〇・四五普通株と交換される。取り引きの完了後に、現在のウラニウム・ワン社が合併会社の約四〇％を所有し、現在のユーラシア社の株主が約六〇％を保有することが予定されている」。"Urasia Energy Ltd Plans Merger with SXR Uranium," London Stock Exchange Aggregated Regulatory News Service, February 17, 2007. "Urasia Energy Ltd (UUU)," FE Intestegate/UrAsia Energy Ltd Announcements, February 12, 2007, http://www.investegate.co.uk/article.aspx?id=2007021207264.00752R.

(68) Uranium One, "Uranium One Completes Acquisition of Energy Metals," press release, August 10, 2007, http://www.uranium l.com/index.php/en/component/docman/doc_download/239-uranium-one-completes-acquisition-of-energy-metals.

(69) "Vadim Zhivov; 'We Can Be Faced by a Deficit of Uranium' " Rosatom, December 2, 2010, http://www.rosatom.ru/en/presscentre/interviews/4eafad80432eea76ab83eb539abab8a1. Rosatom Corp., "Russia to Acquire 17% Stake in Canada's Uranium One (Update1)," news release, June 19, 2009, ARMZ Uranium Holding Co., http://www. armz.ru/media/File/facts/ARMZ-U1/Bloomberg.pdf.

(70) Wright, Lisa, "Clintons' Canadian Buddy," Toronto Star February 3, 2008, http://www.thestar.com/business/2008/02/03/clintons_canadian_buddy.html.

(71) "Contributor Information," Clinton Foundation, https://www.clintonfoundation.org/contributors.

(72) Hoffman, "Renaissance Man."

(73) Becker and Van Natta, "Ex-President, Mining Deal and a Donor" Hoffman, "Renaissance Man."

(74) "Contributor Information," Clinton Foundation, https://www.clintonfoundation.org/contributors?category=%24250%2C001+to+%24500%2C000 (accessed 2014), "Frank Edward Holmes," Investing.businessweek.com, http://investing.businessweek.com/research/stocks/people/person.asp?personId=310588&ticker=GROW.

(75) Hoffman, "Renaissance Man." "President Clinton and Business Leaders Launch Sustainable Development Initiative in the Developing World," press release, Clinton Foundation, June 21, 2007, https://www.clintonfoundation.org/main/news-and-media/press-releases-and-statements/press-release-president-climton-and-business-leaderslaunch-sustainable-developm.

html. "Management," Endeavour Mining Corporation, http://www.endeavourmining.com/s/Management.asp.

(76) "Clinton Foundation Donors," *Wall Street Journal*, December 18, 2008, http://online.wsj.com/public/resources/documents/st_clintondonor_20081218.html. "Transactions (Page 2)," Haywood Securities Inc., http://www.haywood.com/investmentbanking/searchtransactions.aspx?view=tombstone&field=year&year=2005# (accessed 2014).

(77) "Clinton Foundation Donors," *Wall Street Journal*. "Paul D. Reynolds." Investing businessweek.com, http://investing.businessweek.com/research/stocks/people/person.asp?personId=1467569&ticker=CF.CN.

(78) "President Clinton and Business Leaders Launch Sustainable Development Initiative in the Developing World." Hoffman, "Renaissance Man." Kirby, "Uranium Blockbuster."

(79) "President Clinton and Business Leaders Launch Sustainable Development Initiative in the Developing World." "Robert Melvin Douglas Cross MBA." Investing businessweek.com, http://investing.businessweek.com/research/stocks/people/person.asp?personId=8052452&ticker=BNK:CN&previousCapId=35511785&previousTitle=B2COLD%20CORP.

(80) "Global Metals & Mining Biographies," BMO Capital Markets, http://www.bmocnn.com/industry-expertise/mining/bio/ (accessed 2014). Uranium One, "Uranium One and Urasia Energy Announce Combination to Create Emerging Senior Uranium Company."

(81) Hoffman, "Renaissance Man." Kirby, "Uranium Blockbuster."

(82) Hoffman, "Renaissance Man." "Sergey Vladimirovich Kurzin Ph.D." Investors.busi messweek.com, http://investing.businessweek.com/research/stocks/people/person.asp?personId=13061746&ticker=OSU:CN. Sidorov, "An Interview with

Sergei Kurzin."

(83) Hoffman, "Renaissance Man." "Board of Directors," Uranium One, http://www.uranium1.com/index.php/en/about-uranium-one/board-of-directors (accessed 2014).

(84) Clinton Foundation, "President Clinton and Business Leaders Launch Sustainable Development Initiative in the Developing World."

(85) Wright, "Clintons' Canadian Buddy."

(86) Todd, Douglas, "Frank Giustra: Rescuing Global Capitalism from Itself." Vancouver Sun, September 13, 2008, http://blogsvancouversun.com/2008/09/13/frank-giustrarescuing-global-capitalism-from-itself/?__federated=1.

(87) 同右。

第三章　ヒラリーによる「リセット」

ロシアのウラン取引

ヒラリー・クリントンとウラジミール・プーチンは、当初、激しくやり合っていた。ヒラリーは、二〇〇八年の大統領選で民主党の公認争いに出馬していた時、ロシアの大統領について荒々しく語っていた。よく引き合いに出されるジョージ・W・ブッシュ大統領の「(プーチンの) 魂を理解できた」というコメントと反対に、ヒラリーは、プーチンは「魂をもたない」とあからさまに反論していた。このコメントについて尋ねられたプーチンは、「少なくとも、国のトップには頭脳があるべきだ」と反論した。

しかし、ヒラリーが二〇〇九年一月に国務長官に承認されたとき、ウラジミール・プーチンとのやり取りが、彼女の仕事のメインの部分となった。そして、株主たちがクリントン財団に数千万ドルを送り、ビルのために講演の機会を提供していたカザフスタンでのウランの契約が、プーチンを登場人物として引き入れるおぜん立てをした。

ビル・クリントンが二〇〇五年にカザフスタンを訪問している間に確定し、二〇〇七年にカザフが承認した合併によって強化されたウランの契約は、まもなく第三の契約へと変身を遂げ、ヒラリーの国務長官としてのもっとも重大で困難な安全保障上の決断のいくつかと交錯していく。彼女がアメリカの核政策を舵取りしていく中で、アメリカ政府の倫理当局やホワイトハウス、あるいは同僚の閣僚に、この明らかな利益の相反についてヒラリーが打ち明けたという証拠はない。

ブッシュ政権の末期には、アメリカとモスクワとの関係は冷たくなっていた。隣接するジョージアへのロシアの侵略、ミサイル防衛の盾を構築するというブッシュの計画、そしてウクライナへのロシアの圧力は、この二つの核保有国の間の緊張を高めていた。(1)バラク・オバマ大統領とヒラリー・クリントンの頭にあったのは、「リセット」だった。ヒラリーはアメリカ国務省からクレムリンに、過去を水に流して、新しく始めるチャンスを提案した。(2)

モスクワはリセットに大賛成で、西側諸国との貿易と投資の機会をより発展させるチャンスだと捉えた。(3)そして、ヒラリーがプーチンの魂について尖ったコメントをしていたにもかかわらず、彼女が国務長官として指名されたことは、モスクワでは広く賞賛された。当局側は、彼女は「ロシア連邦とアメリカとの関係についてのバランスのとれた見方」を示していると見ていた。(4)ある高官は、彼女の指名はモスクワにとって「最悪とはほど遠い」結果になると述べた。(5)熱烈な歓迎ではないにせよ、おそらくロシア側はヒラリーが一緒に仕事ができる人物であると考えた。

リセットの中心には、ニューズウィーク誌が「可能性のあるビジネス取引の一団」と呼んだものがあった。(6)ここには、ロシア経済のバックボーンである石油や天然ガスが関係する案件が含まれていた。(7)しかし、そのすぐ背後には、世界の核市場でのシェアを拡大したいというクレムリンの野望があった。ウランや、民生用の原子力発電所、それらを支える技術的なサービスは、モスクワにとって巨大な成長産業だと考えられた。(8) 二〇〇六年にロシア政府は、「一〇〇億ドルを使ってロシアのウラン生産を年間で六〇〇％増やす」という計画を承認した。(9) プーチンは原子力エネルギー分野を、「国の最優先の部門と考えており、ロシアを強国にするもの」だと見なしていた。(10) ロシアは、世界中で原子力発電所を建設したかっただけでなく、ウランの国際市場の大部分をコントロールすることも望んでいた。(11)

しかし、ロシアのリセットにとっての脚注として重要なのは、クリントン財団に大量のお金をつぎ込み、ビルの儲けのいい講演を後援し続けてきた海外投資家の一団が、これにどう関与したのかということだ。この投資家たちは、ヒラリーが国務長官として行った決定から、多くの利益を得る立場にあった。

ロシア原子力庁（ロスアトム）は、ロシアの核に関連するものすべてを取り扱っていた。アメリカのエネルギー省や原子力規制委員会とは異なり、ロスアトムは民生用の原子力発電所に深く関与していただけではなく、ロシアの核兵器の備蓄を実際に管理していた。(12)

ロスアトムのトップを長年、務めてきたセルゲイ・キリエンコは、背が高く、ひょろっとした技術系出身の官僚で、ソビエト時代はソ連の青年団コムソモールに務めていた。彼はその後、ビル・クリントンがアメリカ大統領だった時代に、ロシアのエネルギー相や首相を歴任した（確かに、ロシアのボリス・エリツィン大統領が一九九八年にキリエンコを首相にしたとき、クリントン政権はただちに承認した）。(13) セルゲイと彼の機関は、ロシア議会による独立した監督を受けずに、特別な方法で機能していた。カリフォルニア大学バークリー校のある原子力学者が表現したように、ロスアトムは「ロシア政府の意思決定のみに従う」「石油や天然ガス産業とは異なり、原子力部門は、国家の直接の監督のもとにおかれている」ということであった。(14)

ロスアトムは、物議を醸しているイランのブーシェフルの原子炉を建設しただけではなく、そこにウランも供給していた。(15) ロスアトムはまた、北朝鮮、ベネズエラ、そしてミャンマーでも操業していた。(16) 年次報告書で明確にしているように、この機関が重要視するのは、「国家機密につながる」情報を保護することだ。

ヒラリー・クリントンが国務長官として在職している間に、彼女と上級補佐官たちは、モスクワの核の野心について論じる数多くの外交電報を受け取った。例えば、二〇〇九年一〇月、彼女は、核燃料を扱うロシアの国営企業と長期の供給契約にウクライナを引き込もうとするロスアトムの計画や、ロスアトムが東欧各国の政府に「圧力をかける地帯」を作りだす取り組みについて暴露した電報を受け取っていた。(17)

二〇〇九年一二月、アメリカの駐カザフスタン大使は、カザフのウラン市場についてロシアが影響力を発揮しようとする取り組みについて説明する機密電報をワシントンに送った。(18) この電報は、ロシアが世界の大国として再び台頭しようというより広いイニシアチブの一環として、ロスアトムが、この市場の支配権を求めているという事実を示していた。このメモはまた、ロシアの軍事情報機関であるGRUが、こうした核の野心に関与していることも述べていた。[19]

この電報が送られる前でさえ、ウラン市場ではロシアが動く兆候があった。二〇〇九年六月、ロスアトムは、ウラニウム・ワン社の株式を買った。それはたったの一七％で、支配権をもつものではなかったが、ロシア側はついに行動を開始したのだ。[20]

ウラニウム・ワン社は、魅力的なターゲットだった。生産量は跳ね上がり、二〇〇七年にウラン二〇〇万ポンドだったものが、二〇一〇年には七四〇万ポンドになった。一方でウラニウム・ワン社はまた、アメリカのウラン資産も積極的に購入していた。このカナダ企業は二〇一〇年までに、「ワイオミング州で、面積にして二九万三〇〇〇エーカーほどにもなる、進行中あるいは計画中の六一のプロジェクト」を持っていた。[21]この企業はまた、ユタ州に一万エーカーのウランの権利を持ち、テキサス州とサウスダコタ州にも保有地を持っていた。[22]合計すると、ウラニウム・ワン社は二〇一五年までに、アメリカのウラン生産量の半分までをコントロールすることになると予測されていた。

ロスアトムのトップであるキリエンコは二〇〇九年一二月、ロシア政府高官らの集まりである最高会議幹部会に現れた。彼は、ロシア国外のウラン資産を取得する積極的な計画の説明を展開した。彼は次のように述べた。

「利益にはなるが、今のところあまり高額ではない外国資産を購入するチャンスが開かれている。ウラン鉱床を購入するこのプログラムを、私たちは顧客に保証することができる」

当時のプーチン首相は、ロシア政府が、ロスアトムの資本取引のために資金を割り当てると、このミーティングで発表した。(23)

クレムリンの動きは、デリケートなタイミングで起きていた。ヒラリー・クリントンは、民生用の原子力に関して、ロシア政府との123協定の交渉を指示していた。123協定は核不拡散についての取り決めで、その名の由来は、アメリカ原子力法第123項にあたるということからきている。同法は、他国と原子力での協力を行う上で、アメリカ政府が123協定について交渉し、機能させることを求めている。要するに、国務省が述べているように、ロシアとの123協定は、「アメリカとロシアの企業が合弁事業でより協力しやすくすることによって、商業的な利益を促進するもの」である。

この協定は、以前にもブッシュ政権が交渉を行っていたが、ロシア軍が二〇〇八年にジョージアに侵入したとき、政権は、議会に求めていた承認を撤回した。オバマとクリントンによるリセットとは、この協定が元に戻ったこと、そして（エネルギー省の貢献がありながらも）ヒラリーがその責任者となったということを意味している。議会はやがて二〇一一年一月、123協定を承認した。

二〇一〇年三月、ヒラリーはプーチンとの会談のため、モスクワにいた。プーチンはこのほんの数カ月前、ロスアトムがウラニウム・ワン社の支配権を得る株式数を買い集める動きを、実行に移していた。三月一九日の会談で、ヒラリーとプーチンは貿易に関わる幅広い話題について議論した。彼は、おそらくロシア企業がアメリカの制裁の影響を受けていたためか、アメリカの貿易政策に対する不満を表明した。ウラニウム・ワン社の取り引きについて、話し合われたかどうかは分からない。

ヒラリーの外遊の主な目的は、イランへの圧力を強化することだった。だがそうした狙いとは反対に、プーチンは、民生用の原子力発電所を夏までに完成させるべく、援助をイランに約束していた。この動きに対して、ヒラリーは「イラン側に明確なメッセージを送ろうとしているのだから、いかなるプロジェクトであっても、今この時に進めることは時期尚早だ」と述べ、非難した。(24)

モスクワとのリセットの一環として、オバマ政権は、核に関する「第四次戦略兵器削減条約（新START）」の交渉を進展させたがっており、民生用の原子力発電所といった分野でも、商業上のチャンスを求めていた。この面では、ヒラリーは楽観的で、「もし私たちが協力し続けたなら、私たちはより大いなるチャンスへと、問題を超えて前進することができるだろう」と述べている。

オバマ政権は二〇一〇年五月、米ロ民生原子力協力協定の、提案文書を議会に提出した。数週間後にロスアトムは、ウラニウム・ワン社の過半数の支配権（五二％）を購入しようとしていると公表した。一部のウラン市場ウォッチャーにとっては、それはすべて理にかなっていた。ウラン資源の保有高を考えれば、「ロスアトムがウラニウム・ワンに社に白羽の矢を立てたのは、まったく偶然ではなかった」と、ある新聞は書いている。(25)

クリントン財団の数百万ドル規模の寄付者たちが何人も、この取り引きの中心にいた。以前の章で見てきたように、これらのうちの一人、イアン・テルファーは、ウラニウム・ワン社の会長だった。金の投資家、鉱業投資家としての経験が長く、フランク・ギウストラの仲間でもあったテルファーは、金の投資家として富を成し、ワールド・ゴールド・カウンシルの会長も務めていた。

クリントン財団はまた、このウラニウム・ワン社の取り引きに関与した人物が管理していた団体からの、主要な寄付金について情報公開しなかった。そのため、同社会長のテルファーは、ファーンウッド財団という彼が握っていたカナダの事業体を通して、クリントン財団に二三五万ドルにもなる資金を二〇〇九年から静かに流し始めていた。(26)クリントン財団が発表した記録によると、テルファーは二〇〇七年、クリントン財団に一〇万一ドルから二五万ドルを個人的に寄付したという。しかし、カナダの納税記録によると、テルファーのファーンウッド財団は、ヒラリーが国務長官だった間に、二〇〇万ドル以上をクリントン財団に寄付していた。クリントン財団が公的に開示した資料では、ファーンウッドを寄付者としてリストに挙げていない。(27)

ファーンウッドは二〇〇九年に、クリントン・ギウストラ持続的成長イニシアチブ（CGSGI）に、一〇〇万ドルを寄付していた。(28)二〇一〇年の寄付額は、二五万ドルだった。同団体は、二〇一一年にさらに六〇万ドル、二〇一二年の額は五〇万ドルだった。(29)カナダの納税記録によると、CGSGIが集めたほぼすべての資金は、ニューヨークにあるクリントン財団に直接、移されていたという。(30)別の言葉で言えば、通過地点として活動していたということだ。

これらの寄付金がクリントン財団の開示した情報に挙げられていないということは、第一章で述べたクリントン財団がオバマ政権のホワイトハウスと交わした覚書に違反していることになり、ヒラリーが上院外交委員会に送った書簡とも矛盾している。これはまた、その他のどのような海外の団体が、未公開の数百万ドル規模の寄付金をクリントン財団に流した可能性があるだろうかという疑問を抱かせるものだ。

ロシアのウラン取引には、他の主要なクリントン財団の寄付者たちも関与していた。ウラニウム・ワン社とロシアとの取り引きの「金融顧問」として名前が挙がっている二人の男、ロバート・ディスブローと、ポール・レイノルズもまた、数百万ドルの寄付者だった。(31)ウラニウム・ワン社のもうひとつの重要な株主が、フランク・ホームズがCEOを務めるアメリカ・グローバル投資家基金である。(32)ホームズは財団への主要な寄付者だっただけではなく、ギウストラのエンデバー鉱業キャピタル社の会長でもあった。ホームズは、「資源を元手とした経済をもつ国々での持続可能な開発を担当する、ウィリアム・J・クリントン財団の顧問」を自称している。(33)この取り引きの際に、エンデバー・ファイナンシャル社でグローバル業務の執行取締役だったのがエリック・ノナクスで、彼はクリントン財団の「上級顧問」も同時に務めていた。ノナクスはこの仕事につく前、ビルが大統領を退任した後の外交政策顧問もしていた。(34)

ウラニウム・ワン社との合併の動きの一環として、テルファーやギウストラといった主要株主は、少なくとも六カ月間、株式を保有することが求められた(35)(ザキシェフは、ギウストラがこの取り引きで三億ドルを儲けたと確信している)。(36)ギウストラの会社であるエンデバー・ファイナンシャル社は、ウラニウム・ワン社の金融顧問として振る舞い続けた。例えば二〇〇八年七月、両者は複数のカナダの投資銀行を含む取り引きの一環として、ウラニウム・ワン社のための信用調達を行った。(37)ロスアトムの幹部ヴァディム・ジボフによれば、ウラニウム・ワン社の株式を買う交渉が、

二〇〇八年の初めに、ロスアトムとウラニウム・ワン社との間で始まっていたという。(38)

ギウストラは、アメリカ・グローバル投資家基金を経由した、ウラニウム・ワン社の投資家だったのだろうか。彼にコメントを求める電話を繰り返しかけたが、答えはなかった。彼はしばしばペーパー・カンパニーを通じて取り引きを行っているため、二〇一〇年の時点でギウストラが依然として、ウラニウム・ワン社の取り引きに直接的に関与していたかどうかは定かではない。(39)

ウラニウム・ワン社の株主にとって、ロシア政府による同社の取得は、大金の配当を意味する。各株主に一株一ドルの特別配当金を渡すことに加えて、モスクワは、ウラニウム・ワン社について大きな計画をもっていた。(40) 企業記録によると、テルファー一人で一六〇〇万株以上の株式と売買選択権を持っていたという。(41)

「私たちは、将来の成長、将来的なすべての買収とM&A活動のためのグローバルな基盤として、ウラニウム・ワン社をただ利用したいだけだ」。ロスアトムの取り引きを指揮したジボフはそう述べた。(42) モスクワは、ウラニウム・ワン社を、「グローバルな成長の基盤へと変身させたかった」。(43) このことは、カナダの投資家にとって、かなり儲けのいい話に聞こえたはずだ。もっとも、ジボフは、「ロシアの国営企業が、近代の先進世界のルールに基づいて運営できると証明するためには、厳しい道のりが待っている」と認めていたが。(44)

ロシアは商業的、かつ戦略的な理由で、この取り引きを求めていた。カナダの投資家たちは、自分たちがさらなる富を得るために、この取り引きを求めていた。しかしここで、アメリカの政治が決定的な要素であることが明らかになる。ウランは戦略産業であるため、アメリカにある巨大な資産を保有しているカナダ企業からロシアが購入するためには、アメリカ政府の承認が必要だった。承認が付与されるかどうかで中心的な役割を担っていたのは、他でもないヒラリー・クリントンだった。

あるカナダの新聞が書いたところでは、ウラニウム・ワン社の契約が二〇一〇年六月に発表されたとき、この動きについてのニュースは、「一部の株主をパニックに陥れ、産業ウォッチャーはバンクーバーに拠点をもつこの企業が、クレムリンの戦略的な利益に仕えることになる恐れがあると懸念し、警戒した」という。(45)

クレムリンは、完全に広報モードに入った。ロシアは、駐米ロシア大使のセルゲイ・キスルヤクを、コロラド州の鉱業幹部と会わせるために派遣し、契約に関する懸念を和らげようとした。彼はインタビューの中で、「投資について気にされているのか。これは通常の商業活動であって、何か政治的な指導があってやっているものではない」と述べた。キスルヤクは、「それがウランだろうが、鉄鋼、石油、ガスであろうが関係ない。重要なことは、われわれ二国間の前向きなむすびつきが、もっと拡大しているということだ。政治的には、重要なことだ」と語っている。(46)

キスリヤク氏がビジネスと政治を区別したことは、非常に誤解を招く発言だ。ウラニウム・ワン社の買収資金は、プーチンから直接来たもので、ロシアの最高会議幹部会によって承認されていた。そしてもちろん、ロシアは近隣諸国への天然ガスやエネルギー輸出を政治的な道具として利用してきた歴史をもつ。(47)

国土安全保障委員会のピーター・キング、外交委員会のイリーナ・ロス・レヒテン、金融サービスのスペンサー・バカス、そして軍事委員会のハワード・マッキオンからなる、四人の経験ある連邦議員は、この取り引きについて深い懸念を表明した。彼らは、ロスアトムの「活動と、ロシア国内でそれが進んでいく文脈は、アメリカの安全保障上の国益にとって、非常に深刻な懸念を提起する」と、困惑した。ロスアトムが、イランがブーシェフェルに原子力発電所を建設するのを支援した事実について、彼らは「危険信号をあげるものだ。……ウラニウム・ワン社について、アメリカ政府高官は、この契約で、採掘されたウランがイランに移されることになることに懐疑的と報じられているが、イランが直接的か二次的な拡散によってウランを受け取りかねないことへの懸念を、依然として持っている」と書いた。また、「ロシア政府が保有する機関が、アメリカの原子力資源を乗っ取ることは、アメリカの安全保障上の国益を増進させることには決してつながらないと、私たちは信じる」と述べた。(48)

ワイオミング州のジョン・バラッソ上院議員もまた、ロシアによる「イランやベネズエラといったアメリカに公然と敵対的な国々での原子力計画を支援してきた不穏な実績」を例に挙げ、自身の州のウラン資源をロシアが握ろうとしていることに懸念を表明する書簡をオバマ政権に送った。(49)

要するに、超党派の議員グループが、核についてのアメリカの国益を守るかたちで、アメリカのウランを配分するには、ロシアは信用ならないと感じていた。当時のエド・マーキー連邦議員は、ジェフ・フォーテンベリー議員とともに、「アメリカとロシア連邦の間での提案された協力の合意に関して、議会に不満を表明する」法案を、下院で推し進めた。(50) マーキーは、「ロシアは依然として、イランの核物理学者を訓練しており、取り扱い注意の核技術をイランに提供している。ロシアは、アメリカと協力したいのか、あるいはイランやシリアと協力したいのか。なぜなら、両方を取るのは不可能だからだ」と述べた。(51)

明白な安全保障上の懸念に照らし、ウラニウム・ワン社とロスアトムの高官らは譲歩を提案した。例えば、ウラニウム・ワン社は、アメリカ国外へのウラン輸出を認める、原子力規制委員会（NRC）からの輸出認可をもっていなかった。そのため、この案件の支持者たちは、アメリカのウランが例えばイランの原子炉に行きつく可能性については、誰も恐れるべきではないと主張した。(52) しかし、NRCとのやり取りの中で、ウラニウム・ワン社の幹部たちは、輸出許可を将来的に入手する可能性について、排除しなかった。彼らが言えるのは、「ウラニウム・ワン社は今日のところ（そして近い将来において）、弊社のアメリカの施設から抽出したU_3O_8（核燃料に使うウラン鉱石）について、輸出する意図はない」ということだけだった。(53)

こうした明らかな懸念にもかかわらず、ロシアがウラニウム・ワン社の過半数を購入することが、アメリカ外国投資委員会（CFIUS）に承認された。CFIUSは、アメリカの安全保障について直接的な影響を与える恐れのある投資案件について評価するために、一九七五年に設立された、やや秘密主義の色がある行政のタスクフォースである。CFIUSには、国務長官のほかに、国防長官、国土安全保障長官、財務長官といった、閣僚が含まれる。CFIUSは、投資案件を止めたり、制限したりできる巨大な権限を振るっている。皮肉なことに、ウラニウム・ワン社の当局者たちは、CF

ＩＵＳがこの案件を承認した後、なぜこの取り引きが理に適っていたかの重要な理由として、グローバル市場について次のように言及した。

「ウラニウム・ワン社の上級副社長であるドナ・ウィーバーは、新たな原子力発電所を計画している国として、アメリカとその他の国の両方の成長市場に目を向けた上で、ワイオミング州でのウラン鉱山を推し進めていると述べた。『私たちの視野には今後四〇年間で、五〇〇カ所の原子力発電所を開設することを考えている中国がある。インドは数百だ。……世界中に、原子力発電所の巨大な需要が世界中にあることが分かる』」(54)

ロシアがウラン市場に押し入ることについては、あらゆる方面からの警告が噴出した。例えば、アメリカ国際取引委員会は、ロシアがアメリカのウラン産業に損害を与えるため、アメリカ市場でウランをダンピングしたという、一九九一年にまで遡る疑惑についての大規模な捜査の真っただ中にあった。(55)国家情報長官のデニス・ブレア提督は二〇一〇年の初めに議会の委員会に立ち、ロシア国営の事業体とビジネスを行うことの危険について警告し、「国家や国家と連携する集団が、ガス、石油、アルミニウム、貴金属の市場での競争を蝕むための力を、犯罪で団結した独裁者たちが高めることになる」と述べている。彼は、これに関与しているロシアの特定の団体の名前を挙げなかったが、「ロシアやユーラシア大陸の国々で、政府や組織犯罪、諜報機関、大企業の人物の結びつきが、強まっている」として、問題に言及した。彼は、アメリカは、「賄賂、詐欺、暴力、汚職による国との連携によって、合法的に活動しているビジネスに対して優位に立とうとする」ロシアの事例に、対処する必要があると指摘した。(56)

アメリカの閣僚レベルでの承認を必要とする、この複雑で論議を呼ぶ取り引きの最中に、サリダ・キャピタル社という小さなカナダの投資会社が、クリントン財団と密接に関わるようになった。

カナダの納税記録によると、サリダ・キャピタル社は自らの慈善団体(サリダ・キャピタル財団)に対する三三〇万ドルの匿名による寄付を二〇一〇年に受け取っていた。これによって、この小さな企業は、クリントン財団に数百万ドルを寄付するという劇的な発表を行うことができた。(57)同社は二〇一〇年、クリントン財団に七八万二二〇ドルを寄付した。この額は、この年にサリダ社が行った慈善事業への寄付総額の約九〇%にもなった。この献金は、二〇一〇年から二〇一一年の間に、二六〇万ドル以上をクリントン夫妻に送るという、数百万ドル規模の約束の一部であった。(58)

サリダ・キャピタル社はまた、カナダのカルガリーで、ビル・クリントンによる講演を共同で主催している。この講演はカナダのやる気を起こさせる講演を行う「内なるパワー」という団体のためのイベントとして、公的にはリストに記載してある一方で、ビル・クリントン事務所が提出した国務省の文書によると、イベントのスポンサーには、サリダ・キャピタル社が含まれていた。

サリダ・キャピタル社は、ウクライナでロシアが支配する地域でのいくつかを含む、天然資源の企業に投資している。サリダ社が二〇一〇年にウクライナの市場に積極的に参入した時、同国での彼らのビジネス・パートナーの筆頭は、プーチンがウクライナの天然ガス貿易を握るために使っていた商社の設立を手伝ったユリ・ボイコ・エネルギー相の個人的な顧問だった。国務省の機密の公電で、ボイコは「非常にロシアに近い」人物であると同時に、同国でのエネルギー取引についての「クレムリンの担当窓口」と、記されていた。(59)

ロスアトムの二〇一一年の年次報告書では、サリダ・キャピタル社という名前の企業が、ロシア原子力庁が完全出資する系列会社として確認できる。(60)これは同じ企業だろうか。そうだという説得力のある証拠は存在するが、確かにそうだとは言い切れない。(61)

私は三度にわたって、トロントのサリダ・キャピタル社に連絡をとり、ロスアトムの子会社として記載されているサリダ・キャピタル社につながっていることを否定する機会を与えた。しかし、同社はコメントを拒否した。

この出来事のタイミングは疑問を残すものだ。もしこれらが同じ会社だとしたら、まさにロスアトムによるウラニウム・ワン社の購入を承認するかの決定にヒラリーが関与しようという時に、ロスアトムが所有して握っている事業体が、数百万ドルのお金を、クリントン財団に流し込んだということになる。(62)

しかし、クリントン夫妻の幸運はそこで終わらなかった。ロスアトムの取り引きが六月に発表された直後に、ビルは特に高額の報酬が付いた講演のため、モスクワにいた。彼は、ルネサンス・キャピタル社（RenCap）と呼ばれる企業が主催したイベントでスピーチし、五〇万ドルの対価を受けた。(63) ビルは五年以上もの間、ロシアでは講演をしておらず、その講演もイギリスの会社であるアダム・スミス・インターナショナル社のためのものだった。当時の彼への支払いは、一九万五〇〇〇ドルだった。(64) キプロスに登録されているレン・キャップ社には、プーチンに密接な関係をもっているロシアの元諜報幹部がたくさんいる。講演の承認を求める国務省への書簡の中で、クリントンのオフィスはこの会社について、「新興市場に力を入れている投資銀行」とだけ記述している。ビジネスウィーク誌によると、プーチンが二〇〇〇年にロシアの大統領になったとき、レン・キャップ社は、「クレムリンとロシアの諜報業務につながりのある複数の幹部を雇った。現在、FSB（ロシア連邦保安庁）として知られているものだ」という。この企業の専務理事であるユーリ・コバラゼは、KGBとSVR（ロシア対外情報庁）に高官として三二年間務めており、退職したときは将官だった。(65) レン・キャップ社の事業担当副理事であるユーリ・サガイダクは、KGBの大佐だった。(66) ウラジミール・ザハバロブは二〇〇六年から二〇〇九年まで、FSBの将校とレン・キャップ社の第一副社長を同時に務めていた。(67)

　レン・キャップ社もウラニウム・ワン社の契約を見守っていた。クリントンの演説のわずか三週間前の五月二七日、レン・キャップ社は、ウラニウム・ワン社の株を投資家に推薦していた。レン・キャップ社は「私たちはこの企業が、国際部門で急成長を遂げ、ウランのスポット価格の回復を実現できる、素晴らしい位置にいると考えている」と、この会社に関する二八ページの報告書で書いている。これ

は投資家が株式を購入するよう積極的に奨励するものだった。(68)

「グローバルに向かうロシア」をテーマとした、ビルの、一時間で五〇万ドルに及ぶ講演の後には、ルネッサンス・キャピタル社の幹部やロシア政府の高位の高官が出席した全体会議が開かれた。

ビルはモスクワ訪問中にプーチン本人にも会っていた。

その数日前には、FBIが連続逮捕によって、ロシアのスパイ組織を破壊していた。デジタル画像を通じて転送された暗号化データ、目に見えないインク、クイーンズの鉄道駅でバッグを交換するという情報送信のための洗練されたシステムを使っていた一〇人の潜伏スパイは、解散させられた。スパイ一味のターゲットの中には、たまたまビルの友人でもあったヒラリーの主要な資金調達の担当者がいた。「シンシア・マーフィ」という名のロシアの潜伏エージェントは、「公的には知られていないが、国務省に近い情報源で内密に明かされている情報の断片を選び出す」ように指示されていた。(69) FBIによると、その一味の主要な任務は、「アメリカの政策立案に関わっている人たちを探し、その中で関係を築くこと」だったことが、傍受された情報によって明らかにされた。(70)

ビルがプーチンと膝を突き合わせていたとき、ロシアのスパイの話が出るまでに時間はかからなかった。ニューヨーク・タイムズ紙によると、プーチンは元大統領のビルに「モスクワには、実にちょうどいいタイミングで来られましたね」と述べていたという。ビルに手を振りながら、プーチンは次のように続けた。「あなたの国の警察はやたらと人々を刑務所に入れている」。(71) それに対してビルは、「含み笑いをしていたようだった」という。(72)

ビルとプーチンは密接な関係にあった。ビルが大統領だった時代、一九九九年にボリス・エリツィン大統領はプーチンを首相に任命し、それ以来、彼らは連絡を取り合っていた。二〇〇九年一月、ダボスの世界経済フォーラムで、ビルはシェラトン・ホテルでのプーチンのプライベートのパーティーに参加した。そこでビルは、このロシアの指導者から「私たちの良き友人」として挨拶され、ウォッカのショットをあおって歓迎した。このペアはそれからプライベート・ルームに向かい、二人は「夜遅くまで話をしていた」という。(73) 二〇一三年九月にウクライナ危機が高まっていた時、ビルはCNNで「アメリカによるプーチンへの珍しい称賛」とロシアのニュース機関「RIAノーボスチ」が呼ぶような言葉を発した。ビルはこのロシアの指導者を「とても賢く」「残酷なほどぶっきらぼうだ」と表現した。CNNのピアーズ・モーガンがプーチンが取り引きを破るようなことがあったかと訊くと、ビルは「彼はそんなことしない。私たちの全ての案件で、約束を守った」と述べた。(74)

思い出してほしい。ロシアによるウラニウム・ワン社の買収がまとまるには、ヒラリーがメンバーをしているCFIUSによる承認が必要だった。ロスアトム側のスポークスマンであるドミトリ・シュルガは「私たちはアメリカや他の場所で必要とされるすべての関連情報を提供しており、期限内に承認されることを期待している」と述べた。(75)

ヒラリー・クリントンは長い間、CFIUS内のタカ派としての評判をもち、外国政府にアメリカの戦略的資産を売却することに反対していた。彼女はまた、この組織が行ってきた過去の審査が緩慢だったと、一貫して批判していた。アラブ首長国連邦の政府系ファンドが二〇〇五年にアメリカ国内のいくつかの港を購入しようとした動きを、ブッシュ政権のCFIUSが承認した時、当時のヒラリー上院議員は素早く非難した。二〇〇六年初めに上院軍事委員会がこの問題で公聴会を開いたとき、ヒラリーはすぐに主任検察官の役割を引き受けた。彼女はCFIUSの決断が誤りだと主張しただけでなく、港湾の案件が安全保障に及ぼし得る影響を政権の高官らが考慮しなかったと非難した。この契約は外国企業だけではなく、外国政府も関わるものだったために、彼女は特に懸念をもっていた。彼女は、「私たちの多くにとって、民間企業と外国政府の事業体との間には、大きな差がある」と述べた。(76)

ヒラリーは二〇〇七年に、CFIUSの機能を大幅に強化する法案を通すための動きを主導した。そして、彼女が二〇〇八年に大統領選に出馬した際、アメリカの経済主権と安全保障を守るための重要な方法としてCFIUSの強化を訴えたのは、両党からの主要候補者の中でヒラリーただ一人だった。大統領選での彼女の陣営は、ヒラリーを「CFIUS強化を明確に訴える候補者」として説明していた。(77)

国務長官になってからも、彼女は強いCFIUSを支持し続け、資源採掘事業、光ファイバーの会社、さらにはオレゴン州での風力発電所を中国企業が買収しようとする動きを防ごうとする、この委員会の取り組みを率いていた。(78)

しかし、いくらヒラリーが他の案件ではタカ派であったとしても、なぜかこちらの件は通ってしまった。ロシアによるウラニウム・ワン社の買収は、二〇一〇年一〇月二二日にCFIUSによって承認された。この件についての決定を大統領にまで上げるという、CFIUSのルールに基づいていれば、ヒラリーの反対は十分なものになっていたことだろう。

結果はこうだ。ウラニウム・ワン社と予想されているアメリカのウラン生産の半分が、今度は、ロシア原子力庁が握っている民間企業へと譲渡された。不思議なことに、ウラニウム・ワン社が連邦政府によるCFIUSからの承認を要請した時、クリントン財団の主要な寄付者であるイアン・テルファーは同社の理事長をしており、彼はその地位を維持している。

ロシアの高官らは二〇一〇年、アメリカ政府への報告の中で、彼らは五〇%を少しだけ上回る株式を購入することを目指しているだけであり、「ウラニウム・ワン社における出資率を増やすつもりはない」と約束した。(79) しかし、ロシア政府は二〇一三年のはじめまでに、他の株主たちをまるごと買収する動きに出た。今日ではロシア政府が、この企業を完全に所有している。(80)

ロシアがアメリカのウラン資産の大部分を購入したことは、ヒラリーが以前の取り引きを非難してきたのとまったく同じ理由で、安全保障における深刻な懸念となった。外国政府が今や、非常に価値ある資源を直接、その手に収めることとなる。ロシア政府は毎年、数百万ドルの歳入を得ることになる。

そしてこれにより、ロシア政府はアメリカの原子炉との供給の契約を尊重する上でウラニウム・ワン社の資産を使うことができる上、他のウラン資源をロシアの関与が既に知られている、世界のより危険な地域に送ることができるようになる。ワシントンの議員たちは、こうした懸念を提起していた。

それでも、今回の取り引きに対して、長いこと公的に反対していた実績があるにもかかわらず、ヒラリーは反対しなかった。この明らかな転向はなぜなのだろう。その理由は、この取り引きに関与した株主たちが、クリントン財団やその事業におよそ一億四五〇〇万ドルを送金したからなのだろうか。あるいは、この取り引きから利益を得る立場にある人物と関係のある企業が設定した儲けのよい講演の契約から、彼女の夫が利益を得ていたからなのだろうか。そもそも、ビルや、おそらくヒラリー自身も、この企業がウラン資産を構築することを静かに支援していたからなのだろうか。これらの疑問は、ヒラリー本人にしか答えることができない。明らかなのは、国務省の倫理についての文書によると、彼女は同僚や、オバマ政権のホワイトハウス、あるいは連邦議会にさえ、これらの取り引きについて、一度も打ち明けたことがないということだ。

モスクワにとって、この承認は大きな勝利となった。ロスアトムの長であるキリエンコは、ドミトリ・メドヴェージェフ大統領に、今やロスアトムにとってアメリカが「主要な市場」となったと話している。(81) ウラニウム・ワン社はまた、カザフスタンの巨大な鉱山の権利をも所有していたため、ロシアへのウランの流入は増加した。ウラニウム・ワン社のある高官が会社のプレゼンで、この会社の業務は「ロシアへのウラン輸出を大いに促進することだ」と述べた。(82)

ロスアトムは二〇一三年に、ウラニウム・ワン社の一〇〇%の支配権を得る計画を発表した。今回は、オバマ政権に承認を求めることさえしなかった。前回と「同じ当事者たちが関与」しており、表向きこれによって「ウラニウム・ワン社の企業の構造を変える」ものではなかったというのが理由だ。(83)

プラウダはこの動きについて、「ロシアの核エネルギーが世界を征服する」とド派手な見出しで歓迎した。ウラニウム・ワン社を完全に手に入れたことで、「旧ソ連圏のウラン資産への支配権を確立し、オーストラリアや南アフリカの資源へのアクセスを拡大するための道を切り開く」ということだ。(84)

ロシアによるウラニウム・ワン社の買収は株主にとって破格のものだった。ロスアトムは、テルファーや他の株主に、株価の三二%のプレミアムを与え、それらは数百万ドルになった。(85)

ロスアトムは二〇一三年の秋、ブーシェフェルの原子炉の運営管理権を、イランに渡した。そして九月には、ウラジミール・プーチンとイランのハッサン・ロウハニ大統領が、「テヘランとモスクワは、二つ目の原子力発電所をブーシェフェルに、将来、建設することで協力を行う」と発表し、「建設の作業は、まもなくスタートする」と付け加えた。(86)

一方、ウラニウム・ワン社は、グランド・キャニオンの近くのアリゾナの州の土地で、ウラン採掘のための大胆な動きに出た。同社はウェイト鉱業と呼ばれるペーパー・カンパニーを使って、先住民の準自治領であるナバホ・ネイションを通る土地へアクセスすることを提案した。この会社を誰が握っているかという、政府の文書で曖昧にしておいた部分について、同社はナバホ・ネイションが気付かないことを願っていたようだ。だが、ナバホ・ネイションの法務省は、「申請者が所有者の情報を完

全に公開していないことは、受け入れられない」と述べた。(87) 鉱山の計画は、反対にあったため、中断している。(88)

資金の移動や核技術がからむ国際的な取り引きは、ロシアに対するものだけではなかった。ヒラリーが上院にいた間に起きたもう一つの懸念を呼ぶ取り引きには、クリントン夫妻との友情によって政治的利益を推進したインドを代表している人々が関わっており、見返りに多額の寄付が付いてきた。

（1）Strobel, Warren, and Jonathan Landay, "Russia's Dispute with Bush Could Strain G8 Talks," *Seattle Times*, June 1, 2007, http://seattletimes.com/html/nationworld/2003730264_putinol.html. Finn, Peter, "Putin Threatens Ukraine on NATO," *Washington Post*, February 13, 2008, http://www.washingtonpost.com/wp-dyn/content/article/2008/02/12/AR2008021201658.html. Goldgeier, James, "The 'Russia Reset Was Already Dead; Now It's Time for Isolation," *Washington Post*, March 2, 2014, http://www.washingtonpost.com/blogs/monkey-cage/wp/2014/03/02/the-russia-resetwas already-dead-now-its-time-for-isolation/.

（2）Lowry, Rich, "The Russian Reset to Nowhere," *National Review Online*, March 7, 2014, http://www.nationalreview.com/article/372817/russian-reset-nowhere-rich-lowry.

（3）Mankoff, Jeffrey, "The Russian Economic Crisis," Council on Foreign Relations, *Special Report* no.53（April 2010), http://www.google.com/url?sa=t&rct=j&q=&esre=ss&source=web&cd=2&ved=0CC4QFjAB&url=http%3A%2F%2Fwww.cfr.org%2Fcontent%2Fpublications%2Fattachments? 2FRussian_Economy CSR53.pdf&ei=ORAGVJmwsLwgwTxloLgCA&us

g=AFQjCNFhANrjMwQyKcHStW5PkjpDTIFQzA&sig2=l4jMjHA_DU120z8jlUmzbQ.

(4) Gornostayev, Dmitriy, "Clinton `By Far Not the Worst for U.S. Secretary of State," *Novosti Press Agency*, November 23, 2008, http://themoderatevoice.com/24713/clinton-by-far-not-the-worst-for-us-secretary-of-state-novosti-of-russia.

(5) 同上。

(6) Owen, Matthews, "How Obama Bought Russia's (Expensive) Friendship," *Newsweek*, June 24, 2010.

(7) Matthews, Owen, "Putin Backs a Major Thaw in Russian Foreign Policy," *Newsweek*, June 12, 2010, http://www.newsweek.com/putin-backs-major-thaw-russian-foreign-policy-72929.

(8) Mankoff, "The Russian Economic Criola" Alund, Anders, and Gary Clyde Hufbauer, "Why It's in the US Interest to Establish Normal Trade Relations with Russia." Peterson Institute for International Economics (2011), http://photos.state.gov/libraries/russia/231771/PDFs/Peterson-Institute-Paper.pdf.

(9) "Atomic Castling; Kremlin Makes First Moves to Consolidate Nuclear Sector," Russian Life, May/June 2006.

(10) Weir, Fred, "Russia Plans Big Nuclear Expansion," *Christian Science Monitor*, July 17, 2007.

(11) Paxton, Robin. "Russia Looks beyond U.S. to Conquer Uranium Markets," *Reuters*, December 10, 2009, http://www.reuters.com/article/2009/12/10/uranium-russia-idUSGEE5B60HS20091210.

(12) Rosatom, "Nuclear Weapons Complex," page published April 19, 2010, http://www.rosatom.ru/en/about/activities/nuclear_weapons/.

(13) Simes, Dimitri K., "Russia's Crisis, America's Complicity," *National Interest*, Winter 1998.

(14) Grigoriadis, Theocaris, "Nuclear Power Contracts and International Cooperation: Analyzing Innovation and Social Distribution in Russian Foreign Policy," in Responding to a Resurgent Russia. Russian Policy and Responses from the European Union and the United States, edited by Vino Aggarmal and Kristi Govella (New York: Springer, 2012), http://linkspringer.com/book/10.1007%2F978-1-4419-6667-4.

(15) Tran, Mark, "Iran to Gain Nuclear Power as Russia Loads Fuel into Bushehr Reactor." *The Guardian*, August 13, 2010, http://www.theguardian.com%2Fworld%2F2010%2Faugo2F13%2Firan-nuclear power-plant-russia.

(16) "Russia Uranium Plans May Include N. Korea." UPI, March 29, 2007, http://www.upi.com/Business_News/Energy-Resources/2007/03/29/Russia-uranium-plans-may-include-N-Korea/UPI-23571175193.174/ Rosatom, "Russia Will Build a NPP and Research Reactor in Venezuela," press release, October 15, 2010, http://www.rosatom.ru/en/presscentre/highlights/s/1874804452bdaa80e3b265dqdā340b. Jagan, Larry, "Myanmar Drops a Nuclear Bombshell," *Asia Times*, May 24, 2007, http://www.atimes.com/atimes/Southeast_Asia/IE24Ae02.html. Khlopkov, Anton, and Dmitri Konukhov, "Russia, Myanmar and Nuclear Technologies," *Center for Energy and Security Studies*, June 29, 2011, http://ceness-russia.org/data/doc/Myanmark.NG.pdf. World Nuclear Association, "Emerging Nuclear Energy Countries," October 2014, http://www.world-nuclear.org/info/Country-Profiles/Others/Emerging-Nuclear-Energy-Countries/.

(17) US Department of State, Embassy in Brussels, "Russia Flexes Muscles on Ukraine Nuclear Fuel Supply," unclassified memo, WikiLeaks, October 15, 2009, http://www.wikileaks.org/plusd/cables/09BRUSSELS1385_a.html.

(18) Medetsky, Anatoly, "Rosalom Gets $465M to Buy Uranium Assets," *Moscow Times*, December 23, 2009, http://www.

themoscowtimes.com/business/article/rosatom-gets465m-to-buy-uranium-assets/396701.html.

(19) US Department of State, Embassy in Astana, "Kazakhstan: Russian Hand in Kazatomprom Drama" unclassified memo, WikiLeaks, December 22, 2009, https://www.wikileaks.org/plusd/cables/09ASTANA2197_a.html.

(20) Humber, Yuriy, and Maria Kolesnikova, "Russia to Acquire 17% Stake in Canada's Uranium Ore," Bloomberg.com, http://www.armz.ru/media/File/facts/ARMZ-U1/Bloomberg.pdf

(21) Barber, D. A., "Hot Rocks: Hidden Cost and Foreign Ownership of `Clean Nuclear Fuel Emerging,' " *Huffington Post*, March 30, 2010.

(22) Fahys, Judy, "Uranium Company Deal Nearly Done," Salt Lake Tribune, December 13, 2010, http://www.sltrib.com/sltrib/home/50850.101-76/uranium-company-utahdeal.html.csp.

(23) Medetsky, "Rosatom Gets $465M to Buy Uranium Assets."

(24) Dombey, Daniel, and Isabel Gorst, "Putin Vexes US over Iran Nuclear Power," *Financial Times*, March 18, 2010, http://www.ft.com/intl/cms/s/0/dba69714-329b-11dfbf20-00144feabdc0.html#axzz39XlLimgqe.

(25) Kosharna, Olga, "Nuclear Cooperation with Ukraine Proceeding According to Russia's Plan," Zerkalo Nedeli (Ukraine), October 23, 2010.

(26) See Canadian Charities reporting; foreach year, follow the "FullList," Section C.3, Qualified Donees Worksheet at http://www.cra-arc.gc.ca/ebci/haip/srch/t3010returnlistengaction?b=855883583RR0001&n=Fernwood+Foundation&r=http%3A%2F%2Fwww.cra-arc.gc.ca9%3A80%2Febcio.2Fhaipo.2Fsrch%2Fbasicsearch result-engac tion%3Fk%3DFernwood?02BFo

undation%26amp%3Bs%3Dregisteredž26ampo 3B pop1%26amp%3Bb%3Dtrue.

（27）"Clinton Foundation Donors." *Wall Street Journal Online*, December 18, 2008, http://online.wsj.com/public/resources/documents/st_clintondonor_20081218.html.

（28）"Qualified Donees—Fernwood Foundation—2009." Canada Revenue Agency, http://www.cra-arc.gc.ca/ebci/haip/srch/t3010form2lgifts-eng action?b=855883583RR0001&fpe=2009-03-31&n=Fernwood+Foundation&r=http%3A%2F%2Fwww.cra-arc. gc.ca%3A80%2Febci%2Fhaip%2Fsrch%2F+3010form21-eng.action%3Fb%3D855883583RR0001%26amp%3Bfpe%3D2009-03-31%26amp%3Bn%3DFernwood%2BFoundation%26amp%3Brož3Dhttp%253A%252F%252Fwww.cra-arc.gc.ca%253A80%252Febci%252Fhaip%252Fsrch%252Fbasicsearchresult-eng.action%253Fk%253DFernwood%252BFoundation%2526amp%253Bs%253Dregistered%2526amp%253Bp%253D1%2526amp%253Bb%253Dtrue.

（29）二〇〇九年三月三一日から二〇一二年三月三一日までの報告期間において、クリントン・ギウストラ持続可能な成長イニシアチブは、クリントン財団への通り道として機能していた。これら三年間のそれぞれにおいて、合計の支出における慈善の寄付の割合の平均は〇・八八であり、つまりＣＧＳＧＩに与えられた一ドルのうちの八八セントはクリントン財団に行ったということだ。割合は二〇一三年にかなり下がるが、その年においても、寄付されたお金の一〇〇％がクリントン財団に行っており、これは対象のすべての年に当てはまる。これらの数値は、クリントン・ギウストラ事業パートナーシップの書式Ｔ３０１０の日程2と日程６（五〇〇〇行から五〇一〇行）の数値を比べることで得られたものだ。http://www.cra-arc.gc.ca/ebci/haip/srch/t3010returnlist-eng.action?b=846028819RR0001&n=Clinton+Giustra+Enterprise+Partnership+%28Canada%29&r=http%3A%2F%2Fwww.cra-arc.gc.ca%3A80%2Febci%2Fhaip%2Fsrch%2Fbasicsearchresult-eng.actio

n%3Fk%3DClinton%26amp%3Bs%3Dregistered%26amp%3Bp%3D1%26amp%3Bb%3Dtrue.

(30) "Qualified Donees—Fernwood Foundation—2010."

(31) "Clinton Foundation Donors."

(32) US Global Investors Funds—Form N-Q, report, May 25, 2011, http://pdfsecdatabase .com/714/0001003715-11-000272.pdf. "Our Team," U.S. Global Investors, http://www.usfunds.com/about-us/our-teams.

(33) "Our Team."

(34) See, for example, the Endeavour Financial Corporation Investor Presentation, January, 2009, p. 14.

(35) See "Arrangement Agreement between SRX Uranium One Inc. and Urasia Energy Ltd.," February 11, 2007.

(36) https://www.youtube.com/channel/UC9Zeg3MxqaQKPVHLkKmVpeQ; translation by Dr. David Meyer.

(37) "Uranium One Signs Credit Agreement and Provides Operational *Update*." Market News Publishing, July 2, 2008, http://business.highbeam.com/1758/article1G1-180844352/uranium-one-signs-credit-agreement-and-provides-operational.

(38) Terentieva, Alexandra, "Mike Hitchen Online: I On Global Trends," *I On Global Trends*, March 31, 2010, http://www.ionglobaltrends.com/2010/03/mining-russias-insatiable-hunger-for.html#VFPFEeed6Ex.

(39) "Where Eight Renowned Investors Think Commodity Prices Are Going," *Globe and Mai*l (Toronto), April 20, 2013, http://www.theglobeandmail.com/report-on-business/industry-news/energy-and-resources/where-eight-runowned-inventors-think-commodity-prices-are-going/article11435677 (accessed 2014). Hossman, Andy, and Sinclair Stewart, "How to (Still) Get Rich in Mining," *Globe and Mail* (Toronto), May 19, 2007, Globeadvisor.com,https://secure globeadvisor.com/

newscentre/article.html?/servlet/GIS.Servlets WireFeedRedirect?cf-sglobeadvisor/config_blank&vg=BigAdVariableGenerator&date=20070519&archive=gam&slug=RCOVER19.

(40) Uranium One, Inc., "Uranium One to Acquire Two More Kazakh Mines from ARMZ and to Pay Special Dividend to Minority Shareholders of at Least US$1.06 per Share." news release via Canada Newswire, June 8, 2010; see Canadian System for Electronic Document Analysis and Retrieval (Sedar), Search Public Database.

(41) Uranium One, Inc., "Notice of Special Meeting of Shareholders and Management: Information Circular for a Special Meeting of Shareholders to Be Held on August 31, 2010, Relating to, among Other Things, a Related Party Transaction between JSC Atomredmetzoloto Its Affiliates and Uranium One, Inc.," August 3, 2010, p. 40. SeeSEDI, "Uranium One 2010–2011, Insider Transaction Detail."

(42) Bouw, Brenda, "Russia Boosts Stake in Uranium One," *Globe and Mail* (Toronto), June 8, 2010, http://www.theprovince.com/business/Russian-faces-hard+sell-uranium+control/337818.4/story.html?_federated=1, "The Global Intelligence Files—Russia 100628" WikiLeaks, May 29, 2013, https://wikileaks.org/gifiles/docs/66/661462_russia-100628-.html.

(43) "6.3 Interaction with Uranium One, Inc.," JSC Atomredmetzoloto, 2011 Annual Report, 45.

(44) "Russian Uranium Giant ARMZ Now Set to Control 50 percent of US Uranium Output," Australian Uranium News, December 6, 2010, http://australianuraniumquicksearch.blogspot.com/2010/12/russian-uranium-giant-armz-now-set-to.html.

(45) ARMZ Uranium Holding Co., "ARMZ Uranium Holding Co. Announces Acquisition of 51% Interest in Uranium One Inc.,"

news release, June 8, 2010, ARMZ.ru, http://www.armz.ru/eng/press/news/?id=209, Saunders, Doug, "Russian Takeover of Uranium One a Benefit, Execs Say," *Globe and Mail* (Toronto), June 27, 2010, http://www.theglobeandmail.com/globe-investor/russian-takeover-of-uranium-one-a-benefitexecs-say/article1389805/.

(46) Finley, Bruce, "Russian Company Seeks Control of Canadian Uranium-mining Firm Operating in Rockies," *Denver Post*, October 20, 2010, http://www.denverpost.com/ci_16382080#ixzz32qCvvALO.

(47) "Kremlin Submits Bill to Turn Rosatom into All-encompassing State Nuclear Corporation," Bellona.org, October 4, 2007, http://bellona.org/news/nuclear-issues/nuclear-russia/2007-10-kremlin-submits-bill-to-turn-rosatom into-all-encompassing-state-nuclear-corporation.

(48) US House of Representatives, Committee on Foreign Affairs, "Ros-Lehtinen, Bachus, King, McKeon Send Letter to Geithner Opposing Russian Takeover of U.S. Uranium Processing Facility." October 6, 2010, http://archives.republicans foreignaffairs.house. gov/news/story/P1618.

(49) Fugleberg, Jeremy, "Russia Can't Export Wyoming Uranium, Nuclear Regulators Tell Barrasso," *Casper Star-Tribune Online*, March 29, 2011, http://trib.com/news/stateand-regional/russia-can-t-export-wyoming-uranium-nuclear-regulators-tell-barrasso/ article_5018s 8f3-c.59a–5elb-9401-c019ed6a8625.html.

(50) Harvey, Cole J., "The U.S.-Russian Agreement for Peaceful Nuclear Cooperation," NTI: Nuclear Threat Initiative, June 22, 2010, http://www.nti.org/analysis/articles/usrussian-peaceful-cooperation/.

(51) Congressman Ed Markey's Office, "Markey & Fortenberry Introduce Resolution of Disapproval of Proposed Nuclear

Deal," news release, Ed Markey Congress Website, May 25, 2010, http://www.markey.senate.gov/news/press-releases/may-25-2010markey-and-fortenberry-introduce-resolution-of-disapproval-of-proposed-nucleardeal.

(52) Bleizeffer, Dustin, "Company: Uranium Won't Go to Russia, Iran," *Billings* (Montana) *Gazette*, September 28, 2010, http://billingsgazette.com/news/state-and-regional/wyoming/company-uranium-won-t-go-to-russia-iran/article_3cQ424ba-cab2-11ds-bazc001cc4c002es0.html.

(53) Response to Request for Additional Information," Donna Wichers to Keith McConnell, October 18, 2010, http://pbadupws.nrc.gov/docs/ML1029/ML102940435.pdf.

(54) Fugleberg, Jeremy, "Wyoming Mining Officials Tout Technology, Safety, Exports," *Star-Tribune* (Caspar, Wyoming), January 7, 2011, http://trib.com/news/state-and-regional/wyoming-mining-officials-tout-technology-safety-exports/article_c5415dd-3aae-5e66-b485-83e9e61a5a11.html.

(55) US International Trade Commission, "Uranium from Russia," Investigation No. 731-TA-539-C (Third Review), February 2012, http://www.usitc.gov/publications/701-731/pub4307.pdf.

(56) Helmer, John, "Putin Urges US Help for Oligarchs," *Asia Times Online*, March 25, 2010, http://www.atimes.com/atimes/Central_Asia/LC25Ag01.html.

(57) Salida Capital Foundation–Quick View," Canadian Revenue Agency, http://www.era-arc.gc.ca/ebci/haip/srch/t3010form224uickview-eng.action?r=http%3A%2F%2Fww.cra-arc.ge.ca%3A80%2Febci%2Fhaip%2Fsrch%2Fbasicsearchresult-eng.action%3Fk%3DSalida%2BCapital%26amp%3Bs%3Dregistered%26amp%3Bp%3D1%26amp%3Bb%3Dtrue&f

pe=2012-12-31&b=835572066RR0001&n=Salida%20Capital%20Foundation.

(58) "Qualified Donees-Salida Capital Foundation," Canadian Revenue Agency, http://www.cra-arc.gc.ca/ebci/haip/srch/t3010form22gifts-eng action?b=835572066RR0001&spe=2011-12-31&n=Salida+Capital+Foundation&r=http%3A%2F%2Fwww.cra-arc.gc.ca9%3A80%2Febcio2Fhaipoo.2Fsrch%2Ft3010form22quickView-eng.action%3Fb%3D835572066RR0001%26amp%3Bspe%3D2011-1231%26ampo.3BroSDhttp%253A%252F%252Fwww.cra-arc.gc.ca98253A80%252Febcio.252Fhaipo252Fsrch%252Fbasicsearchresult-eng.action%253Fk%253DSalida?6252BCapital%2526amp%253Bs%253Dregistered%2526amp%253Bp?6253D1%2526amp%253Bb%253Dtrue.

(59) ウクライナにおけるサリダ社のビジネス・パートナーの筆頭は、ビクトル・ヤヌコビッチ大統領のもとでエネルギー相と後の副首相を務めたボイコにアドバイザーとして仕えていたロバート・ベンシュだった。ヤヌコビッチは二〇一四年のウクライナでの暴動の際に同国からロシアへ逃げ、ウラジミール・プーチンによってロシアの市民権を付与された。サリダ社とベンシュは、CUBエネルギー社とイースト・コール社を含めた少なくとも二つのエネルギー・ベンチャーに関わっている。ボイコについての発言はこちら。https://cablegatesearch.wikileaks.org/cable.php?id=06KYIV4313&q=boyko%20kremlin.

(60) Rosatom, "Public Annual Report," news release, Global reporting.org. http://static.globalreporting.org/report-pdfs/2013/358637c2a26b8a36867a3bf7be?d1793.pdf.

(61) ロスアトムの報告書で言及されているサリダ・キャピタル社は、ウクライナの子会社で原子力産業のために工業用の鋳型を生産している重機会社のエネルゴマシュスペッツァル社に保有されている。二〇一〇年に始まり二〇一三年を通して続いたクリントン財団へのサリダ・キャピタル財団の約二九〇万ドルの寄付は、トロントの繁華街にあるCIBCビルの二階からビジネスをしているサリダ・キャピタル・コーポレーション社というカナダのヘッジファンドに直接つながっている。当時の経営陣は、カナダの鉱業金融の経験を持つ幹部たちだった。サリダ社の創始者であるダニー・ガイは、クリントン・ギウストラ持続可能な成長イニシアチブのセルゲイ・カージンとともに、二〇〇九年に公式パートナーに挙げられていた。ウラニウム・ワン社の支配権に相当する株式を取得したロシアの国営原子力機関であるロスアトムは、二〇一一年に、子会社のリストの中で「サリダ・キャピタル・コーポレーション社」を加え始めた。その他のロスアトムの文書は、この問題の会社を、パナマのパナマ市まで追跡している。

二〇〇六年一〇月三日、カナダで登録されているブルモント・キャピタル・コーポレーション社は、カナダに本拠を置く他のいくつかのヘッジファンドとともに、新しい投資イニシアチブを発表した。これらのファンドの一つが、オンタリオ州のサリダ・キャピタル・コーポレーション社だった。ブルモントのトップであるベロニカ・ヒルシュとサリダのトップであるダニー・ガイは、ともにカナダの鉱産金融の世界に長い間いる人物だ。どちらも、ビル・クリントンの知事時代にアーカンソー州でダイアモンドを採掘したカナダに本拠を置く会社のダイアモンド・フィールズ社に、投資家を呼び込むことに関わっていた。

二〇〇六年十月四日、新聞紙面はサリダ・キャピタル・コーポレーション社のパナマ部門であふれていた。二〇〇六年十一月二日に、この事業体は正式にパナマの会社として登録された。このまさに同じ日に、ブルモント・キャピタル社と呼ばれる会社が、同じ法律事務所によって、まったく同じ取締役会の顔ぶれで、パナマで登録されている。事実、カナダの鉱産金融と長年の結びつきがあるカナダの投資会社とともに一致している他の二つの会社も、また同じ日に、同じ法律事務所によって、同じ取締役会の顔ぶれで登録された。そのパナマの会社の一つは、ファースト・リーワード・インベストメンツ社だ。まったく偶然にも、興味深い人物であるマシュー・ブレンダン・カインが率いるリーワード・インベストメンツ・カンパニーは、トロントのCIBCビルのサリダ・キャピタル社と同じ階で登録されていた。もう一つのパナマの会社であるニュー・ソーンヒル・インベストメンツ社はカナダを本拠にしているソーンヒル・インベストメント・ファンドと一致しており、おそらくより興味深い人物であるカーレリス・サーカンスが経営している。国際的な交渉についての自身の本で、「ロシア人にナイフと銃口を突きつけられて抑え込まれた」経験を詳述しているサーカンスは、二〇〇四年にマサチューセッツ州で投資詐欺によって訴えられた。特に、彼は一九九七年にロシアの国債市場へ投資していた件で告発されたが、彼はある投資家にロシアの市場での地位を清算したと具体的に約束していたのだ。その投資家は、百万ドルをはるかに超える額を失った。この行動は、彼に対する標準的な判決につながった。

興味深いことに、サリダ・キャピタル・パナマ社は、ウクライナとのつながりを持っていた。二〇〇八年を通して、サリダ・キャピタル・パナマ社は、東ウクライナの会社であるエネルゴマシュスペッツァル社（EMSS）が、重機を中国とチェコ共和国から輸入するために使っていたのだ。EMSSは鋳型やその他の大きな鉄鋼構造を、鉱山や原子力発電所のために造っていた。その同じ年に、悪名高いウクライナの支配者の一人であるアンドリー・クリュエフという名の政治家が、EMSSに対してウクライナの国費を「資本の改善」のために提供した。EMSSは当時、80％がドンバス産業組合（IUD）によって保有されていた。ウクライナのメディア報道や学術論文は、IUDを東ウクライナの最大の有力者の一人であるセルヒウ・タルタに関連づけている。タルタのビジネスの取り引きは、二〇一〇年一月に追い詰められていた。レポートによれば、ウラジミール・プーチンが彼らに多くの金融支援を用立てたということだ。ロシアの国営原子力機関であるロスアトムが、ウラニウム・ワン社の支配権にあたる株式を購入するためのＣＦＩＵＳの承認を得ることに成功し、二〇一〇年十二月九日かその前後にＥＭＳＳを取得したのは、こうした背景があってのことだった。サリダ・キャピタル・カナダ社が新しく創設した慈善事業であるサリダ・キャピタル財団は、二〇一〇年を通して、合計で三三七万六〇〇〇カナダドルになる四回の別々の資金注入を受けた。その年に、サリダ社のＣＥＯであるコーテネイ・ウォルフェは、クリントン・グローバル・イニシアチブの毎年恒例の夕食会でビル・クリントンとステージに立つとともに、同財団はクリントン財団に約八〇万ドルを提供し、その額は二〇一三年までに約二九〇万ドルに達することになる。カナダ政府の記録によれば、そのお金はサリダ社の財団が寄付した全ての寄付金のうち、八〇％を超える額だという。

二〇一一年七月には、ロスアトムの会社の文書は、「サリダ・キャピタル・グループ社＝パナマ・パナマ市」をリストに加えており、同社の連絡先は二〇〇六年十一月にパナマで登録されたサリダ・キャピタル・コーポレーション社と一致した。二〇一二年にロスアトムが年次レポートを発表した際には、サリダ・キャピタル・コーポレーション社を「ＰＪＳＣエネルゴマシュスペッツァル」、ＥＭＳＳを通じて、「統合予算の枠外にある」と記載している。

カナダのサリダ・キャピタル・コーポレーション社が、二〇一〇年の春に、東ウクライナで公にビジネスをやり始めたことを理解するのは重要だ。同社ははじめ、コブ・エネルギー社という名のカナダで登録した会社となる、天然ガスの事業に、その後、イースト・コール社として知られたドンバス地域の石炭の採掘に投資した。どちらの会社も、ウクライナの、同じ金融と政治の活動範囲に存在した。この文脈において、二〇〇九年末のサリダ・キャピタル財団の設立と、クリントン財団への気前のいい寄付は、最大限の調査を必要とするものだ。

そして、最後の疑問がある。なぜパナマなのか。パナマはおそらく、疑わしい金融取引の場所としては、ケイマン諸島よりもよく知られてはいない。しかし、その長所は、海外移転の実践家たちには、よく知られている。カナダの法律は特に、国際企業の株を持てるが本来的には非営利団体として機能している、私的な投資財団の設立を認めている。カナダの私的な投資財団をコピーして一緒に事業する会社をパナマに創ることを援助するサービスがカナダに存在している。こうした取り計らいの目的は、自然に、資産を課税から守り、受益者を匿名にするということになる。同じ法律事務所がパナマのサリダ・キャピタル・コーポレーション社を創っただけでなく、また同時に、カナダにあるカウンターパートがカナダのサリダ社とちょうど新しい投資ベンチャーを始めたブルモント・キャピタル・パナマ社を創った。この事務所は、同じくらい興味深い同時進行の出来事がカナダで起きている他の二つの会社も、同様に設立した。この事務所は偶然にも、そのような私的な投資財団を創ることに特化している。

私的な投資財団は、カナダのサリダ社とその経営陣と投資家のために創られたのだろうか。彼らはある時からロシア政府を巻き込むようになり、そのロシア政府はまさにその国務長官と取り引きをしており、その国務長官はサリダ社自身の慈善団体が寄付している先のチャリティー財団を持っている。サリダ社とロンバルディ・アグイラー社に対する私の質問には答えが返ってこなかったので、正確には言えない。私が言えるのは、事実は雄弁に語ると言うことと、答えを提供できる当事者のみからの答えを求めるということだけだ。

二〇一五年に、カナダのサリダ・キャピタル社は、その名前をハリングトン・グローバル社に改めた。

(62) Strickland, Ken, and Andrea Mitchell. "Clinton, Obama "Memo of Understanding," NBC News, December 18, 2008, http://firstread.nbcnews.com/_news/2008/12/18/4426618-clinton-obama-memo-of-understanding.

(63) "Clinton Surpasses $75 Million in Speech Income after Lucrative 2010." CNN Political Ticker RSS, July 11, 2011, http://

politicalticker.blogs.cnn.com/2011/07/11/clinton-surpasses-75-million-in-speech-income-after-lucrative 2010.

（64）"William Jefferson Clinton Speeches, 2001–2012." Turner.com, http://i9.cdn.turner. com/cnn/2013/images/05/23/clinton.speeches.2001-2012.pdf.

（65）"Former Russian Spy Recalls the Golden Age of Espiomage." *The Telegraph* (London), January 2, 2011, http://www.telegraph.co.uk/sponsored/rbth/features/8236120/Former-Russian-spy-recalls-the-golden-age-of-espionage.html and http://en.gazeta. ru/news/2012/03/30/a_4116129.shtml; http://www.telegraph.co.uk/sponsored/rbth/seatures/8236120/Former-Russian-spy-recalls-the-golden-age-of-espiomage.html.

（66）Low, Valentine, "My Old Friend the KGB Spy," *Evening Standard* (London), December 30, 2002.

（67）Weiss, Michael, "Moscow、s Long, Corrupt Money Trail," *Daily Beast*, March 22, 2014, http://www.thedailybeast.com/articles/2014/03/22/moscow-s-long-corrupt-money-trail.html.

（68）Renaissance Capital, "Uranium One: Company on Schedule; Market Lags," May 27, 2010, centralasia.rencap.com/download.asp?id=10956.

（69）"Burn after Reading: Russian Spies in America," *The Economist*, June 29, 2010, http://www.economist.com/blogs/newsbook/2010/06/russian spies america; Smith, Ben, "Clinton Friend Was Spy's Target," *Politico*, June 29, 2010, http://www.politico.com/blogs/bensmith/0610/Clinton_friend_may_have_been_spys_target.html.

（70）"Spies Assigned to Gather Intel on U.S. Nuke Strategy for Russia, FBI Says," *NTI*, June 29, 2010, http://www.nti.org/gsn/article/spies-assigned-to-gather-intel-on-us-nukestrategy-for-russia-fbi-says/.

(71) Levy, Clifford J., and Ellen Barry, "Putin Criticizes U.S. for Arrests of Espiomage Suspects," *New York Times*, June 29, 2010, http://www.nytimes.com/2010/06/30/world/ europe/30lavrov.html.

(72) Soltis, Andy, "Soviet-style "Red Whine," *New York Post*, June 30, 2010, http://nypost.com/2010/06/30/soviet-style-red-whines.

(73) Baker, Peter, "The Mellowing of William Jefferson Clinton," *New York Times*, May 26, 2009, http://nytimes.com/2009/05/31/magazine/31clinton-t.html?pagewanted=all.

(74) "Bill Clinton Offers Rare US Praise for Putin," *RIA Novosti*, September 25, 2009, http://enria.ru/russia/20130925/183725042.html.

(75) Anderson, Derek, "Uranium Agreement Faces New Objections from U.S.," *St. Petersburg* (Russia) *Times*, October 12, 2010, http://sptimes.ru/index.php?action_id=2&story_id=32688.

(76) "Hearings before the Committee on Armed Services, United States Senate. Briefing by Representatives from the Departments and Agencies Represented on the Committee on Foreign Investment in the United States (CFIUS) to Discuss the National Security Implications of the Acquisition of Peninsular and Oriental Steamship Navigation Company by Dubai Ports World, and Government-owned and -controlled Firm of the United Arab Emirates," February 23, 2006, 6, http://www.gpo.gov/fdsys/pkg/CHRG109shrg%2744/html/CHRG-109shrg32744.htm.

(77) "Press Release: Hillary Clinton Promotes Plan for Strong Defense and Good jobs in Indiana," American Presidency Project, April 12, 2008, http://www.presidency.ucsb.edu/ws/?pid=96587.

(78) "Facing CFIUS: Better Safe Than Sorry—Law360." *Law360*, July 5, 2012, http://www.law360.com/articles/355660/facing-csius-better-safe-than-sorry. McConnell, Will, "Feds Query Another Chinese Mining Deal near TOPGUN." *TheDeal*, May 23, 2012, http://www.thedeal.com/content/regulatory/feds-query-another-chinese-mining-deal-neartopgun.php. "US Bars China Wind Farm Deal on Security Grounds." *Space Daily*, September 28, 2012, http://www.spacedaily.com/reports/US_bars_China_windfarm_deal_on_security_grounds_999.html. Drye, Kelley, "CFIUS Rejects Chinese Acquisition in U.S.," news release, April 5, 2011, http://www.kelleydrye.com/publications/client_advisories/0651.

(79) "6.3 Interaction with Uranium One, Inc.," JSC Atomredmetzoloto, 2011 Annual Report,44.

(80) Uranium One, "Uranium One Enters into Definitive Agreement with ARMZ for Going Private Transaction for CDN$2.86 per Share in Cash," news release, January 14, 2013, Bloomberg.com, http://www.bloomberg.com/article/2013-01-14/abXuij0LYIk.html.

(81) Gutterman, Steve, "U.S.-Russian Civilian Nuclear Deal Boosts Reset," *Reuters*, January 12, 2011, http://www.reuters.com/article/2011/01/11/us-russia-usa-nuclear-idUSTRE70A5LB20110111.

(82) Melbye, Scott (executive vice president—marketing, Uranium One), "Uranium One's Experience in Kazakhstan," Kazatomprom Representative Office Opening, Washington, DC, slideshow presentation, May 2013, http://www.kuzulomprom lz/low/default/files/6_Scott%20Melbye-Uranium%20One%20Experience%20in%20Kazakhstan.pdf.

(83) Baker, Matt, "Moscow's American Uranium," *Politico*, October 18, 2013, http://www.politico.com/story/2013/10/moscows-american-uranium-98472.html. "Regarding the Willow Creek, Moore Ranch, Jab & Antelope, Ludeman Projects and Well

Logging Equipment," Donna Wichers to Andrew Persinko and Roberto J. Torres, January 29, 2013, http://pbadupws.nrc.gov/docs/ML1304/ML13043A505.pdf.

(84) "Russian Nuclear Energy Conquers the World," *Pravda*, January 22, 2013, http://english pravda.ru/russia/economics/22-01-2013/123551-russia nuclear energy-0/.

(85) "Rosatom Spares No Expense to Buy Out Canada's Uranium One," *RT*, January 14, 2013, http://rt.com/business/rosatom-100-percent-canadian-uranium-966.

(86) Baker, "Moscow's American Uranium."

(87) Helms, Kathy, "Navajo Protests Canadian-Russian Uranium Mine at Big Boquillas," *Gallup Independent* (New Mexico), May 21, 2013.

(88) Horoshko, Sonja, "The Navajo Nation Nixes Access for Uranium Mining." *Four Corners Free Press* (Colorado), June 1, 2013, http://sourcornersfreepress.com/?p=1527.

第四章　インドの核

ヒラリーの心を変えて、メダルを勝ち取る方法

一九九八年五月、インド政府は世界を震撼させた。五回にわたる地下核実験で、同政府は政治的にも一連の〝爆発〟を引き起こした。

コードネーム「シャクティ作戦」(サンスクリット語で「強さ」を意味する)。インド陸軍第五八工兵連隊は、実験の準備がアメリカに感知されないように、特別な措置を講じていた。その大胆な行動で、インドは、現地の影響力のあるコメンテーターの一人の言葉では、「事実上の核兵器国の地位を手に入れた」。(1)

ビル・クリントン大統領にとって、この実験は、突然の平手打ちのようなものだった。核兵器と核技術の拡散を防ぐことは、クリントン政権の最優先事項となっていた。大統領任期の初めごろ、彼は「インドとパキスタン両国の核計画を、停止し、縮小し、取り除くための個人的なイニシアティブ」を開始していた。(2) 実験は、これらの努力を恥ずかしくも公然と無にするものだった。

ビルは激怒した。外交政策の顧問で長年の友人であるストロブ・タルボットによると、彼はニュースを聞いたとき、「火山のような剣幕」で怒り狂っていたという。(3) ビルはこの実験を、彼が推進し

ていた核不拡散と核実験禁止条約に対する脅威であるとともに、個人的な侮辱としてとらえた。彼は、インドが核実験禁止条約に調印し、「核の危険を減少するための他の措置を講ずる」ことがない限り、「国際的な孤立によって同国を脅迫する強烈な取り組み」でもって対応した。(4)

核拡散防止条約（NPT）は一九七〇年に発効し、核保有国としてアメリカ、ソ連、イギリス、フランス、中国の五カ国を承認していた。NPTは、この他のどの国も核保有国とならないように、策定されたものだった。条約に調印した国は、平和的な核技術を得られるという利点を与えられた。

ビルは、江沢民・中国国家主席の隣で、インドの核実験を非難することを選択した（これは、中国を地域のライバルとして見ているインドにとって、特に侮辱的なことだった）。彼はまた、インドが核実験を停止し、NPTの当事国となることを求めた国連決議1172に、アメリカの応援を貸した。しかし、もっとも重要なことは、ビルが「インドの核と弾道ミサイルの技術にフタをかぶせつづける」というはっきりした目的で、アメリカの核技術のインドへの輸出に対する一連の制限を課したことだ。(5)

ビルのインドに対する制裁は、NPTの重要性についての強い信念によって突き動かされていた。ビルとヒラリーは、これまでにも、この条約を守らせ、拡大することを激しく支持してきた。ファースト・レディー、それからアメリカの上院議員として、ヒラリーはNPTと核実験禁止条約への熱烈な支持を夫と共有していた。(6)二〇〇七年のフォーリン・アフェアーズ誌の記事で、当時、上院議員だったヒラリーは、「大統領として、私は核不拡散条約をより良くしていくための取り組みを支持していく」と宣言していた。(7)二〇〇八年の大統領選挙や国務長官としての承認を受ける際にも、彼女は核不拡散の断固たる取り組みを支持し続けると表明していた。彼女は上院での承認公聴会で「NPTは核不拡散体制の礎石であり、アメリカはその体制を強化するために必要な指導力を行使しなければならない」と話していた。国務長官としての彼女は、次のように約束している。

「政権として、NPTや核不拡散体制の全体を強化していくことに大きく重点を置く。……私たちは、核兵器の拡散と核テロリズムの可能性を防ぐために、核不拡散条約（NPT）への取り組みをさらに活発にする必要がある」(8)

インドはこれまで核不拡散条約に調印したことはなく、そのつもりもなかった。しかし、クリントン政権が去り、ブッシュ政権が二〇〇一年一月に発足してからは、ニュー・デリーは制裁を解除してもらうことについて考え始めていた。それが現実になるよう望んだことから、彼らは高給のロビイストたちを雇い、アメリカにいるインド人たちに対して両政党との信頼を構築するよう奨励した。それから、極めて重要なタイミングで、クリントンの組織に対する多額の支払いも連続して行われていた。これらの支払いの中には、制裁解除に直接の利害を持つインドの団体が支払った、儲けの良い講演のかたちで入ってきたものもあった。その他には、合法的に寄付ができる人による場合には、ヒラリーの上院議員選挙や大統領選の両方への寄付のかたちで入ってきていた。しかし、ほとんどの場合、これらのお金は、クリントン財団への数百万ドルの寄付として入ってきていた。

これらの数百万ドルのうち、いくつかについて実際の出所を追うことは不可能なことが明らかだが、それらがクリントン夫妻のインドに対する方針に与えた影響は、明らかなように見える。当初はインド政府に対して制裁を課したビルも、その政策を支持していたヒラリーも、最終的に、双方が制裁解除を行う上で重要な役割を果たした。法案が可決された直後、インド政府は、もっとも権威ある民間人に対する賞のひとつを、クリントン夫妻の親しい友人に与えている。理由はまさに、彼がヒラリーに法案を支持してもらっていたからだ。

サント・チャットワルは、熟練した政界のインサイダーだという印象を与えないかもしれない。鋭い茶色の目をもつインド出身のシーク教徒であるチャットワルは、一九七五年に、エチオピアとカナダを経由してアメリカにやって来た。チャットワルはそれ以前に、ジェット機のパイロットとして、インド軍に従事した。アメリカでの彼は、主にニューヨークで、インド食レストランとホテルからなる商業帝国の構築に着手した。最初にレストラン・チェーンのボンベイ・パレスを、その後には、豪華なハンプシャー・ホテルが続いた。チャットワルは――有名人の友人とハイレベルな政治のコネをもち、世界中を飛び回るビジネスマンでありながら、サーソン・カ・サーグを食べるのを今でも楽しむ素朴なパンジャブ人でもある。(iv) アメリカに三〇年以上いながら、彼は忠実なインドの愛国者であり、今でもインドを「わが祖国」と呼ぶ。

彼とクリントン夫妻との深い友情は、インド料理へのお互いの愛情から始まった。ビルは最初、チャットワルがニューヨークに持つレストランのボンベイ・パラスで開かれた資金集めイベントで、インド料理を味わった。(9)しかし、これから見ていくように、風味の効いた資金の移動も友情促進の助けとなったのだ。

チャットワルは、ワシントンでのイベントに影響力を与えるべく、お金をなぜどのように動かしてきたかについて、いつも度が過ぎるほど率直だ。チャットワルは、「私はかつて、上院議員や連邦議員たちにお金をつぎ込んできた」と言う。その「投資」は一九八八年に、マイケル・デュカキスに対して行われたが、チャットワルは「その次に様々な大統領たちに賭け始め、たまたまクリントンにクリックした」のだという。(10)元アーカンソー州知事は、これに非常に感謝した。チャットワルによれば、クリントンは、大統領に選出されたらどのようなポストでも提供すると彼に提案したというが、しかしチャットワル本人は、ただ、より親密な米印関係が望みだと述べた。ヒラリーが二〇〇〇年に上院議員に立候補したとき、チャットワルは、ヒラリーの最大のソフトマネー（政党に対する規制の緩い政治献金）の寄付者の一人となった。(11)

ビルが二〇〇一年に大統領執務室を去るまでに、チャットワルはしっかりとクリントン夫妻に近い輪の中にいた。ビルは彼を、長年の友人や大口の受益者のためだけに取っておいたポストである、クリントン財団の理事に任命した。チャットワルは、数十万ドルのソフトマネーの献金や数百万ドルの選挙資金の調達をはじめとして、クリントン夫妻にふんだんにお金を与え、ビルが一般市民となった後もその気前の良さは変わらなかった。チャットワルは、数百万ドルを儲けのいい講演料として手配するとともに、クリントン財団にさらに数百万ドルを引っ張ってきた。(12)ヒラリーが二〇〇七年に大統領選の民主党の指名争いに立候補した際、彼は、大統領選に向けた彼女の調査委員会の共同議長だった。彼はさらに、「クリントンの世界」で最も権威ある贈り物である、娘チェルシーの結婚式への招待も受け取った。

サント・チャットワルの息子であるヴィクラムもまた、クリントンの恩人となった。パーティー好きでよく知られているヴィクラムは、ヒラリーの二〇〇八年の選挙戦のまとめ役となった。(13)アストン・マーティンに乗ってニューヨークで遊びまわった彼は、多額のバーの請求書と、リンジー・ローハンら様々なスーパーモデルの全員とデートしていたことで知られている。父親のように熱心なシーク教徒である彼は、「ターバン・カウボーイ」として町中で知られていた。

ヴィクラムは、クリントン夫妻を親しい友人だと見なしている。ニューヨーク・オブザーバー紙は次のように伝えている。

「元大統領について、彼は『私は彼（ビル・クリントン）を非常に良く知っている』と述べたという。二人の男は頻繁に膝を突き合わせて座り、本やガンジーについて語り合ったとヴィクラムは述べただけでなく、『私がデートをした女性たちやモデルたちについても話をした。ビルは世界の他の男性たちと同じく、美しさというものに造詣がある』と付け加えた」(14)

ヴィクラムが二〇〇六年にインドで結婚したとき、ビル・クリントンは結婚式に出席した。ゲストたちは「踊る宦官、全身を白く塗られた象、白い馬に乗り天使の羽をつけた白塗りの男たちに迎えられた」という。(15)クリントン夫妻はまた、サント・チャットワルの他の息子の結婚式にも出席したが、これは二〇〇二年にニューヨークのグリーンズの酒場で行われた、より穏やかなものだった。

驚くべきことではないだろうが、サント・チャットワルには金融取引に関わる法的トラブルの過去があり、少なくとも一度は破産宣告をしている。彼は一九九五年に、インド銀行からの数百万ドルを踏み倒したとして、法的な疑惑がかけられていた。アメリカでも彼はIRS(内国歳入庁)や、ニューヨーク州政府から、三〇〇〇万ドルの税金が未払いだとして追われていた。(16)二〇〇一年五月にクリントンとインドを訪問したとき、チャットワルは一九九四年に借りた九〇〇万ドルを、インド銀行ニューヨーク支店からだまし取ったとして逮捕され、起訴された。ニューヨーク・デイリー・ニュース紙は、「彼を拘留しようとする当局側の試みにもかかわらず、彼は三万二〇〇〇ドルの保釈金を積んでインドから逃げ、ウィーンへのフライトに乗った」と報道している。(17)

一九九七年、連邦預金保険公社(FDIC)は「経営破たんしたファースト・ニューヨーク・バンク・フォー・ビジネスにおける、理事及び未払いローンの保証人としての役割で、チャットワルを起訴した」とワシントン・ポスト紙は報道した。ニューヨークの数百万ドルもするペントハウスに住み続けているにもかかわらず、彼がお金(一二〇〇万ドルを超えるとも報道されている)を返済できないと主張していることに、規制当局の側はいら立っていた。(18)

解決の見通しがまったく見えない中、チャットワルはその三年後に、自身の豪華なペントハウスで、ヒラリー上院議員の選挙戦のためにゲストをもてなし、五〇万ドルを調達した。(19)ワシントン・ポスト紙によれば、その資金集めイベントのほんの数カ月後の二〇〇〇年一二月一八日、（クリントン夫妻がまだホワイトハウスにいた間）、ＦＤＩＣはチャットワルに対するこの申し立てを「突如として処理」し、たった一二万五〇〇〇ドルを支払わせるだけで、手を引いたという。

チャットワル一家は間違いなく、クリントン夫妻のような政治家のためにお金を寄付したり調達することで入ってきた特権や人脈を享受していた。しかし、サント・チャットワルが、全てのお金と引き換えに求めていたのは、ワシントンで起きている通常の取り引きをはるかに超えて広がっていた。彼は、特に核技術の機密に関する分野について、アメリカのインドに対する政策に影響を与えることを望んでいた。彼は、「（インドと米国の）核の合意を確実に成立させるために、大量のお金、時間、努力を投じた」と公然と認めていた。[20] そのお金の一部はインドで使われた。流出したデリーのアメリカ大使館と国務省との間の外交電報によると、「現金の入った二つの金庫」が印米核合意への支持を勝ち取るための「賄賂」として準備されているというレポートがあり、二人の閣僚と何人かの国会議員が金をつかまされていたという。チャットワルも関与していたと言われていたが、彼は今日まで事実無根だと主張している。[21] 私たちに分かっていることは、数百万ドルがクリントン夫妻との関係を深めるために使われたということ、そしてクリントン夫妻は儲けのよい講演契約を通じて直接、お金を受け取っただけでなく、クリントン財団への寄付として数百万ドルを手に入れたということだ。

二〇〇五年七月一八日、ジョージ・W・ブッシュ大統領と訪米中のマンモハン・シン印首相は、ホワイトハウスで、インドにアメリカの核技術の入手を認める合意書に署名した。この合意は、インドと緊密に協力して中国との均衡を保とうとするブッシュ政権の政策の一環だった。しかし、この合意が成立するには、連邦議会がアメリカの法律を改正し、インドに特別な例外を認める必要があった。

この計画は、連邦議会でただちに批判を受けた。民主党と共和党の両方が、NPTに違反した国にほうびを与えることで、より大規模な核拡散を招くことになると主張した。この議論の間に、驚くほど沈黙を保っていたのは、上院軍事委員会のメンバーだっただけではなく、特に核拡散問題を扱う「新たな脅威と能力」に関する小委員会の上級メンバーでもあった、ヒラリー・クリントンだった。

ビル・クリントンは二〇〇五年九月、フランク・ギウストラの飛行機で、ウズベキスタンからインドのラクナウまで飛んだ。ウッタル・プラデシュの州都であるラクナウは、ムンバイや、インドの他のような国際的都市ではなかった。ビルの訪問は、現地の関心と活気を突風のように巻き起こした。空港からホテルまでの道路は、彼の到着のために「新しく舗装され」、様々な労働者たちが道路沿いにビルの訪問を称える垂れ幕を掲げた。一緒に乗っていたのは、ギウストラ、ダグ・バンド、資金調達担当のティム・フィリップス、そして、今回の企画を行ったサント・チャットワルだ。(22)

ビルと仲間たちは、この都市のビジネス地区の中心を流れるゴムティ川のほとりの、タジという名の優雅な柱を持つ豪華なホテルにチェックインした。ビルが引き連れた六人の代表団は、二つのフロアを自分たちのために貸し切って、夜のお楽しみといっしょに大規模な宴会を楽しんだ。この一連の催しが始まる前に、クリントンはチャットワルとプライベートに会談し、そこで、素性のよく知れないアマール・シンという議員を紹介された。(23)

アマール・シンは、ふんぞり返った歩き方をするが、にこやかな人物で、駆け引きの激しいインド政界にぴったりな派手な振る舞いと戦闘的な態度が特徴的だ（彼はかつて、インド議会の議場で殴り合いをしたことがある）。がっしりした体格で、厚いメガネをかけ、薄毛のシンは、もうひとつ特筆すべき才能をもっている。インドのメディアによると、彼の「大金に近づく能力は伝説的だ」という。(24)シンはインド政界で、数多くの金融関係や票買いのスキャンダルに関係があった。彼は二〇一一年に、核合意を確実に成立させるために、議会で票を買収した容疑で起訴された。この裁判は行われることがなかった。(25)

シンがクリントンやチャットワルと議論した内容は、公になることはなかった。会合は一時間ほどだったが、その短い間に、インドの政治屋とクリントン夫妻との間の緊密な協力と友情が始まった。

会議の後、この三人の男は、州首相のバンガローでの盛大なパーティーに向かった。報道によると、「防弾加工が施されたダイニング・ホール」は、二六のエアコンを装備しており、イベントには、ボリウッドスターや、実業家、政治家といった一五〇人のインドのエリートが参加していた。彼らはライブ・パフォーマンスを楽しみながらご馳走を食べた。(26)ダンサーのほかに、音楽ではフュージョンから「セクシー・ロクシー・シカゴ・ガール」というタイトルの歌まであった。(27)

出会ったばかりにもかかわらず、ビルとシンは、すぐにお互いを熱く褒め合った。シンは、演台に上がって、ビルの「インドへの計り知れない愛」を称え、インド市民権を取得するように提案した。(28) それからビルも登壇し、インドへの愛について話し、主催者について「友人アマール・シン」と呼んだ。元大統領はさらに、近いうちにニューヨークで開かれるクリントン・グローバル・イニシアティブ（ＣＧＩ）に、シンをゲストとして招待すると公に表明した。

ビルはラクナウで一五時間を過ごし、それから発った。野党はこの派手なパーティーを非難し、シンや州高官を批判した。インドの新聞の言葉を借りれば、「州内で数百人が日本脳炎で死にそうになっている時に、アメリカのクリントン元大統領のために巨大なパーティーを開いた」ということだった。(29) シンは勝ち誇った姿を隠さず、ビルの訪問がいかに自分の党が「ライバルに優ること」の助けになったかをメディアに説明した。(30)

ビルの訪問は、シンにとって大当たりだった。後に、どのようにビルに自分の町を訪問してもらうことができたのか尋ねられたシンは、「私が述べたいのは、彼は愛嬌がある男であり、自分のように劣ったヤツに対しても、すごく親切だということだ。彼がこのような労をとった、他のいかなる理由も見当たらない」と述べた。(31)

この手短な会合に続いて、シン氏はすぐに、そして謎めいたことに、「クリントンの世界」で出世していった。シンは、ニューヨークで開かれるＣＧＩへのビル・クリントンからの招待を受け入れた。この巨大なおしゃべりの宴には、数千人もの政治家や、起業家、またいわゆる深い思想家といわれる人々が参加した。冷戦の間には、毎年のメイデーのパレードの時に、レーニンの墓に並ぶ配置にソ連のヒエラルキーが反映されていた。「クリントンの世界」では、ヒエラルキーはＣＧＩでの座席表に表れている。それによって、クリントンの影響圏の中に誰がいて、誰がいないのかが分かった。シンは二〇〇五年、グローバル・イニシアティブに参加していただけではなく、主賓席を与えられていた。それは、すべての他の点でまったく知られていなかったこの男にとって、驚くべき出世だった。あるインド系アメリカ人の出版媒体が書いていたが、彼らがイニシアティブの会合の後でインタビューした時、シンは「なぜクリントン夫妻が、彼に主賓席の場所を与えたのか説明できなかった」という。彼はこう述べた。

彼らが主賓席に私を座らせたら、モーリシャスの首相も同じ質問を私に聞いてきた――あなたはどの国を率いているのかって。私はウッタル・プラデシュ州に属していて、政界で地味に働いていると言っておいた。彼らは、また驚いていた。……だから、私は何なのか分からない。なぜ彼が私にこのような名誉を与えてくれたのか、（ビル）クリントンがこの質問に答えるベストな人物だ。(32)

クリントンの会合に続き、シンはクリントン夫妻とニューヨークの彼らの自宅で、プライベートなディナーの場をもった。これについて尋ねられると、シンはそのディナーに他に誰がいたかについては答えを拒否した。シンはこの訪問の間に、ヒラリー・クリントンとの関係を深めたと述べた。「私はクリントン夫人と会った。彼女は忙しいスケジュールにもかかわらず、親切にも私との一対一のミーティングにかなりの時間を割いてくれた」と、シンは述べた(33)(彼は贈り物をもってきていたらしい。彼はニューヨーク出身のこの上院議員に、タージ・マハールのケースに入った香油をプレゼントした)。また、シンのクリントン夫妻との関係は、インド・メディアの関心も引きつけた。同国のメディアは彼の道化的な振る舞いについてよく知っており、「彼はクリントン夫妻を溺愛しているようだ」と指摘した。(34)

二〇〇六年には、ヘンリー・J・ハイド米印平和的原子力協力法という法案が導入された。その目的とは、インドとの原子力貿易の制限を徐々に解除するための合意を、決着させることだ。ヒラリーは、上院軍事委員会の上級メンバーであるとともに、インド政府高官と協力して米印関係の改善に取り組む上院議員の集まりである上院インド・コーカスの副議長でもあった。しかしハイド法の議会での審議が進んでいった際に、彼女は法案への支持をすぐには示さなかった。タイムズ・オブ・インディア紙は二〇〇六年に、「インドは、ヒラリー・クリントン、オバマか他の誰かといった、民主党の大統領が次期政権に就く可能性に目に向けているのかもしれない——彼らは疑いなくインドの友人だが、おそらく原子力協定については反対している」と指摘した。(35)

ヒラリーは、インド政府により、厳しい条件を課すことになるいくつかの改正案を支持していた。これらには、バーバラ・ボクサー、バイロン・ドーガン、ラッセル・ファインゴールドの各上院議員が提案した三つの改正案が含まれていた。その一つは、インドの核分裂性物質の生産に上限を定めることで、法案を実質的に骨抜きにする「キラー改正案」だった。しかし、この改正案は失敗した。最初の法案は通過したものの、署名の必要な追加の法案があり、それを承認させる上でヒラリーは中心的な役割を担っていた。ヒラリーは依然として、法案の支持者としては消極的で疑わしく、そのことによってインド系アメリカ人のメディアは、彼らのコミュニティがこの問題に対する彼女のスタンスをめぐって「動揺」していると、見出しに書いた。(36) ニューヨーク・タイムズ紙が報道したように、「インド系アメリカ人の指導者たちが、計画についてのより幅広い民主党の支持を勝ち取る上で重大だと見ていたのは」ヒラリーその人だった。(37)

この時点まで、クリントン財団は、インド人からの献金を確保するという点で、限定的な成功しか収めていなかった。しかし今や、核合意が承認を得ることに強い関心をもつ人物たちが、クリントン夫妻のもとにお金を導き始めたのだ。

投票どころかヒラリーの政治活動に貢献できていなかったインドの実業家やエリートたちは、かなり人目を惹くかたちでヒラリー陣営の資金集めのイベントに姿を見せ始めた。チャットワルは二〇〇七年六月、インドの億万長者であるスリチャンド・ヒンデュジャと、ラクシミ・ミッタルを、主役にしたヒラリーのためのディナーを企画した。資金調達者たちは、アメリカ市民になっているか、永住権をもっているインド人をターゲットにした。チャットワルは、「彼ら（ヒンデュジャとミッタル）は、お金は出せない。ただ、ちょっとだけでも関心を引くことはできる」と述べた。もちろん、ここで言う関心とは、寄付ができたり、これらの実業家らと仕事がしたい可能性がある、アメリカにいるインド人向けだ。[38] こうした人物ら紹介することは、彼らを活用する立場にある人物にとっては、大いなる価値があるものだ。

ヒンデュジャとミッタルは、ヒラリーの大統領選には寄付できなかったが、クリントン財団に高額の小切手を書くことはできたし、実際にそうした（ミッタルは一〇〇万ドルと五〇〇万ドルの間の額を寄付した）。確かに、インドは急速にクリントン財団を支援する豊かな金脈になっていった。ワシントンでは、インド産業連盟が、核合意を推し進めるためにロビイストたちを雇った。彼らは同時に、一〇〇万ドルと五〇〇万ドルの間の小切手をクリントン財団に送った[39]（これらの寄付金について情報が開示されたのは、ヒラリーが国務長官として指名された後になってのことだった。彼女が職を去ったことで財団は寄付者について公開する必要がなくなった一方、そうした寄付者たちは、核合意がまとまった途端に、気前の良い行いを止めるようにも見えた）。ヒンドスタン建設の会長（兼）経営パートナーである、アジット・グラチャンドは、ニューヨークにいた二〇〇七年九月下旬に、お金を寄付していた。[40] 今日、ヒンドスタン建設は、インドでいくつかの原子力発電所の建設プロジェクトに関与している。そして、これから見ていくように、決して説明されることのない謎の寄付金が存在した。

二〇〇八年の夏までに、ヒラリーの大統領選の戦いは失敗に終わり、インドへの原子力技術の輸出を決定的にする原子力協力の承認と核不拡散の強化についての法律（HR7081）が、上院での動きを必要としていた。ヒラリーは、今や民主党の看板となった上院の同僚であるバラク・オバマとの、大統領選の指名に向けた、し烈な戦いに耐え抜いた。しかし、核合意となると、インドの高官が目を向けるのは、依然としてヒラリーだった。コネティカット州にあるトリニティ大学のビジェイ・プラシャド教授によると、「この案件についてのオバマの警戒心は、失敗するかもしれないという恐怖をニュー・デリーのエリートの間に抱かせ、ワシントンを動かそうという圧力が高まった。ヒラリー・クリントンが『うん』頷くことが、とても重要なことだと考えられた」ということだ。(41)

注目すべきことに、核拡散の問題について、クリントンの顧問らは、核合意に関して辛辣な批判を発した。ビルとヒラリー両方の長年の友人で、ビルの大統領任期の間に国務省に務めていたストロブ・タルボットは、合意の条件について、次のように容赦なく書いている

「(ブッシュ) 政権は、特にインドが民生用の原子力産業を発展させるのを助けることについて、同国にNPTメンバーとしてのほぼすべての権利を与えてしまっている。……その見返りとして、軍事計画においてインドが核に制限を設けるようなステップというかたちでは、アメリカ（と世界）は、何も受け取っていない」(42)

この合意は、「実際のところ、国際的な核不拡散体制の崩壊に向けたステップだ」ということだった。

二〇〇八年の大統領選出馬の際の核拡散問題についての顧問だったロバート・アインホーンもまた、

彼が強く反対していたこの合意への批判において、辛辣な姿勢だった。アインホーンもまた、ビルの大統領任期の時期に国務省に務めており、ヒラリーは国務長官としての任期中の二〇〇九年に、核不拡散問題を扱うポストに彼を選んだ。アインホーンは、「核不拡散条約に関与しない国々との原子力協力を不可能とした長年の法的な義務と政策からの急進的な逸脱」とこの合意を呼んだ。(43)

要するに、この合意は、ビルとヒラリー本人が強く支持していたNPTを、厳しく脅かすものとなったのだ。タイムズ・オブ・インディア紙が次のように書いている。

「なぜこの合意は重要なのだろうか。なぜなら、インドはケーキを持っていいし、食べてもいいと、初めて誰かが決めたからだ。NPTと距離を置いたままで、武器も保持したままで、完全なかたちでの保護装置も拒否し、しかしそれでも、このような数式を防ぐ上では死んだも同然のシステムの中で、原子力の貿易ができる。それがこの合意が結局のところ、意味するところだ」(44)

これが理由で、エレン・タウシャー議員のようなクリントンの長年の友人や仲間たちも、二〇〇八年の核協定に反対したのだ。終末論的なニューヨーク・タイムズ紙の論説記事で、タウシャーは次のように述べている。

「五〇年にわたって核兵器の拡散に対する防波堤であった核不拡散条約は、ずたずたに裂かれることになり、インドの核兵器の生産能力は年間に七つから、四〇や五〇まで増加するであろう」「インドとの核協定は、核についての私たちのルールを弱体化させるだけでなく、インドの核計画を拡大させることで、国際的な安全保障への脅威となる。なぜならば、原子力発電所のためにインドが輸入を

ラリーから指名された。(46)

遡って二〇〇八年には、ビルは衛星ビデオ演説で、インディア・トゥデイ・グループから一五万ドルの支払いを受けていた。メディア複合体である同グループは、原子力協定を強く支持しているアローン・ピューリエが会長だった。(47)上院の倫理規則が義務付けていたクリントン夫妻の財務情報の公開によると、ビルはそれまで五年以上、インドで有償の講演をしたことがなかった。しかし、インドとの原子力協定の投票が間近に迫ってくると、彼はハーレムのオフィスに座り、ニュー・デリーのタージ・パレス・ホテルに集まったインド企業や政府の高官らといった生の観客に向けて、世界の出来事についてコメントした。(48)

クリントンは近づいている米印原子力協定などいくつかのテーマについて議論し、「民主党の一部は協定について疑問を持っているが、新政権は前の政権の合意を尊重する傾向がある」と言って、聴衆を安心させた。つまり、もし協定が二〇〇八年三月に議会で承認されたら、次の大統領は、共和党であれ民主党であれ、合意を尊重する可能性が高いということだ。

クリントンを仲間に入れようという動きが高まるにつれ、サント・チャットワルは、ロンドンのチャリティ・イベントで話して四五万ドルを受け取るといった、ビルにとって最大規模の講演料稼ぎの時期を計画するのを手伝った。この講演によって、通常の海外での営利出演を一七万ドルも上回るお金が、ビルのもとに入ってきたと、シカゴ・トリビューン紙が指摘している。(49)

主催者の父親は、ビルがどれだけ多くの支払いを受けたのかに、驚いたようだ。彼は、「私たちがお金を取るのをもっと控え目にすれば、もう少しだけでもチャリティにお金を出せたろうに」と言った。この国際的な支援の取り組みにおいて、集まった一五〇万ドルのうちの三〇%がビルの講演料だったという。(50)

HR7081の運命が依然として危ぶまれる二〇〇八年九月に、インドのマンモハン・シン首相はニューヨークに着き、原子力協力の合意の運命について、核となるグループと議論した。パレス・ホテルのケネディ・ルームに集まり、マンモハン・シンは、チャットワル、アマール・シンや他のメンバーたちと、戦略を練った。(51)

ヒラリーは、この法案の支持者にはなっていなかった。実際に、彼女のもっとも近い側近はみな、公に反対していた。しかし、二〇〇八年九月、この法案の運命が宙ぶらりんになっている中で、アマール・シンはワシントンで、ヒラリーと二時間のディナーをともにした。法案への反対は、主に民主党からきていた。ヒラリーはこの二年前に、「キラー改正案」を支持していた。上院は法案を投票に付さない可能性すらあった。しかし数日後、シンは協定が通過するだろうというヒラリーから聞いた内容に基づいて、自信を表明した。(52)

インド議会での取り引きと、影響力の買収に慣れてきたシンは、ニューヨークで何が起きたかについて、インドのメディアに対してオープンだった。彼のコメントがアメリカのメディアでは報道されなかったことで、ヒラリー・クリントンはおそらく自身は〝ついている〟と思っただろう。シンによると、ヒラリーは、民主党がインドとアメリカの民生用の原子力合意が議会を通過するのを妨げるつもりはないと言って、シンを安心させたという。(53)クリントン上院議員が「協定が議会を通過するようにあらゆる支援をすると約束し、誓ったのか」と、インドのジャーナリストであるアジズ・ハニファが尋ねると、彼はそうだと言い、「クリントン夫妻のおかげで、私は民主党議員に近いところにいる」と付け加えた。(54)

法案に反対していた五人の民主党上院議員――ロバート・バイド、ジェフ・ビンガマン、ダニエル・アカカ、ラス・フェインゴールド、トム・ハーキン――が、採決を妨害した。ヒラリーが賛成票を投じた二〇〇六年のような改正案が提起された。しかし今回は、投票の強行を求めていたインド人の活動家によると、ヒラリーの事務所は彼らと緊密に協力していたという。(55)

投票は実施され、法案は可決された。合意の成立をめざす運動のリーダーの一人は、「上院通過が、この歴史的な協定を成立させる上での最後のステップだった」と述べた。その上で、「インドとアメリカの政治の歴史における、最も偉大な瞬間だ」と付け加えた。(56)

結局のところ、最側近の公の場での反対や、以前の政策の立場から明らかに転換することになるにもかかわらず、ヒラリーはインドとの原子力協定の成立を後押しした。国務長官として、彼女は「二一世紀版のＮＰＴ」の創設への意気込みについて話をし、「ＮＰＴは変更されたり、他のものに取って替えられたりはしない」と主張することになる。しかし、NPTの変更こそ、まさに彼女がインドとの原子力協定のための努力によって成し遂げたものだった。

投票の数週間後、ヒラリーは新しく大統領に選出されたバラク・オバマによって、国務長官に指名された。クリントン財団が、これまでとこれからの寄付者の名前を明らかにするという条件が、オバマの政権移行チームと合意した内容の一部だった。

そのリストに挙がっていた一人が、クリントンの世界を、とても急速に駆け上がったインド政治家であるアマール・シンだった。彼の名前が挙がったことに対するアメリカ・メディアの注目はわずかなものだったが、インドで政治を追っている人々は、すぐに注目した。クリントン財団は、シンが一〇〇万ドルから五〇〇万ドルの間で寄付していたと明らかにした。しかし、ここには少し問題があった。インド政府による財務情報の開示によると、シンの純資産はおよそ五〇〇万ドルである。これがもし事実ならシンは自分の全資産の二〇%から一〇〇%をクリントン財団に提供したことになるのだ!

タイムズ・オブ・インディア紙が、この巨額の寄付金について尋ねると、シンはそれを一蹴した。彼は「私には、何もいうことはない」「私は何も否定しない」と言った。さらに追及されると、シンはひそかに、「支払いは、他の誰かが彼の代わりにやった可能性がある」と答えた。(57)

この支払い、あるいは寄付金は、インド議会の会期の最中に明らかにされた。対立している党のメンバーたちは憤慨した。疑いのかけられたシンの気前のいい振る舞いを彼らは嘲笑した。政治オブザーバーのビシュワナス・チャターベンティは「そのようなジェスチャーをするなんて、彼は聖人かマハトマ（偉大な魂）なのだろう」と述べた。(58) この支払いや寄付金の見え方を懸念した、上級閣僚の中心のグループは、シンを呼び出して説明を求めた。シンは、お金は渡しておらず、「さかのぼって彼のところに行き着く可能性のある小切手はない」と言った。彼は、なぜ寄付者としてリストに挙がっているのか尋ねられると、支払いを手助けしていたために、「誤って」記録に載ってしまったのが、「おそらく」理由だろうと答えた。シンはどこからお金がきたのかについて、決して説明しなかった。「アマールが印米核合意への民主党の支持を見返りに取り付けたという示唆があった」ために、政府の閣僚たちはこの全体の話が、刑事事件としての捜査につながるのではないかと、繰り返し懸念した。(59)

シンの政党のメンバーたちは、お金が彼らからきたことを否定した。モハン・シン議員は「政党はそのようなお金を寄付していない」と宣言した（そして、われわれには無関係だとも）。(60)

ニューヨークでは、クリントン夫妻が岩のように沈黙していた。ヒラリーは国務長官としての承認の公聴会のための準備をしており、ビルは何も口にしなかった。アマール・シンはこのことについて、さらなる取材を行うことを拒否した。

シンの同僚の一人が説明した。この政治家は裕福な友人をクリントン夫妻に引き合わせたことを、間違って彼の手柄にされてしまったのだという。この同僚は、「彼らのうちの誰かが、寄付する際にシンの名前を口にしてしまい、それが記録に残ってしまったのではないか」と述べた。(61) しかし、これはまず、ありえないだろう。財団への寄付は、電子送金や小切手によるもので、おそらく現金ではないだろう。そのため、財団は、どこからその寄付が入ってきたのかを知っているはずだ。しかし、クリントン財団は、そのお金の出所について説明したことはない。また、正確に誰がそのお金を寄付したのかも、特定したことがない。イアン・テルファーのファーンウッド財団のようなロシアのウラン協定に関わる寄付者たちの寄付が情報公開されたことがない一方で、今回の場合は、寄付こそ明らかにされたが、その資金の真の出所に関しては、正確であるようには見えない。

分かっていることは、この協定をまとめる助けをしたり、クリントン夫妻の支援を取り付けたりした人々の多くに、インド政府が返礼したことだ。原子力協定を確実なものにすることは、これが核保有国になるための重要なステップだと考えていたインドの人々にとって、重要な勝利だった。法案が一〇月二日に上院を通過した時に、この「素晴らしい」ニュースをインド首相に最初に電話で伝えたのは、チャットワルだった。

法案の通過を確実にした勤勉な取り組みに対し、サント・チャットワルは二〇一〇年の初めに、インド政府から民間人のもっとも権威ある名誉のひとつであるパドマ・ブシャン賞を与えられた。インド首相のメディア顧問は、「彼は原子力協定へのヒラリー・クリントンの支持を獲得する上で、重要な役割を果たした。彼はクリントン夫妻に近かった。これが彼がパドマ・ブシャン賞を受けた理由だ」と述べた。(62)

チャットワルは、この協定を手に入れるため、一生懸命に取り組んだと説明した。一連のインドのメディア取材の中で、チャットワルはヒラリーがこの問題について立場を変えたことを指摘し、彼が果たした役割を自慢した。チャットワルは、二〇〇六年の当初、「私の親しい友人であるヒラリー・クリントンでさえ、当時はこの協定に賛成していなかった」と述べた。(63)しかし、彼はそれから彼女と協力しはじめ、「でも私が全体を一つのパッケージにまとめたとき、彼女は話に乗ってきた」のだという。彼は話を続け、「政治の世界では、ただで手に入るものはない。アメリカの政治システムでは、小切手を切らないといけない。私はそうしたシステムについて知っている。私はとても頑張らないといけなかった。そのために、私ができる限りのことを行った」と述べた。(64)別のインタビューで彼は、露骨にもこう説明している。「四年間そして数百万ドルかかった。これは、自分のポケットから支払ったものだ。母国を愛しているから、私はそれを非常に誇りに思っている」。(65)

こうした率直なコメントについて、彼に尋ねた人は誰もいなかったようだ。

二〇一一年九月、アマール・シンは、インドの原子力協定に関する二〇〇八年の重大な投票の際に、三人の議会議員に賄賂を贈ったことにより、汚職防止法違反で逮捕された。その年の七月、左翼政党が強く反対していた原子力協定をめぐって、連立与党から離脱した。連立与党には、シンの政党も含まれていたが、統治するための十分な票があることを証明する必要があった。インド当局によれば、七月二二日の信任投票の数時間前に、高額の現金がシンによってばらまかれたという。シンは後に逮捕され、世界で最大の刑務所であるティハール刑務所に拘置された。裁判はこれまで行われていない

が、彼は自分の政党から追放され、少なくとも今のところ政治から退いたという。(66)

二〇一三年四月、ターバン・カウボーイのビクラム・チャットワルは、ヘロインとコカインについての容疑で逮捕された。フロリダのフォート・ローダーデール空港の警備員が、〇・五グラムのコカインと、六グラムのヘロインを彼の下着の中から見つけたと報道されている。(67)

二〇一四年四月一七日には、サント・チャットワルがブルックリンの連邦地区裁判所の法廷に立ち、ヒラリー・クリントンを含む「三人の連邦議員の候補者に、二〇〇七年から二〇一一年の間、違法な寄付金一八万ドル以上を流した」という罪状を認めた。(68) 彼はまた、証言の改ざんでも有罪を認めた。検察はチャットワルについて、次のように申し立てた。

「チャットワルは選挙法に違反するかたちで、自身のホテルで働く従業員やビジネス仲間、契約業者を使い、チャットワルの代わりに連邦議員の候補者や資金団体への政治献金を求めたり、実際にこれらの献金を集めたり、こうした献金に対する還付を支払った」(69)

これらの捜査の過程で、FBIのエージェントは、チャットワルが政治家たちへのお金の流れについて議論しているのを録音していた。彼は、「現金なしでは、誰も話さえしてくれない。これが、彼らを買収する唯一の方法だ」と話していた。(70)

チャットワルはまた、証人に対して「本人やその家族がFBIやIRSのエージェントに話をするべきではない」、あるいはもしそうするなら嘘をつくようにと言ったことで、大陪審の調査を妨害したことの罪も認めた。彼は証人らに、還付が事実だと「絶対に、絶対に」認めないように言っていた。

後に、彼はその人物に、「現金には証拠がない」と言ったという。(71)

原子力協定を手に入れようとする取り組みの中で、現金を動かした人々は全員、次々と理由がついて法的な危機に直面していった。しかし、これらの送金を受けた人々は、次に移った。クリントン夫妻は、財団がアマール・シンのものとしている数百万ドルを、誰が寄付したのか説明したことがない。そして、原子力協定についてヒラリーの立場を変えさせる上で、サント・チャットワルと彼の資金の流れが果たしたかもしれない役割についても、議論したことがない。実のところ、チャットワルはクリントン財団の評議員会の長年のメンバーだったが、彼が罪状を認めて以来、財団はウェブサイトから彼についての一切の言及を削除してしまった。(72)

(iv) サーソン・カ・サーグは、パンジャブ地方のポピュラーな野菜料理。サーソンと呼ばれるマスタードの葉とスパイスで作る。

(1) Baruah, Amit, "India a Partner in Obama's N-efforts?" *Hindustan Times* (New Delhi),April 6, 2009, http://www.hindustantimes.com/india-news/india-a-partner-in-obamas-n-efforts/article1-397.262.aspx.

(2) Nayar, K. P., "Time to Tell a Prophetic Secret." *The Telegraph* (Calcutta), December 24, 2004, http://www.telegraphindia.com/1041224/asp/nation/story 4169260.asp.

(3) Sen, Chanakya, "A Review of *Engaging India: Diplomacy, Democracy and the Bomb* by Strobe Talbott," *Kashmir Herald*, December 2004/January 2005, http://www.india today.com/itoday/17051999/books.html.

(4) Krepon, Michael, "Looking Back: The 1998 Indian and Pakistani Nuclear Tests," *Arms Control Today*, Arms Control Association, May 2008, http://www.armscontrol.org/act/2008_05/lookingback. Diamond, John, T*he CIA and the Culture of Failure: U.S. Intelligence from the End of the Cold War to the Invasion of Iraq* (Stanford, CA: Stanford Security Series, 2008), 268. Richey, Bill, "Early Report 5/15: Indian Nuclear Test: All Eyes on Pakistan's Response," *Foreign Media Reaction Daily Digest* (US Information Agency), May 15, 1998, http://fas.org/news/pakistan/1998/05/980515-usia-fimrr.htm.

(5) Sen, Canakya, "Two Villages and an Elephant," *Asia Times* (Hong Kong), December 16, 2004, http://www.brookings.edu/research/articles/2000/06/summer-india-cohen.

(6) Clinton, Hillary, "Remark of First Lady Hillary Rodham Clinton at a Special Event at the UN Social Summit," UN Social Summit, Denmark, Copenhagen, March 6-12, 1995, http://www.un.org/documents/ga/conf166/gov/950307142511.htm.

(7) Clinton, Hillary, "Security and Opportunity for the Twenty-first Century." F*oreign Affairs*, November/December 2007, http://www.foreignaffairs.com/articles/63005/hillary-rodham-clinton/security-and-opportunity-for-the-twenty-first-century.

(8) Federation of American Scientists, "Nomination of Hillary R. Clinton to Be Secretary of State." January 13, 2009, http:/sas.org/irp/congress/2009_hr/hillary.html.

(9) "Clinton's India Connection," *Times of India* (Mumbai), August 24, 2003, http://times ofindia.indiatimes.com/home/stoi/Clintons-India-connection/articleshow/144077.cms.

(10) "Sant Singh Chatwal: Rise and Rise of an American Punjabi Hotelier," *Sify Finance*, n.d., http://www.sify.com/finance/sant-singh-chatwal-rise-and-rise-of-an-americanpunjabi-hotelier-imagegallery-4-others-mbsquaghdfsi.html.

(11) Port, Bob, and Edward Lewine, "Donor Gives Hillary a Soft $210G," *New York Daily News*, November 3, 2000, http://www.nydailynews.com/archives/news/donor-hillary-soft-210g-article-1884254.

(12) Haniffa, Aziz, "Amar Singh Gave Millions to Clinton Foundation," *Rediff India Abroad*, December 19, 2008, http://www.rediff.com/news/2008/dec/19amar-singhgave-millions-to-clinton-foundation.htm.

(13) Venugopal, Arun, "South Asians Lean to Clinton ... or Obama," WNYC News, February 4, 2008, http://www.wnyc.org/story/78329-south-asians-lean-to-clinton-or-obama/.

(14) Gurley, George, "Vikram Chatwal, Turban Cowboy," *New York Observer*, November 18, 2002, http://observer.com/2002/11/vikram-chatwal-turban-cowboy/#ixzz38gg8TRbl.

(15) Nelson, Dean, "Hillary Clinton's Playboy Fundraiser Arrested over Heroin and Cocaine," *The Telegraph* (UK), April 5, 2013, http://www.telegraph.co.uk/news/worldnews/us-politics/9975344/Hillary-Clintons-playboy-fundraiser-arrested-over-heroin-and-cocaine.html.

(16) Sherman, William, "Tax Deadbeat Is Livin' Large: Clinton's Buddy Owes City $2.4M," *New York Daily News*, November 24, 2002, http://www.nydailynews.com/archives/news/tax-deadbeat-livin-large-clinton-buddy-owes-city-2-4m-article-1.496489?pgno–2.

(17) 同右。

(18) Solomon, John, and Matthew Mosk, "When Controversy Follows Cash," *Washington Post,* September 3, 2007, http://www.washingtonpost.com/wp-dyn/content/article/2007/09/02/AR2007090201436_2.html.

(19) Port and Lewine, "Donor Gives Hillary a Soft $210G."

(20) "Sant Singh Chatwal: Rise and Rise of an American Punjabi Hotelier."

(21) US Department of State, Embassy in New Dehli, "Political Bargaining Continues Prior to Key Vote in Parliament," WikiLeaks, July 17, 2008, https://search.wikileaks.org/plusd/cables/08NEWDELHI1972_a.html. "Sant chatwal Says WikiLeaks Allegations Baseless," Deccan Herald (India), March 18, 2011, http://www.deccan herald.com/content/146770/F.

(22) Chakraborty, Tapas, "Clinton First, Sick Kids Later—Mulayam Woos Dollars as Rahul Visits Death Zone," *The Telegraph—Calcutta*, September 8, 2005, http://www. telegraphindia.com/1050908/asp/nation/story_5212257.asp.

(23) Haniffa, "Amar Singh Contributed Millions to Clinton Foundation."

(24) "Can Obama Make India an Ally?" *Hindustan Times* (New Delhi), October 30, 2010.

(25) "Indian Cash for Votes MP Amar Singh Freed on Bail." BBC News, September 15, 2011, http://www.bbc.co.uk/news/world-south-asia-14925984.

(26) Chakraborty, "Clinton First, Sick Kids Later."

(27) Aron, Sunita, "Clinton, Romance and All That . . . ." *Hindustan Times* (New Delhi), September 7, 2005.

(28) 同右。

(29) "Rural Health Mission Launch Today." *Hindustan Times* (New Delhi), September 6, 2005. "Clinton Visit: Celebs Show

Has Just Begun, Says Amar," *Hindustan Times* (New Delhi), September 10, 2005.

(31) Dutt, Ela, "The World Cannot Do without Muslims, and Muslims Cannot Do without America. Singh," *News India-Times* (New York), October 21, 2005.

(32) 同右。

(33) 同右。

(34) "Amar Singh Makes Huge Donation to Clinton Foundation," *Times of India* (Mumbai), December 18, 2008, http://timesofindia.indiatimes.com/india/Amar-Singh-makeshuge-donation-to-Clinton-Foundation/articleshow/3864349.cms.

(35) Bagchi, Indrani, " [illegible] But May Slow Down N-deal, Doha Round," *Times of India* (Mumbai), November 9, 2006, http://timesofindia.indiatimes.com/india/-But-mayslow-down-N-deal-Doha-round/articleshow/374508.cms.

(36) Haniffa, Aziz, "Indian-American Community Upset with Hillary." *Rediff*, June 30, 2006, http://www.rediff.com/news/2006/jun/30aziz.htm.

(37) Mcintire, Mike, "Indian-Americans Test Their Clout on Atom Pact," *New York Times*, June 4, 2006, http://www.nytimes.com/2006/06/05/washington/05indians.html?page_wanted=all&_r=0

(38) Gerstein, Josh, "Clinton Taps Newly Active Indian Donors," *New York Sun*, June 12, 2007, http://www.nysun.com/national/clinton-taps-newly-active-indian-donors/56332/.

(39) Srivastava, Siddharth, "India. Wheeling and (Nuclear) Dealing." *Asia Times Online*, July 6, 2006, http://www.atimes.com/atimes/South Asia/HC06Dsol.html.

(40) "India Inc. Gives Millions to Clinton Foundation," *Business Standard News* (India) December 20, 2008, http://www.business-standard.com/article/economy-policy/india-inc-gives-millions-to-clinton-foundation-108122001012_1.html.

(41) Prashad, Vijay, "What Did Hillary Clinton Do?" *Counterpunch* (blog), March 10, 2009, http://www.counterpunch.org/2009/03/10/what-did-hillary-clinton-do/.

(42) Talbott, Strobe, *Engaging India. Diplomacy, Democracy, and the Bomb* (Washington,DC: Brookings Institution Press, 2006), 231.

(43) "Foreign Policy Brain Trusts: Clinton Advisers," Council on Foreign Relations Back grounder, June 20, 2008, http://www.cfr.org/elections/foreign-policy-brain-trusts-clinton-advisers/pl6204.

(44) Weiss, Leonard, "India and the NPT." *Strategic Analysis* 34, no.2 (March 2010): 255–71, doi:10.1080/0970.0160903537856.

(45) Markey, Edward J., and Ellen O. Tauscher, "Don't Loosen Nuclear Rules for India," *New York Times*, August 19, 2008, http://www.nytimes.com/2008/08/20/opinion/20markey.html.

(46) Parmes, Aime, "Clinton Allies Distance"Decisive Hillary from Passive Obama." *The Hill*, September 10,2014, http%3A%2F%2Fthehill.com%2Fhomenews%2Fnews%2F217216-clinton-allies-distance-decisive-hillary-from-passive-obama.

(47) Meyer, Bill, "Bill Clinton Made Millions from Foreign Sources," Cleveland.com, January 27, 2009, http://www.cleveland.com/nation/index.ssf/2009/01/bill clinton_made_millions_fro.html.

(48) "Not a Pygmy, but a Giant," *Indiatoday*, March 17, 2003, http://indiatoday.intoday.in/story/india-today-conclave-bill-

clinton-lays-down-his-vision-for-india-with-analysisof-key-concerns/1/206930.html.

(49) Zajac, Andrew, "Clinton Donors Wooed, Baggage and All," *The Swamp (Chicago Tribune)*, June 30, 2008, http://weblogs.baltimoresun.com/news/politics/blog/2008/06/obama_woos_clinton_donors_bagg.html.

(50) Zajac, Andrew, "Talks Not Cheap for Clinton," *Chicago Tribune*, April 8, 2008, http://articles.chicagotribune.com/2008-04-08/news/0804070831_1_sen-hillary-clinton-fee-disaster-relief.

(51) Haniffa, Aziz, "From the Bottom of My Heart, I Salute You, India Abroad, October 10, 2008.

(52) Malhotra, Jyoti, "Whoops of Delight Great Nuclear Deal, " *BBC News*, November 17, 2006, http://news.bbc.co.uk/2/hi/south_asia/6158076.stm.

(53) "Democrats Will Not Hinder N-deal Passage; Hillary Clinton," Indo-Asian News Service, September 14, 2008, http://www.hindustantimes.com/world-news/democratswill-not-hinder-n-deal-passage/article1-337687.aspx. 記事が指摘するように、「民主党は下院と上院の両方で過半数を占めていたので、同党の支持は重要だった」。

(54) Prashad, Vijay, "What Did Hillary Clinton Do?" *CounterPunch: Tells the Facts, Names* the Names (blog), March 10, 2009, http://www.counterpunch. org/2009/03/10/what-did-hillary-clinton-do/. Haniffa, Aziz, "I Have Staked a Lot on the Nuclear Deal," *Rediff*, September 23, 2008, http://www.rediff.com/ news/2008/sep/23inter.htm.

(55) Haniffa, Aziz, "US Senate to Vote on N-deal on Wednesday," *Rediff*, October 1, 2008, http://www.rediff.com/news/2008/oct/01indeal2.htm.

(56) Haniffa, Aziz, "It、s the Greatest Moment in India-US History," *Rediff*, October 2, 2008, http://www.rediff.com/

news/2008/oct/02ndeal:3.htm.

(57) "Amar Singh Makes Huge Donation to Clinton Foundation."

(58) "Clinton Donation Complaint." *The Telegraph* (Calcutta), December 24, 2008, http:// www.telegraphindia.com/1081224/jsp/nation/story_10294845.jsp.

(59) 同右。

(60) "Bill a Friend but No Dollars to Donate," *The Telegraph* (Calcutta), December 19, 2008, http://www.telegraphindia.com/108.1220/jsp/nation/story_102.77419.jsp.

(61) "Indians Gave Millions to Clinton Foundation," *Hindustan Times* (New Delhi), December 20, 2008.

(62) "Sant Singh Chatwal: Rise and Rise of an American Punjabi Hotelier."

(63) Jacob, Sarah, "I Am Proud of What I Have Done: Chatwal to NDTV." NDTV, February 13, 2010, http://www.ndtv.com/article/india/i-am-proud-of-what-i-have-donechatwal-to-ndtv-16248.

(64) "I Have No Interest in Indian Politics: Chatwal," *Siasat Daily* (Hyderabad, India), March 30, 2011, http://www.siasat.com/english/news/i-have-no-interest-indianpolitics-chatwal?page=0%2C1.

(65) Jacob, "I Am Proud of What I Have Dome."

(66) "Amar, Jaya Expelled from SP," *Times of India* (Mumbai), February 2, 2010, http://timesofindia indiatimes.com/india/Amar-Jaya-expelled-from-SP/articleshow/5527183.cms.

(67) Nelson, "Hillary Clinton's Playboy Fundraiser Arrested over Heroin and Cocaine."

(68) Clifford, Stephanie, and Russ Buettner, "Clinton Backer Pleads Guilty in a Straw Donor Scheme," *New York Times*, April 17, 2014, http://www.nytimes.com/2014/04/18/nyregion/clinton-backer-pleads-guilty-in-a-straw-donor-scheme.html?_r=0.

(69) US Department of Justice, "Hotel Magnate Pleads Guilty to Federal Election Campaign Spending Limits Evasion Scheme and Witness Tampering," press release, April 17, 2014, http://www.justice.gov/opa/pr/2014/April/14-crm-400.html.

(70) US Attorney's Office, Eastern District of New York, "Hotel Magnate Sant Singh Chatwal Pleads Guilty to Scheme to Evade Federal Election Campaign Contribution Limits, and to Witness Tampering," news release, April 17, 2014, http://www.justice.gov/usao/nye/pr/April 14/2014Apr17.php.

(71) Colvin, Jill, "Hotel Magnate Pleads Guilty to Campaign Finance Fraud," *New York Observer*, April 17, 2014, http://observer.com/2014/04/hotel-magnate-pleads-guilty-to-campaign-finance-fraud/.

(72) "Building the Chatwal Brand," *Leaders Magazine* 33, No. 3(2010), http://www.leadersmag.com/issues/2010.3_Jul/PDFs/Chatwal.pdf.

第五章　クリントン・モザイク（I）

慈善、権力、利益をグローバルに結びつけるビルとヒラリー

二〇一一年一〇月の、ある美しい夕べ、クリントン財団は、ロサンゼルスのハリウッド・ボールで、「変化の一〇年」という手の込んだ祝祭を催していた。その夜のエンターテイメントは、「社会的に責任のある仕事をしている、音楽、映画、テレビのアーティストたちが、クリントン元大統領の仕事とそのインパクトを祝う」ために集まることを呼び物としていた。「巨大な国際イベントの、世界でも有数のプロデューサー」と謙虚に自身を宣伝しているコントロール・ルームという会社が、イベントをまとめていた。(1)

レディー・ガガが、歌を歌った。彼女はビルを見ながら、「あなたとあなたのホットな奥さんを、ただ愛している」と言った。彼女はクリントン夫妻を称えた上で、「私たちは今夜、ビルとのロマンスに夢中になると思ったの」と、聴衆に約束をした。彼女はそれから続いて、彼女のヒット曲「バッド・ロマンス」を力強く歌ったが、そのパフォーマンスはクリントン夫妻に向けたものになった。(2)

クリントン財団は、これまで通りのチャリティーではない。従来のチャリティーには、世界を一周する元大統領や、元国務長官、ショーを運営するその娘といった存在はいない。しかし、そのような

スターの力から生まれるすべての恩恵がある分、実際の問題は、クリントンの政治組織と金儲けのベンチャーがどこで終わり、どこから慈善事業が始まっているのかを、詳しく説明することだ。

クリントン財団がうたっているのは、「国際的な相互依存という挑戦に応えるため、世界中の人々の力を高めること」という目的だ。財団は二〇〇一年に設立され、三五〇人のスタッフを抱えている。財団からは、クリントン・ヘルス・アクセス・イニシアチブ、クリントン・クライメート・イニシアチブ、クリントン・ギウストラ持続可能な成長イニシアティブ（ＣＧＳＧＩ）、そしてクリントン・ハンター・イニシアチブといった、多彩な側面をもつプロジェクトの数々が生まれている。

しかし、ＡＩＤＳの苦しみを軽減したり、肥満を防止したり、発展途上国での経済成長を促進したりといった、ショーウィンドウに飾るようなクリントン財団の大義に称賛すべきものであるとはいえ、そして、財団が実際にいくつかの素晴らしい仕事をしてきたとはいえ、これらの仕事が生む道徳的な権威が自身の利益と出世を蓄えるための目隠しと口実を与えているように見える。

中には、クリントン財団は公的な慈善事業なのだから、資金の流れについては、たとえそれが便宜を求める疑わしい外国の資金源からだとしても、それほど大きな問題ではないという人もいるかもしれない。その資金は結局、人々を助けるために使われるし、クリントン夫妻は調達したお金から直接的に利益を受けているわけではないと。しかし、少なくとも連邦法によれば、これは大きな問題である。もし寄付者たちが、クリントン夫妻に影響を与えるためにお金を提供しているなら、それはやはり、賄賂として考えられるべきだろう。政治と結びついた海外の慈善団体に、誰かに取り入ろうと期待して献金を振り向けたアメリカ企業は、海外腐敗行為防止法（FCPA）に違反しているのだ。例えば二〇〇二年には、製薬会社のシェリング・プラウ社が、ポーランドの合法的な慈善団体「チュドゥ・キャッスル財団」に七万六〇〇〇ドルを寄付したことで問われていたFCPA違反の告発について、証券取引所委員会（SEC）と和解した。同財団はとても尊敬されているチャリティーだが、それは論点を外している。SECは、財団の理事会に名を連ねているポーランド政府の厚生担当の高官に、影響を与えるために献金がなされたと言った。この企業は連邦捜査局と、五〇万ドルでこの申し立てを決着させている。(3)

国務長官として、ヒラリー・クリントンはFCPAを積極的に施行することを支持していた。いくつかのビジネス組織が、この法律を骨抜きにしようとしたときも、彼女は「法律の弱体化に明確に反対する」と宣言していた。ヒラリーは、「海外の高官を買収するアメリカ企業については強い姿勢で臨んだ」という。(4)

そのため、クリントン財団がチャリティであるという事実は、財団の金庫への外国からのお金の流れについて調査したり探ったりすることの妨げにはならない。チャリティーは完璧な影響力の道具になるのだから、実際に、特別な注意を向けられるに値する。アメリカの政治活動に合法的に献金できない外国政府や、企業、財産家らは、スピーチのために高い講演料を払うことのほかに、クリントン財団のために高額の小切手を書くことができる。

クリントン夫妻は、慈善事業の仕事と、自己プロモーション、広報活動の取り組み、金儲けのためのベンチャーの間の区別を、頻繁に無視している。フォーチュン誌は軽蔑するような文の中で、次のように書いている。

「クリントン財団は、非営利と政治と、ビジネスとの間の一線が曖昧になりがちな、慈善事業の新たなかたちだ」(5)

ビル・クリントン自身も、かなり言ってくれている。財団の役割を説明する中で、彼は財団を、ビジネス、政府、非政府組織（ＮＧＯ）のユニークな仲介者だと位置付けている。そのゴールは、彼が「公共の利益の市場」と呼んでいるものの創造である。彼はこれを、未来のトレンドと見ている。彼は、ある記者に次のように述べた。

「これこそが、近い将来において、すべての慈善事業にとっての極めて重要な要素になると私が信じているものだ」「これから数年の間に、組織と、公共の利益の市場の拡大が、慈善事業における最も重要な分野のひとつとなり、慈善事業が時には厳格な意味での私企業と溶け込んでいく分野になると、私は信じている」(6)

要するに、クリントン夫妻がやろうとしてきたことは、クリントン財団を堂々と真ん中にして、政府、ビジネス、ＮＧＯの交差点をつくることだ。クリントン財団はこれを、ビルの「求心力」と呼ぶ。財界や政界、非営利団体の世界から、エリートたちを集めてくる能力のことだ。(7)

このアプローチについて、何も本質的には間違いはない。もしそれが誠実なかたちで追求されれば、多くの良いことを行う能力になる。共通の大義やプロジェクトに対して、様々な公的のあるいは民間の関係者を集めてくるクリントン夫妻の才能は、グローバルな舞台で様々なことを成し遂げていく上での力を生み出す。しかし、その曖昧さはまた、説明責任がほとんど果たされないまま、大金が動く機会を作り出している。求心力となることは、もうひとつ別の利点がある。それは、その組織が実際に手を汚す必要がなくなるということだ。ビル、ヒラリー、チェルシーが、アフリカで病気の子供たちを抱きかかえているたくさんの写真がある一方で、彼らの名前を冠するこの財団は、現場での人道的な仕事をほとんど行っていない。ハーバード大学のロサベス・モス・カンター教授は、「クリントン大統領の財団ができた当初、自らのプロジェクトを運営していくというのが、最初の考え方でした」と述べる。しかし、やがて彼らは求心力を発揮していくモデルを思いついたのだ。カンター氏はこう話す。「天才的なのは、クリントン大統領が綱領や啓発的な講演者を提供するものの、変化をもたらすための実際の仕事を行うのは他の人々だということです」。(8)

このことは、誰が実際に何を行っているのかについての混乱を引きおこす。救援活動と人道主義活動のベテランであるマイルズ・ウォートマンはこう説明している。

「クリントン財団は、慈善事業の供給において、他の財団とパートナーを組む。例えば、ゲイツ財団がクリントン財団に財源を提供する時、クリントン財団はその代わりに、抗レトロウイルス薬の供給でゲイツ財団とパートナーを組んでいる。これは事業の、重複会計にならないだろうか」

このやり方は、政治家が特に好むような方法で、クリントン財団を位置づけることになっている。直接的な責任がほとんどなく、いい結果については手柄を得て、悪いものについては責を逃れることができるということだ。

クリントン財団のもう一つの重要な機能は、長年のクリントンの仲間たちを雇用することだと思われる。他の政治的な組織と同様に、クリントン夫妻が権力にあった時に仕えていた人々や、将来また仕えてくれるだろう人々に、仕事を提供しなければならない。このことは、財団の上層部がなぜ、慈善事業でのかなりの経験を持つ人々ではなく、かつての政界での側近や仲間で占められているのかを説明する助けになるかもしれない。

ビルがホワイトハウスにいたときにクリントン夫妻に仕えたイラ・マガジナーは、財団で中心的な役割を果たしてきた――なんといっても彼は、複雑なことで有名だったヒラリーの健康保険改革の提言を起草した人物だ。(9) 二〇〇九年に、彼はこう言っている。

「財団の最大の部門は、進行中の四つのイニシアチブで、これがクリントン財団の予算の九〇％を占めている。そしてこのすべては、私が始め、運営しているものだ」(10)

これらは、世界中のＨＩＶ／エイズに関する問題を扱う「クリントン・ヘルス・アクセス・イニシアチブ」、栄養と健康に焦点を当てた国内のプログラムである「より健康な世代のための同盟」、アフリカでの農業に取り組む「クリントン・ハンター・イニシアチブ」、気候変動に関する問題に注力する「クリントン・クライメート・イニシアチブ」である。二〇一一年の組織改革でマガジナーの運営上の実権はなくなったものの、彼はいまだに鍵となる役割を果たしている。

これらのクリントン財団のイニシアチブは、財団の装置の一部である。例えばＣＧＳＧＩは、表向きはカナダに拠点を置いていることになっているが、事務局長はニューヨーク市に拠点を置いている。CGSGIの財務記録の調査は、集めたお金の大部分が、クリントン財団そのものに移されていることを示している。主に通過地点として機能しているのだ。財団の上級ポストは、クリントン陣営のインサイダーで占められている。例えば、ビルの長年の友人で政治顧問のブルース・リンゼイ、ホワイトハウスでビルの首席補佐官だったジョン・ポデスタ、ヒラリーの二〇〇八年の選挙戦で上級コミュニケーション顧問だったバレリー・アレクサンダー、当時のクリントン上院議員の政策での側近だったアミタバ・デサイ、ビルの政権で一九九五年から二〇〇一年まで副補佐官を務めたローラ・グラハムらだ。(11)

クリントン財団の最高開発責任者はデニス・チェンで、彼は以前、二〇〇七年から二〇〇八年にヒラリーが民主党の大統領候補補争いに出馬していた時に、全米とニューヨークの財務局長を務めた。ヒラリーが国務長官になった際には、国務省で彼女に加わり、儀典調整官として務めた。この役職は、外国の元首がワシントンを公式訪問する際に、クリントンの財政面の支援者たちが、きちんとした序列に沿って代表されるようにする力を彼に与えた。(12)

クリントン財団はまた、財団の活動に表向き関与した(そして寄付した)実業家や投資家に対して、「顧問」といった名誉職の肩書きを与えた。これまで見てきたように、発展途上国で活動している投資家らは、「クリントン財団顧問」の肩書きを一様に履歴書に使用している。彼らは、クリントン財団が活動を行っており、投資家が投資しているか投資機会を求めているような発展途上国を訪問する際に、ビルと一緒に出張した。

クリントン財団の理事会（あるいは評議員会とも呼ばれている）は、主にクリントン一家や、その最も近い政治での側近や顧問らで占められている。理事会のこうした緊密性については、商事改善協会（ＢＢＢ）のような組織が、警鐘を鳴らしている。(v) ＢＢＢは二〇一三年にクリントン財団のチャリティー活動に関する審査を行い、財団が説明責任や透明性において、最低限の基準さえ満たしていないことが分かった。ＢＢＢはこの組織のマネジメントや財務管理について叩き、三一九人のスタッフがいるにもかかわらず、当時の理事会には三人しかおらず、実際にはＣＥＯの仕事ぶりを検査することもしていなかったと指摘した。ＢＢＢはまた、理事会のメンバーが、外部の資金集め会社やコンサルタントとの財務契約に関する情報も受け取っていなかったと述べた。(13)

同様に、慈善団体の評価と格付けを行っているチャリティー・ナビゲーターは、クリントン財団の格付けも評価も行おうとしていない。その説明とは何か。財団の「異例のビジネスモデル」が、不可能ではないにせよ、評価を難しくしているというのだ。(14)

クリントン財団はたびたび、会社幹部や事業投資家らを、特に主要な寄付者である場合に、評議員会に加えた。選考プロセスがどれだけ厳重なものなのかについては、少なくとも四人のクリントン財団の評議員が、収賄や詐欺といった金融犯罪で起訴されたり有罪判決を受けたりしているというところから、推測するしかない。

データベース企業のインフォＵＳＡの創始者兼会長であるヴィノド・グプタは、財団の評議員を務めた主要な寄付者だった。彼は二〇〇八年に、自分の贅沢な暮らしぶりを支えるために会社の金を使ったとして、証券取引委員会（SEC）から詐欺で告発された。彼は、パーソナルジェットでの旅行や、数百万ドルのヨット、個人のクレジットカードによる出費、二〇台の車の費用を払うために、九五〇万ドル以上の企業の資金を費やしていたとされている。彼は四百万ドルで、SECと和解した。(15)

企業の株主らはまた、ビルにコンサルタント料として三〇〇万ドルを支払ったり、会社の資産を使ってクリントン一家が飛行機で飛びまわれるようにしたことなどで、会社の資金を濫用したとして、彼に訴訟を起こした。グプタは、これらの支払いやクリントン一家との関係は、インフォ・グループに巨大な利益をもたらしたと述べて、クリントン一家との彼の関係を擁護した。会社は一三〇〇万ドルもの額を支払って、株主らと和解した。(16)

以前の章でもわれわれが見かけたサント・チャットワルは、違法な選挙資金や、司法手続きの妨害やその他の罪状で有罪判決を受けるなどの法的な問題を、長年にわたって抱えてきたもう一人の財団評議員である。(17)

もう一人の評議員であるビクター・ダーダレイは、二〇億ポンドを超える額の契約を勝ち取るために、バーレーンの高官に三五〇〇万ポンドを超える賄賂を渡したとして、イギリスの重大不正捜査局（SFO）から告発された。彼はアルミニウムを扱う米企業のアルコア社で、「スーパー・エージェント」として働いていた(18)（この億万長者は、検察側の証人たちと連絡をとったため、保釈が失効した）。(19)ダーダレイは、主要証人のブルース・ホールが汚職で共謀したという罪状を認めながら証言を拒否したことで、ＳＦＯが証拠を提示できなかったため、無罪となった。[20]アルコア社は、この件での処理をめぐってアメリカで起こった訴訟で責任を認め、司法省と三億八四〇〇万ドルで和解した。ダーダレイは個人として、アメリカで告発されることはなかった。[21]

クリントン財団の現在の理事会メンバーで評議員のロランド・ゴンザレス・バンスターは、彼の会社であるインター・エネジーが関わったドミニカ共和国での詐欺事件で告発された。告発は、ドミニカ共和国政府の汚職防止連合（ＡＤＯＣＣＯ）が行ったものだ。[22]バンスターは二〇一三年に、政府に対する料金請求の「水増し」に関わったとされる政府機関の高官らとともに、告発された。会社は、この告発を「根拠のない主張だ」として、取り合わなかった。[23]

クリントン財団への資金の流れは、様々な出所からきている。財団は、何十万もの寄付者がいると誇っているが、運営は資金を提供してくれる高額寄付者の人々に大きく依存している。財団は正確な額ではなく金額の範囲で寄付について報告しているため、財団がそれらの高額寄付者にどれくらい依存しているのかを、正確には知ることは難しい。しかし、財団のお金のおよそ七五％が、一〇〇万ドル以上の寄付によるものだ。そして、これから目にするように、これら寄付の多くは、アメリカ政府とのビジネスを前にしたまさにその時に、大きな寄付や大きな寄付の約束を決めた外国人によるものだ。

これまで見てきたように、クリントン財団は、イアン・テルファーのファーンウッド財団のような外国の団体からの、数百万ドルの寄付を報告することを怠っていた。もう一人のカナダの鉱業投資家で、寄付がクリントン財団から一度も情報公開されたことがないのが、ステファン・ダットルズだ。鉱産から金属までを手掛けるこの大物は、財団に数百万の株式を寄贈していた。

二〇〇九年六月八日、ダットルズは、時価にして四万ドルにもなる、彼の会社のポロ・リソーシーズ社の株式二〇〇万株を寄付した。ウィキリークスによれば、この八週間後の七月二九日に、アメリカの駐バングラデシュ大使が首相やエネルギー大臣に対して、プルバリ鉱山での「露天掘り」の再認可をせかしたという。ダットルズのポロ・リソーシーズ社はこの鉱山の投資家だった。(24)

小さな鉱産会社の株式を寄付することで、ダットルズはクリントン夫妻に対して、彼の会社が成功するよう助ける上での強力なインセンティブを創り出している。もし株価が上がれば、財団が持っている株式の価値も上がる。ダットルズの場合、このことが、ヒラリー・クリントンについて顕著な利益相反を生み出す可能性を持つものだ。

ダットルズからクリントン財団への寄付は、これが初めてではなかった。遡ること二〇〇七年に、彼はCGSGIに対して五年にわたる大規模な財政支援を約束していた。彼は二〇一二年にも同様の約束をしている。ダットルズ・ファミリー財団は私的なウェブサイトで、支援の受け手としてクリントン財団に言及している。しかし、ダットルズの名前は、クリントンの寄付についての公開情報のどこにも見当たらないし、彼の会社であるポロ・リソーシーズ社の名前も同様だ。クリントン財団はここでも、海外からの寄付について申告していなかった。公開されていない海外の寄付者たちが、あとどのくらいいるのだろうか。それを知ることは不可能だ。しかし、このことは、さらなる調査を要求する基本的でシンプルな要件だろう。そして、私たちはこの本で後に、情報公開されていないさらなる寄付者を目にすることになる。

透明性が保たれているべきクリントン財団への資金の流れは、それとはほど遠い。以前の章で見てきたが、たとえ寄付について公開されている時でも、素性の知れないインドの政治家の場合には、彼は本当はこれらの資金の出所ではなかったらしかった。このことは、ほかの場合にも起きているのだろうか。

おそらく財団のもっとも重要な機能は、世界中の人々を救ったり助けたりすることで、地球的な人道主義者としてのビルとヒラリーの評価を高めることなのだろう。こうした評判は、元大統領のエゴを良いものに見せたり、ヒラリーの政治的キャリアに資したりするだけでなく、世界的な影響力と金融面での対価という両方の意味で本当に価値があるものだ。しかし実際に、クリントン財団は、良い行いをどれくらい行ってきたのだろうか。

ハリウッド・ボールのイベントで、広報資料にはクリントン財団の業績についての全面的な主張が載っていた。

「過去一〇年間にわたり、クリントン大統領のビジョンと指導力によって、四〇〇万人近い人々がＨＩＶ／エイズから命を救う治療法の恩恵を受ける結果となった」(25)

これはおそらく、もっとも支持されており、頻繁に紹介されている財団の成功事例であり、このことはＨＩＶ／エイズ患者の治療薬のコストを劇的に減少させる国際的なシステムについて交渉し、創設を手助けしたビルの取り組みから来ているという。

「私たちは、高い利益率で、量が少なく、支払いプロセスが不確かな状況からシフトするため、医薬品市場を整理することに着手した。……私たちは、一人あたり、年間一四〇ドル以下まで価格を下げることができた」(26)

この主張は、彼が全米での講演の場で紹介されたり、メディアでインタビューを受けるときに、繰り返されているものだ。しかし、「私たちは価格を下げることができた」とは、正確には何を意味するのだろうか。

クリントン財団は確かにいくつかの契約にサインしたが、しかし、ジェネリック版の治療薬が市場に登場してきていることで、価格はすでに急速に下がってきていた。(27) 公衆衛生の専門家によると、財団は他の団体の努力に便乗したという。ヒラリーの国務省に務め、HIV/エイズに関連する問題を扱ったプリンストン・ライマンは、「彼は本来より少し多めの手柄を受け取っているのかもしれない」と認めた。

グローバル開発センターは、HIV/エイズの薬の価格がどのように低下したのかを、次のように説明している。(28)

「つまるところ、国連エイズ合同計画(UNAIDS)のピーター・ピオットといった政策起業家が――国境なき医師団、パートナーズ・イン・ヘルス、そして後のクリントン財団の活動家とともに――より低い価格を交渉することで、製薬会社と発展途上国の政府を団結させた」(29)

ビル本人がしばしば展開する別の主張は、クリントン財団が、発展途上の地域でのＨＩＶ／エイズ危機の最前線にいるというものだ。マガジナーの表現では、「クリントン財団は今や、エイズの治療を受けている世界の子供たちの三分の二の治療に関わっている」という。(30)

しかし、「関わっている」とは、実際にどういう意味か。

クリントン財団のウェブサイトに並んでいる感動的な写真の数々を見れば、病気の人々に彼らが実際に薬を届けているのだという印象を持つかもしれない。しかし、財団は実際には、人々を直接的に治療することに関わっていない。国境なき医師団や、赤十字、サマリア人の財布のような組織は、自らの医療インフラを確立しているが――国境なき医師団では二〇一二年に、三〇万人のＨＩＶ患者が直接、彼らのもとで看護されていた――クリントン財団は実質的にゼロだ。(31)

その代わりに、財団は仲介者として機能している。クリントン財団と協力しているパートナーズ・イン・ヘルスの共同設立者であるジム・ヨン・キムは、次のように述べる。

「彼らは、彼らが『ケア・パートナーズ』と呼ぶ人たちを探す上での、慎重なプロセスを行っている」「私たちの専門は、田舎の地域で活動すること、これこそがパートナーズ・イン・ヘルスとは何かということだ」(32)

世界には、もちろん、仲介者が必要だ。しかし、それが本当に意味するところは実践する仲介者という意味であり、財団の仕事はアイルランドといった外国政府が提供する救済機関の資金を管理し、発展途上の地域で医療を担当する省庁の役人らを相手にするという方向へと、かなり舵を切っている。

人道支援の世界で、クリントン財団は、マッキンゼーのような経営コンサルタント会社のような仕事をしている。しかし、マッキンゼーや他のマネジメント会社とは異なり、クリントン財団の特定の仕事についての特定の指標は入手しがたい。

慈善事業の大義としてエイズの問題を取り上げるクリントンの動機は、真剣な議論を巻き起こした。この分野で仕事をしている人々の多くは、大統領としての彼がエイズの問題についてろくな仕事をせずに、おおむね無視していたと述べた。世界的なエイズ危機についての権威ある本の著者であるグレッグ・ベイマンが、ニューヨーク・タイムズ紙に書いたところでは、「大統領としてはしかし、実績は明らかだ。クリントンは国際的なエイズのリーダーではなく、その結果は破滅的だった」ということだ。(33) エイズ問題での仕事ぶりを視察しにクリントンと出張したフィナンシャル・タイムズ紙のアンドリュー・ジャックは、大統領としてのお粗末な実績にかんがみて、彼は何らかの償いを求めているのだろうかと問うた。(34)

ビルによれば、エイズ問題についての取り組みに彼が関心を持ったのは、ホワイトハウスを去る直前にネルソン・マンデラと交わした会話がきっかけだったという。クリントンは、アフリカを救うためにこれらの問題に取り組んでくれないかと、マンデラが彼に求めたと話している。

クリントンの動機は重要だろうか。彼の究極の目的が、自分を良く見せることであったとしたら、それは重要だ。その場合は、彼は実際の結果よりも、自分の見え方にフォーカスするだろう。そして、クリントン一家をよく見せることが、明らかに財団の目的の中心にあるのだ。財団のウェブサイトには、アフリカやアジアの遠隔地での人道支援を行うビルの写真でいっぱいで、ヒラリーやチェルシーのものも増えている。広報部はまた、財団のニュースやクリントン一家の活動について発表するプレス・リリースを、大量生産している。

クリントン財団のメディア部門は、クリントン一家の活動にかなり大きく焦点を当てている。プロジェクトのうちの一つは、アフリカのレソトという国で、小児科診療所の改修費用の支払い援助に関するものだった。ビルが二〇〇六年の七月に現れた時、彼はレッド・カーペットと政府高官らの歓迎の列に出迎えられた。ちなみに蛇足だが、アメリカの外交電報によれば、「文化団体が踊りや歌を披露した」という。レソト王は、ビルにナイトの称号を与えた。

祝賀レセプションに続き、ビルは財団が設備を助けた小児科診療所に向かい、そこで「合唱団と子供たち」が彼にセレナーデをうたった。(35) 財団の発表や関連するメディアの報道が無視しているのは、この数カ月前の二〇〇五年一二月に、ベイラー医療大学とブリストル・マイアーズ・スクイブ社が同じ町に小児科クリニックを開いていたことだ。しかし、この時には、パレードもお祝いもなかった。ベイラー国際小児科エイズイニシアチブ会長のマーク・クライン医師は、「クリントンのようなスターの力は誰も持たない。でも、他の誰も何もしておらず、そのことがリソースを他の人から引き出すことになったのかもしれないと、たまたま見た人は思うようになるのかもしれない」と述べる。(36)

しかし、いい宣伝だけではなく、財団はまた他の目的も目指している。これまでに見てきたように、クリントンの異国の地への訪問は、ビジネスと慈善事業をたびたび混ぜ合わせるものだった。ビルがある国に、現地政府との案件を抱える実業家といった付き添いとともに入る時、彼は慈善事業をするようにそこで見せかけたり、ただ話すだけの時もある。だがこうした訪問では、クリントン財団の寄付者が関わった大きな商売の案件とタイミングを同じくする、効果的な紹介がなされる場合がしばしばある。

またクリントン財団は、外国の指導者や投資家らが、称賛に値する財団の活動と関わることで、彼らの（時に不安定な）評価やイメージを改善する機会を提供している。

カザフスタンのヌルスルタン・ナザルバエフや、エチオピアのメレス・ゼナウィ（第七章でお目にかける）、ルワンダのポール・カガメといった独裁者は、人権となるとひどい悪評の持ち主だが、彼らはクリントン財団のイベントの招待客で、そこではリーダーシップを称賛されている。例えば、カガメは二〇〇九年の「今年のクリントン世界市民」だった。彼は財団から「極めて優れた軍事指導者」として称賛され、「公務におけるリーダーシップ」で賞をもらっている。カガメの経歴紹介に見かけないのは、彼が政敵を逮捕し、ジャーナリストを検閲しているということだ。また、国連はカガメの民兵が、数千人のフツ族を強姦し、虐殺したことを非難していることにも、言及していない。カガメは、隣国のコンゴ民主共和国で起きている内戦を悪化させたことに大いに責任があると、広く考えられている。(37)

カガメは、クリントン財団で講演したりビルと会ったりする時にはいつでも、それを素早く公表する。元大統領とパートナーを組むことが、自分の正当性を高めてくれると、彼は明らかに知っている

のだ。(38)

クリントン一家は、クリントン家は、ビル、ヒラリー、あるいはチェルシーも、クリントン財団から給与をもらっていないと指摘している。これは事実だ――財団に注ぎ込まれている数億ドルは、直接的にはクリントンの利益にならない。しかし彼らは、間接的ではるかに儲かるかたちで、財団から利益を得ている。慈善事業について話すことで、巨額の講演料を得ているのだ。

彼が大統領を退いた当初の数年は、ビルの講演は主に、彼の世界観や公職での経験についてのものだった。しかし、近年では、彼の講演の多くは、財団の仕事について話すことになっている。

例えば、ビルは二〇〇六年一〇月に、世界の出来事と、ウィリアム・J・クリントン財団を代表する彼の仕事について話すという、モーゲージ・バンカーズ協会での講演で、一五万ドルを支払われている。(39) 二〇〇六年九月には、彼はロンドンで行われたチャリティーの資金集めイベントである、フォーチュン・フォーラムで講演したことで、四五万ドルの支払いを受けた。これらは、多くの例のうちの、いくつかに過ぎない。「私たちが共にしている人類社会」と題されたクリントンの主要スピーチは、主に財団の仕事についてのものだ。

クリントン一家の慈善事業は、他の形でも彼らの懐にお金を入れることになっている。ビルは二〇〇七年に、クリントン財団の慈善事業と財団とともに働く人々に焦点をあてた、『ギビング』と呼ばれる本を出版した。彼は、売り上げで六三〇万ドルを得たという。この本は、広く批判された。(40)

現在はニューヨーク・タイムズ紙にいるピーター・ベイカーは、この本を「公益事業の発表における広大な虚構を本にしたもの」と呼んだ。[41]

慈善事業と、政治、金融面での利益の境目を曖昧にすることは、クリントン一家にとってよい方向に働いた。ヒラリーが国務大臣になった後も、こうした慣例は続いた。実際、それはまったく新たなレベルに達したのだった。

（ｖ）ＢＢＢは、Better Business Bureau の略。不正な広告や営業活動の規制を目的とした、業界の自主団体。

（１）"Lease Event: A Decade of Difference (Clinton Foundation Event)," Hollywood Bowl, October 15, 2011, http://www.hollywoodbowl.com/tickets/lease-event-decade-of-difference-clinton-foundation-event/2011-10-15.

（２）Brown, August, "Live: Bill Clinton's 'Decade of Difference Party at Hollywood Bowl," *Los Angeles Times*, October 16, 2011, http://latimesblogs latimes.com/music_blog/2011/10/live-bill-clintons-decade-of-difference-party-at-hollywood-bowl.html.

（３）US Securities and Exchange Commission, "SEC Files Settled Enforcement Action against Schering-Plough Corporation for Foreign Corrupt Practices Act Violations," news release, sec.gov, June 9, 2004, http://www.sec.gov/litigation/litreleases/r18740.htm.

（４）Matthews, Christopher M., "Clinton Defends FCPA, as U.S. Chamber Lobbies for Changes to Law," *Wall Street Journal*, March 23, 2012.

（5）McLean, Bethany, "The Power of Philanthropy," *Fortune*, September 7, 2006, http://archive.fortune.com/magazines/fortune/fortune archive/2006/09/18/8386185/index.htm.

（6）Rauch, Jonathan, "This Is Not Charity," *The Atlantic*, October 1, 2007, http://www.theatlantic.com/magazine/archive/2007/10/-this-is-not-charity/306197/5/.

（7）Takiff, Michael, *A Complicated Man: The Life of Bill Clinton as Told by Those Who Know Him* (New Haven, CT: Yale University Press, 2010), 403.

（8）Kanter, Rosabeth Moss, "Bill Clinton and How to Use Convening Power," *Harvard Business Review*, September 19, 2011, http://blogs.hbr.org/2011/09/bill-clinton-and-how-to-use-co/.

（9）Foer, Franklin, "Ira Magaziner," *Slate*, January 11, 1998.

（10）Magaziner, Ira, Tushar Khadloya, and Samuel Magaram, "The Clinton Foundation: Global Operations," *Brown Journal of World Affairs* 15, no. 2(January 31, 2009): 1121, http://brown.edu/initiatives/journal-world-affairs/14.2/clinton-foundation-globaloperations.

（11）"Leadership Team," Clinton Foundation, June 2014, https://www.clintonfoundation. org/about/leadership-team.

（12）同右。

（13）BBB Charity Review, "Bill, Hillary and Chelsea Clinton Foundation," November 2013.

（14）"Charity Navigator Profile—Bill Hillary & Chelsea Clintom Foundation," Charity Navigator, http://www.charitynavigator.org/index.cfm?bay=search.profile&ein= 311580204#.VFP4OFYkHG4.

(15) US Securities and Exchange Commission, "SEC Charges InfoGROUP's Former CEO, CFOs, and Audit Committee Chair with Fraud," news release, March 15, 2010, http://www.sec.gov/litigation/litreleases/2010/r21451.htm. Hubbard, Russell, "Deal Doesn't End Legal Wrangling for Infogroup, Gupta," Omaha.com, February 19, 2014, http://www.omaha.com/money/deal-doesm-t-end-legal-wrangling-for-infogroup-gupta/ article bl68eleg-5398-54c0-bca.4-0144eT399998.html?mode=story.

(16) US Securities and Exchange Commission, "SEC Charges InfoGROUP's Former CEO." Hubbard, "Deal Doesn't End Legal Wrangling for Infogroup, Gupta."

(17) US Attorney's Office, "Hotel Magnate Sant Singh Chatwal Pleads Guilty to Scheme to Evade Federal Election Campaign Contribution Limits, and to Witness Tampering." news release, April 17, 2014, http://www.justice.gov/usao/nye/pr/April14/2014Apr17.php.

(18) Cassin, Richard L., "Dahdaleh Prosecution Collapses, Key Witnesses from Akin Gump Refuse to Testify." FCPA Blog, December 10, 2013, http://www.sepablog.com/ blog/tag/victor-dahdaleh#.

(19) Armstrong, David, and Alan Katz, "Billionaire Found in Middle of Bribery Case Avoids U.S. Probe," Bloomberg.com, August 14, 2014, http://www.bloomberg.com/news/2014-08-14/billionaire-found-in-middle-of-bribery-case-avoids-u-s-probe.html.

(20) Harper, Tom, "Victor Dahdaleh Corruption Case: Billionaire's Fraud Trial Collapses after Key SFO Witnesses Refuse to Give Evidence," *The Independent* (UK), December 10, 2013, http://www.independent.co.uk/news/business/news/victor-

dahdaleh-corruption-case-billionaires-fraud-trial-collapses-after-key-sfo-witnesses-refuse-to-give-evidence-8995972.html.

（21）Armstrong and Katz, "Billionaire Found in Middle of Bribery Case Avoids U.S. Probe."

（22）"Officials, Senior Power Company Executives Face Fraud Charges," DominicanToday. com, February 13, 2013, http://www.dominicantoday.com/dr/local/2013/2/13/46697/Officials senior-power-company-executives-face-fraud-charges.

（23）Lowe, Alison, "Company Seeking BEC Contract Dismisses Fraud Case against CEO," *Nassau* (Bahamas) *Guardian*, February 25, 2014, http://www.thenassauguardian.com/bahamas-business/40-bahamas-business/45422-company-seeking-bec-contractdismisses-fraud-case-against-ceo.

（24）Moriarty, James F (US ambassador to Bangladesh), "WikiLeaks-Ambassador Urges Prime Minister's Adviser to Accelerate Energy Sector Development," July 29, 2009, https://wikileaks.org/cable/2009/07/09DHAKA741.html.

（25）"Lease Event: A Decade of Difference (Clinton Foundation Event)."

（26）McLean, "The Power of Philanthropy."

（27）*Meeting with Indian Generic Drug Industry*, Proceedings of World Community Advisory Board, India, Mumbai, January 2005, http://www.itpcglobal.org/atomicdocuments/11057/11059/WorldCAB2.pdf.

（28）Quoted in Takiff, *A Complicated Man*, 408.

（29）Kapstein, Ethan B., and Josh Busby, "Making Markets for Merit Goods: The Political Economy of Antiretrovirals," Center for Global Development, Working Paper 179 (August 2009), 24.

（30）Khadloya, Tushar, and Samuel Magaram, "The Clinton Foundation: Global Operations: An Interview with Tushar

Khadloya and Samuel Magaram." *Brown Journal of World Affairs*, January 31and February 7, 2009.

(31) "HIV/AIDS," MSF USA, http://www.doctorswithoutborders.org/our-work/medicalissues/hivaids.

(32) Takiff, A Complicated Man, 407.

(33) Dugger, Celia W., "Clinton Makes Up for Lost Time in Battling AIDS," *New York Times*, August 29, 2006, http://www.nytimes.com/2006/08/29/health/29clinton.html?pagewanted=all&_r=1&.

(34) Jack, Andrew, "Charm Offensive Five Years after Leaving Office . . . ." *Financial Times*, August 19, 2006.

(35) US Department of State, Embassy in Maseru (Lesotho), "Former President Clinton Visits Lesotho to Promote Pediatric Treatment Of HIV/AIDS And Launch New Clinic," WikiLeaks, July 25, 2005, https://wikileaks.org/cable/2005/07/05MASERU371.html.

(36) McLean, "The Power of Philanthropy."

(37) "Clinton Global Citizen Awards, 2009 Annual Meeting," Clinton Foundation, https://www.clintonfoundation.org/clinton-global-initiative/meetings/annual meetings/2000/clinton-global-citizen-awards, Goldstein, Dana, "Bill Clinton's Rwanda Guilt," *Daily Beast*, September 23, 2012, http://www.thedailybeast.com/articles/2010/09/23/cgibill-clintons-rwanda-guilt.html. French, Howard W., "Kagame's Hidden War in the Congo," *New York Review of Books*, September 24, 2009, http://www.nybooks.com/ articles/archives/2009/sep/24/kagames-hidden-war-in-the-congo/.

(38) See for example, Kagame, Paul, "President Kagame's Remarks at the Clinton Health Access Initiative (CHAI) Joint Partnership on Nutrition," paulkagame.com, August 5, 2013, http://www.paulkagame.com/index.php/speeches/1162-

president-kagamesremarks-at-the-clinton-health-access-initiative-chai-joint-partnership-on-nutrition.

（39）Kempner, Jonathan L., "Welcome," Mortgage Banking, September 2006.

（40）Dowd, Maureen, "The Vodka Chronicles," *New York Times*, April 6, 2008, http://www. nytimes.com/2008/04/06/opinion/06dowd.html?hp.

（41）Baker, Peter. "His Changing World," review of Giving by Bill Clinton, *Washington Post*, September 9, 2007. http://www.washingtonpost.com/wp-dyn/content/article/2007/09/06/AR2007090602053.html.

第六章　クリントン・モザイク（Ⅱ）

国務省からの眺め

ヒラリー・クリントンは二〇〇九年にロシアにいた。そこで彼女は、ボーイングとの数十億ドル規模の航空機の契約にロシアの高官がサインするように、後押ししていた。三七億ドルの購入は、この航空宇宙企業にとっては大きなものだった。ボーイングが契約を勝ち取ってから二カ月後、同社は九〇万ドルをクリントン財団に提供すると約束した。ワシントン・ポスト紙は、次のように表現した。

「世界で最も大きい会社のひとつと、将来の大統領候補との間の、互恵関係を示すものだ。クリントンは国内外でボーイングのビジネス利益の強力な盟友として働き、一方のボーイングはクリントンの公的・政治的なイメージにとって有益な大義に、そのリソースを投資した」(1)

ヒラリーは国務長官になった際に、「商業外交」「経済的国づくり」と彼女が呼ぶものを新しく約束すると発表した。このアイデアはシンプルだ。彼女は自身が持つ外交力を使って、アメリカ企業が海外でさらに競争力をつけられるように助けるということだ。外国でこれらの企業が助けを必要としていれば、ヒラリーはそこで協力的なパートナーとなる。

これは、意味のない約束ではない。ビジネスウィーク誌は、彼女の任期を振り返って、次のように述べている。

「ヒラリーが自身の影響力を駆使して、いくつかの企業がいくつかの契約をまとめるのを助けることに、疑いなく成功していた」(2)

商業外交へコミットするヒラリーの姿勢は、アメリカ企業がグローバル市場で競争的になるのを助けるという点では、感心なものだった。しかし、実際には、このような活動について、個人的な面と政治的な面を判別するのは難しいということを、証明することになった。

国務省の語法で言えば、ヒラリーの商業外交は、「公の場での個人的パートナーシップ」と呼ぶものの一環として行われた。そして、公の場での個人的パートナーシップは多くのかたちを取った。これらのパートナーシップのゴールは、しばしば称賛に値するようなものだった。しかし、それらはたびたび、クリントン一家の友人らを利するものだった。

例えばパワー・アフリカは、他のこのようなパートナーシップのすべてと同じように、崇高なゴールを持っていた。それは、大きなエネルギー・プロジェクトでアフリカの国々を助けることだ。(3)しかし、フォーブス誌が指摘したように、パワー・アフリカのようなイニシアチブは、政治的に関係のある会社をひいきする傾向がある。勝者は、ジョー・ウィルソン元大使が理事会に名を連ねるシンビオン・パワーのような会社だった（第八章で再びお目にかかるウィルソンは、クリントンの友人であり、政治的な盟友だ）。(4)パワー・アフリカに関わったもう一つの会社は、ヘカテー・エネルギー社だ。創始者のデヴィッド・ウィルヘルムは、この分野での経歴を持っていない。彼はプロとしての人生のほとんどにおいて、ウィルヘルム・アンド・コンロン公共戦略のロビイストやパートナーとして働いていた。その以前の彼は、ビル・クリントンの一九九二年の大統領選の選対本部長だった。(5)

商業外交を追求することは、国務省内に新たなインフラをつくることを必要とした。国務長官として承認された直後、ヒラリーは国際パートナーシップ部を創った。この部局の責任者は、「アメリカ実業界、国務省、世界中の政府との主要なつなぎ役」を果たすことになった。

この注意を要する部局を運営するために、彼女が目を付けた人材は、外交官でも、企業の元幹部でも、海外でのNGOの経験を持った人でもなく、長いこと政治活動家をしてきたクリス・ボルダーストンだった。(6)

ボルダーストンは、ヒラリーの上院スタッフとして八年間働き、ビル・クリントンのホワイトハウスでも働いたことがあった。クリントンの世界での彼の最も有名な役回りは、人々をポイントによって友人か敵かに格付けするあまり知られていないリストを管理することに関わるものだった。(7)

二〇〇八年一二月八日のメモの中で、ボルダーストンは、国務省の「企業部」が民間資本と公的な政府の力をマッチングさせる、いくつもの官民パートナーシップを創るアイデアを示唆した。ヒラリーはこのアイデアをいたく気に入ってただちに取り入れ、国際ビジネスの分野でボルダーストンに何の経歴もないにもかかわらず、彼を責任者に就けた。(8)

他の高位のポストは、国際的な問題よりもワシントンの世界での経験の方が多い、政治的な側近に与えられた。実際に、ヒラリーの管轄下にあった国務省と国際開発庁は、彼女の任期の間、相当な

数の職員が増えた。国務省の職員数は二〇〇八年から二〇一二年に一七％増加し、国際開発庁では三〇％増えた。(9)

管轄している仕事に、友人や支持者を置いておこうとすることについて、ビルとヒラリーばかりを責めるわけにはいかない。他の政界の大物と同様に、クリントン夫妻も有給で雇った側近や、顧問、友人の大きな一団を維持しておく必要があった。上記のように、こうした雇用の一部は、クリントン財団が取り扱った。しかし、国務省もまた、支持者への報酬としては便利な場所であった。支持者を寵遇する余地を広げるために、ヒラリーは政府特別職員（SGE）ルールと呼ばれるものを、目いっぱい活用した。この職員の特別なカテゴリーは、クリントン一家が、側近をクリントン財団、国務省、様々な外部の商業事業に同時に関わらせることを可能とした。

SGEルールは元々、科学者や技術者といった専門家が、研究所や大学での定職を辞めることなく、その専門性を連邦政府が活用できるよう保証するために設計されたものだ。また、職務は一時的なものとされており、一年三六五日のうち合計一三〇日を超えてはならない。

しかし、ヒラリーはSGEの地位を科学者や学者ではなく、クリントン関連の企業で同時に仕事を持っている人たちに使った。国務省でヒラリーの首席補佐官代理を務めたヒューマ・アベディンの例を見てみよう。アベディンはSGEとして、クリントン財団の給与支払いリストに名前を残しつつ、ビルの久しい側近であるダグ・バンドが二〇〇九年に始めたテネオという企業向けコンサルタント会社の支払い名簿にも、名前を残すことができた。

ビルが有給の顧問をしているテネオ社は、たびたびビルの講演にお金を払っているか、クリントン財団に寄付している企業を代表している。テネオ社に関わっているもう一人は、ディクラン・ケリーだ。国務省でSGEとして一時期務めたケリーは、二〇一一年にテネオ社に加わった。テネオ社のクライアントには、フォーチュン500に名を連ねる企業や、政府、高収入の個人がいる。テネオ社が代表している企業群には、コカ・コーラ社、UBS社、スタンダード・チャーター社がある。

この枠組みは、ビルがテネオ社の顧問ではなくなった二〇一二年三月まで、絶えず機能していた。テネオ社のクライアントのひとつは、クリントンの友人であるジョン・コージンが運営する取引商品ブローカーのMFグローバル社だった。(10) MFグローバル社は、かなり投機的な取り引きの数々を行い、崩壊した。一部の顧客は、高リスクな賭けがうまくいかなくなった後に、彼らの個人口座を強奪したとして、この会社を告発した。ニュースがMFグローバル社が顧客だったと伝えると、ビルは関係を絶つのが一番だと感じたようだ。

SGEのアベディンは、ヒラリーがやることのすべてで、中心的な役割を果たした。彼女は上院委員会で、国務省での仕事とクリントン関係の事業体での他の仕事との間で、相互作用は起きないと断言した。彼女は、テネオ社の経営陣に対して「戦略的な助言とコンサルティングのサービス」を提供しているが、これは国務省や長官との間での仕事や、自身が入手し得るいかなる政府の情報についての洞察も、彼らに与えるものではないと説明した。しかし、一般の懸念を和らげるのは、そう簡単ではなかった。ニューヨーク・タイムズ紙は次のように論じている。

「行政で最も機密情報を扱う省の中の階層の高い場所でのアベディン女史の仕事と、クリントン家のインサイダーとしての彼女の役割との間の境界は、曖昧にされている」(11)

ビル・クリントンとクリントン財団のコンサルタントとして働いたSGEのケイトリン・クレボリックは、チェリル・ミルズの特別アシスタントとして、二〇〇九年に国務省に加わった。国務省によれば、彼女はその立場において、「外交政策の様々な重要問題において、参事官や首席補佐官、省の他の高官に対して、専門的な知識と助言を与えた」という。SGEの地位は、彼女が自身の会社であるCBKストラテジーズを維持することを可能にし、彼女はそこで企業の顧客のために同時に働いていた。長いことヒラリーの首席補佐官だったチェリル・ミルズ本人にしても、ヒラリーの辞任後にクリントン財団での仕事に戻るようにしながら、国務省でのハイチ救援の取り組みを指示し続けられるように、SGEの地位を与えられていた。

RJRレイノルズのタバコ財閥に嫁いだSGEのエリザベス・バグリーは、当初「長官特別顧問」として、そして後に「長官イニシアチブ特別顧問」として国務省に加わった、ヒラリーの長い間の資金集めの担当者だった。バグリーと夫は、クリントン財団に一〇〇万ドル以上を寄付している。国務省で彼女は（可能な範囲で最高額の）一二万九〇〇〇ドルの年俸を払われ、自身の他の商業的な活動を続けることも許されていた。

ヒラリーの上院スタッフの元メンバーであるアン・ガバガンもまた、SGEの特別な地位にあった。ガバガンは、国務省のアメリカ・グローバル・エイズ調整官のオフィスで、首席補佐官として働いた。

ＳＧＥの地位が持つひとつの利点は、通常の公務員に適用されるものよりも、倫理規則が緩いということだ。ＳＧＥは、「当事者の一人と個人的な関係があれば、その仕事に取り組むことができる」という。(12) 彼らはまた、自身が働いている部局との案件を抱えているクライアントのために働くこともできる。そして、勤務時間外で政府のリソースを使うことがなければ、彼らは選挙の候補者（あるいはクリントン財団のような事業体）のために資金集めをすることも可能なのだ。(13)

ボストン・グローブ紙が表現したように、こうした種類の枠組みは、「政治的な対立や濫用の危険をはらんでいる」ということだ。(14)

非営利のニュース組織であるプロパブリカは、連邦政府におけるＳＧＥの地位の使われ方について調査し、多数の政府機関に対してＳＧＥのリストを送るように求めた。プロパブリカのジャスティン・エリオットとリズ・デイによれば、多くの機関が送ってきたという。しかし、国務省は尻込みした。そのため、プロパブリカは情報公開法（ＦＯＩＡ）要求を出した。国務省は数カ月後に、リストを収集するのは大規模な調査が必要になると回答し、そのまた四カ月以上後についにリストを提出した。なぜそれほどまでに情報を共有することに消極的だったのかについては、国務省の高官は説明しようとしなかった。

クリントンの友人と盟友に給与支払いの機会を創出するために、ヒラリーが使った他の手段は、Ｓ級指定だった。Ｓ級の地位は、他でもない国務長官の直接の職権と財務上の管理のもとにある。このことは、経済外交からヘルスケアの分野までの特定のプロジェクトや活動について、国務省の官僚や外交局の高官、公務員が関わったり影響力を及ぼしたりすることを、ヒラリーが排除することを可能とした。レポーターのジョナサン・アレンとエイミー・パーンズが、ヒラリーの任期についての同情的な描写で記しているように、彼女が任命したのは、「省の官僚組織を出し抜く強大な力を行使した、特使や使節、代表や、上級顧問らの一団だった」という。(15)

ヒラリーはさらに、国務省の組織の一部であるＵＳＡＩＤの独立性を劇的に減じることで、政府の補助金や、契約、コンサルティングの合意を与える権限を、中央に集めた。ワシントンの一部で「国務省へのお仕置き」とあだ名されたこの動きで、ヒラリーは実質的にＵＳＡＩＤの行政官から権力を取り上げ、「四年ごとの外交・開発計画見直し」において、同機関の予算が国務省の管轄に留まることを明確にした。ニュー・リパブリック誌が報じたように、ＵＳＡＩＤ事業をさらに自身の監督下に置いただけでなく、彼女は関連分野の経験がほとんど、あるいはまったくない自分の忠臣たちをこの機関に送り込んだ。(16)

国務省の官僚組織を全体に特別地位の職員を任命した、この慣行は、アメリカの外交の動きと、クリントン一家と友人の利害の間の境界を、実質的に薄めてしまった。

ローリエット・エジュケーションのケースを考えてみよう。これは、〝クリントン・モザイク〟が実践されている、典型的な例だ。

ローリエット・エジュケーションはシルヴァン・ラーニング・システムの一部として始まったが、世界で最大の営利の大学組織の一つへと、事業を拡げた。一九九九年にボルティモアで設立されたこの団体は、今やサウジアラビアに六カ所、ブラジルに一二カ所、中国に三カ所、キプロスにも一カ所と、広がりゆくキャンパスのネットワークから成り立っている。(17) ブラジルだけでも、四〇の異なるキャンパスにある一〇のローリエット・インターナショナル・スクールに通うために学費を払っている学生は、一三万人を数える。(18)

ローリエットはテレマーケティングによって、生徒を集めている。コールセンターはしばしばキャンパス自体の内にあり、電話をかけているのは大学生である。(19) この大学組織は年に二億ドルを、テレビ広告や、ウェブでのキャンペーン、発展途上の地域に打たれるビルボードなどの広告費に使っている。

二〇〇〇年の初めに、ビルはローリエットの「名誉総長」として雇われた。この肩書きは「名誉職」だったかもしれないが、ビルは仕事に対して支払いを受けた。いくらだろうか。それを知ることは難しい。政府の情報公開の書式は、「一〇〇〇ドル以上」でなければ、彼に詳細に記入することを求めていない。しかし、彼の仕事の中には、毎年、六つほどのローリエットの学校で講演することが含まれており、これは彼の標準的な講演料の基準からすれば、おそらく年に一〇〇万ドルということになる。

二〇一二年に、テグシガルパ、ホンジュラス、メキシコ・シティのローリエットの学校で、大勢の学生や教職員に向けて演説しようと現れたビルは、すさまじい熱狂を巻き起こした。彼はまた、ドイツ、スペイン、トルコ、マレーシア、ブラジル、ペルー、アメリカのキャンパスを訪れた。(20) ビルの顔と名前は、ローリエットのマーケティング資料ででかでかと扱われ、彼の写真はトルコのイスタンブールにあるローリエットのビルジ大学のキャンパスの廊下に並んだ。(21)

ローリエットのダグラス・ベッカー理事長とクリントン一家との関係は、ヒラリーが国務長官になる数年前、ベッカーがクリントン・グローバル・イニシアチブ（ＣＧＩ）のイベントに現れ始めたころに、かたちづくられた。ローリエットは二〇〇八年に、ＣＧＩのパートナーになった。二〇〇九年までに、ベッカーは、ビルがスペイン、ブラジル、ペルーのローリエットのキャンパスで講演するのに、お金を払った。(22)

クリントンの他の友人たちも、すぐこれに加えられた。クリントンの大統領任期中に住宅都市開発長官を務めたヘンリー・シスネロスは、ローリエットの全米ヒスパニック大学の理事長になった。シスネロスはカリフォルニア州サンノゼで卒業式の式辞を述べ、ローリエットを「ヒスパニックの高等教育のパイオニア」と称えた。(23)

しかし、ローリエットのビジネスの慣習は、いくつかの国で、深刻な法的調査と刑事捜査を受けた。ローリエットが活動していたメキシコ、チリ、トルコでは、営利の大学は実際には違法だった。ローリエットは、苦戦している非営利の大学に資金を投入し、理事会でのポストを得て、それからコンピューターの顧問サービスや英語の授業といった多様なローリエットのサービスを採用させた。ローリエットはまた、商標の使用に対して資金を得ていた。

チリの経済犯罪の捜査班によれば、ローリエットのチリの学校は、二〇一一年から二〇一三年の間に、八〇〇〇万ドル以上を、海外に送っていた。ある政府の委員会は、ローリエットの活動に、不正行為があることを発見した。(24) アメリカの証券取引委員会（SEC）への金融報告の中で、ローリエットは、サービスを提供するという合意は、これらの国々の大学から資金を転送する実質的な手段だったと認めた。(25)

ローリエットを経営することに加えて、ベッカーはまた国際ユース財団（IYF）の理事長でもあった。（ボルティモアのローリエットのオフィスから一マイルもしないところにオフィスを構えている）この非営利の姉妹団体は、ブラジル、メキシコ、スペイン、ペルー、チリ、トルコのローリエットのキャンパスにフェローを置いているユース・アクション・ネットというような多くのプログラムを、ローリエットを通じて行っている。(26) ベッカーの会社は、二〇一〇年のCGIの年次集会で、自身のユース・アクション・ネットのコミットメントを発表した。ビルは次のように、心から支持した。

「私は、ローリエット国際大学と国際ユース財団が、自身のコミュニティや世界中での差し迫った問題に着手するために、若い社会起業家に力を与えるというこのコミットメントで協力することを、嬉しく思う」(27)

二〇一〇年四月にビルが名誉学長になった直後に、ヒラリーはローリエットを、自身の国務省グローバル・パートナーシップに組み入れた。国務省は二〇一〇年一〇月に、ＩＹＦの設立二〇周年を祝う大きなレセプションを開いた。主演の講演者は、民主主義と国際問題における国務次官補のマリア・オテロで、彼女は「これほどまでに重要な仕事をしている」と同グループを褒めた。(28)

ＩＹＦはすでに、ヒラリーが国務長官になる前、遡ること二〇〇一年から、ＵＳＡＩＤからの財政支援を受けていた。(29) しかし、ビルが名誉学長になってから、補助金の額は爆発的に増えた。ＩＹＦの納税記録によれば、二〇一〇年に、他の出所からの収入が五四〇万ドルだったのに比べて、予算のうち政府の補助金は二三〇〇万ドルに上っていた。同財団は二〇一一年に二一〇〇万ドル、二〇一二年には二三〇〇万ドルを受け取っていた。(30) 二〇一一年の六月に、ＩＹＦは国務省とＵＳＡＩＤとともに、ワシントンでユース・パートナーシップス雇用可能性会議を開いている。(31) 国務省でのヒラリーの任期の間、ＩＹＦは、メキシコ、モザンビーク、セネガル、タンザニア、キルギス共和国、ウガンダ、ヨルダン、カリブ海地域、ヨルダン川西岸とガザ地区、アルジェリアで活動し、世界中で良き統治に取り組むように、ＵＳＡＩＤから援助金を受けた。財団はまた、二〇一二年に国務省から始めて直接の補助金を受け取った。中東パートナーシップ・イニシアチブに取り組むための、一九〇万ドルだ。

ヒラリーが国務長官の職を離れる直前の二〇一三年一月には、国際金融公社（ＩＦＣ）がこれまでで初めてとなる、一億五〇〇〇万ドルの株式投資をローリエットに対して行った。ＩＦＣは世界銀行の一部だ。世界銀行の当時のトップは、クリントンの友人で、クリントン財団の協力者であるパートナーズ・イン・ヘルスの共同設立者である、ジム・キムだった。

ビル・クリントンが民間会社から支払いを受けていながら、その同じ会社が国務省の行動から利益を得ていたのは、問題がないだろうか。その会社の外部団体がまた、何千万ドルもの税金を受け取っていたのは、懸念されることではないだろうか。この利益相反に見える事例が公表されなかったのは、問題にならないのだろうか。

厄介な国務省の利益相反の疑問は、これだけでは終わらない。しかし今度はカメラを、演台と国務省の背後にいる男に向けてみよう。

（1）Helderman, Rosalind S., "For Hillary Clinton and Boeing, a Beneficial Relationship," *Washington Post*, April 13, 2014, http://www.washingtonpost.com/politics/for-hillaryclinton-and-boeing-a-beneficial-relationship/2014/04/13/21fe84ec-bc09-11e3-96aef2c36d2b1245 story.html.

（2）Dwoskin, Elizabeth, "Hillary Clinton's Business Legacy at the State Department," *Bloomberg Businessweek*, January 10, 2013, http://www.businessweek.com/ articles/2013-01-10/hillary-clintons-business-legacy-at-the-state-department.

（3）US Department of State, USAID, "Partnering with Power Africa," http://www.usaid.gov/powerafrica/partner-power-africa.

（4）Helman, Christopher, "Obama's Power Africa Plan Greases Billions in Deals for General Electric," *Forbes*, July 1, 2013, http://www.forbes.com/sites/christopherhelman/2013/07/01/with-power-africa-plan-obama-to-grease-billions-in-deals-for-g-e/

（5）Kolbert, Elizabeth, "Election Staffs Resemble Candidates," *New York Times*, January 4, 1992, http://www.nytimes. com/1992/01/05/us/election-stafss-resemble-candidates. html?pagewanted=all&src=pm. Long, Ray, and James Kimberly, "Governor Asked Lobby Firm to Help Pick Board," *Chicago Tribune*, July 15, 2004, http://articles.chicagotribune. com/2004-07-15/news/0407150257_1_new-members-rod-blagojevich-new-board. "Hecate Energy Leadership Team," HecateEnergy, http://hecateenergy.com/who-we-are/.

（6）Allen, Jonathan, and Amie Parnes, IIRC. State Secrets and the Rebirth of Hillary Clinton (New York: Crown Publishing Group, Random House, 2014), 128.

（7）同右、9。

（8）同右、128。

（9）*Diplomacy in a Time of Scarcity* (Washington, DC: American Academy of Diplomacy, 2012), http://www. academyofiliplomacy.org/publications/Diplomacy_in_a_Time_of_Scarcity.pdf.

（10）Confessore, Nicholas, and Amy Chozick, "Unease at Clinton Foundation over Finances and Ambitions," *New York Times*, August 13, 2013, http://www.nytimes. com/2013/08/14/us/politics/unease-at-clinton-foundation-over-finances-andambitions.html?pagewanted=all&_r=0.

（11）Hermandez, Raymond, "Weiner's Wife Didn't Disclose Consulting Work She Did While Serving in State Dept." *New York Times*, May 16, 2013, http://www.nytimes. com/2013/05/17/nyregion/weiners-wife-huma-abedim-failed-to-disclose-consultingwork-done—while-a-state-dept-aide.html.

(12) US Department of Commerce, Office of the Assistant General Counsel for Administration, "Ethics Rules-Balancing Responsibilities to the Government and Personal Interests," February 1, 2013, 4, http://www.commerce.gov/sites/default/files/documents/2013/february/sge_summary_of_ethics_rules-2013-e.pdf.

(13) 同右、6。

(14) "Top Govt. Aides Shouldn't Also Serve as Outside Consultants," editorial, *Boston Globe*, July 29, 2013, http://www.bostonglobe.com/opinion/editorials/2013/07/28/topaides-like-huma-abedin-shouldn-serve-outside-consultants/B92Qty7mNvDU4Lxgqw8xus./story.html.

(15) Allen and Parmes, HRC.

(16) McKelvey, Tara, "Hillary's Power Grab," *Daily Beast*, January 14, 2011, http://www. thedailybeast.com/articles/2011/01/14/hillary-clintons-power-grab-for-usaid.html. Rieff, David, "If Disaster Aid Is Key to the War on Terrorism, Then Why Won't Obama Appoint Someone to Coordinate Disaster Aid?" *New Republic,* September 17, 2010, http://www.newrepublic.com/blog/foreign-policy/77740/if-disaster-aid-key-the-warterrorism-then-why-wont-obama-appoint-someone-hillary-clinton-david-rieff.

(17) Kimes, Mina, and Michael Smith, "Laureate, a For-profit Education Firm, FindsInternational Success (with a Clinton's Help)," *Washington Post,* January 18, 2014, https://www.washingtonpost.com/business/laureate-a-for-profit-education-firm-finds-international-success-with-a-clintons-help/2014/01/16/13f8adde-7ca6-11e3-9556-4a4bf7bcbd84_story.html

(18) "Laureate Vai Abrir um Novo Campus No Sul," *ProfessorNews* (Brazil), October 20,2011, http://www.professornews.com.

br/index.php/pos-graduacao/stricto-sensu/1027-laureate -vai- abrir-um-novo-campus-no -sul.

（19）Kimes and Smith, "Laureate, a For-profit Education Firm, Finds International Success."

（20）Laureate International Universities, "President Bill Clinton Inspires Leadership Commitment among Students during Visits to Laureate International Universities Member Institutions in Mexico and Honduras," news release, May 5, 2012, http://www.laureate.net/NewsRoom/PressReleases/2012/05/President BillClintoninspiresleadershipcommitmentamongstudentsduringvisitstoLIUmemberinstitutions.

（21）Kimes and Smith, "Laureate, a For-profit Education Firm, Finds International Success."

（22）ビル・クリントンは次のように言っている。「昨年、私はスペイン、ブラジル、ペルーにあるローリエイト大学を訪問し、学生や教授と彼らが仕えているコミュニティに対して話をする機会があった」。Dorgan, Julie, "Laureate Education Inc.," Docstoc.com, April 3, 2012, http://www.docstoc.com/docs/117852713/13/Laureate-Education-Inc.

（23）National Hispanic University, "Henry Cisneros, Former Secretary of HUD, Delivers NHU Commencement Address," news release, PR Newswire, May 15, 2013, http://www.prnewswire.com/news-releases/henry-cisneros-former-secretary-of-huddelivers-nhu-commencement-address-207594091.html. Rodriguez, Joe, "San Jose's National Hispanic University Will Close by 2015." *San Jose Mercury News*, March 19, 2014, http://www.mercurynews.com/ci_25379797/san-joses-national-hispanic-university-will-no-longer.

（24）Melo, Fabiola, "Comisión de diputados detecta siete universidades con irregular idades," *La Tercera* (Santiago, Chile), June 19, 2012, http://www.latercera.com/noticia/educacion/2012/06/657-467415-9-comision-de-diputados-detectasieteuniversidades-con-irregularidades.shtml.

(25) "El reporte de Laureate que explica como extrae ganancias de sus universidades en Chile," el monstrador pais, April 10, 2014, http://www.elmostrador.cl/pais/2014/04/10/ el-reporte-de-laureate-que-explica-como-extrae-ganancias-de-sus-universidades-enchile/ And http://webcache.googleusercontent.com/search?q=cache:ULzk8tbeAgM J:sec.edgar-online.com/laureate-education-incs10-k-annual-report/2006/03/16/section2.aspx+&cd=1&hl=en&ct=clnk&gl=us&client=firefox-a.

(26) "Youth Leaders in Turkey to Benefit from Expansion of IYF's YouthActionNet® Program," news release, International Youth Foundation, http://web.archive.org/web/20110113131729/http://www.iyfnet.org/news/1432 (accessed 2014).

(27) Laureate International Universities, "Laureate Education and International YouthFoundation Announce Youth Action. Net® Program Commitment at the Clinton Global Initiative Annual Meeting," news release, September 21, 2010, http://www.laureate.net/NewsRoom/PressReleases/2010/09/International YouthFoundation.

(28) Otero, Maria, "Remarks to the International Youth Foundation's 20th Anniversary Reception," speech, International Youth Foundation's 20th Anniversary Reception, Washington, DC, October 7, 2010, http://www.state.gov/j/149203.htm.

(29) "USAID Awards International Youth Foundation with Alliance of the Year' for 2006," news release, USAID, The Free Library, February 21, 2007, http://www.thefreelibrary.com/USAID+Awards +International+Youth+Foundation+With+%27Alliance+of+the. . . -a0159607696.

(30) "International Youth Foundation 990Tax Forms," Foundation Center, http://990finder.foundationcenter.org/990results.aspx?990_type=&fn=&st=&zp=&ei=382935397&fy=&action=Find (accessed 2014).

（31） Inter-American Development Bank, "Conference Tackles Youth Unemployment in Latin America," June 24, 2011, http://www.iadb.org/en/news/announcements/2011-06-24/conference-on-youth-employment-mif,9438.html.

第七章　演壇の経済学

ビルにお金が支払われた理由

ほとんどの元大統領は、任期終了から時間が経つにつれて、講演の依頼が少なくなっていくものだ。ビルはその反対である。実際に、ヒラリーが国務長官を務めている間、ビルの講演活動は特に海外で増加し、実入りも増えた。多くの場合、こうした講演は、ヒラリーからの便宜を得ることに興味のある人々が支払っていた。

こうした講演巡業でのビルの記録的な金儲けの要因は、けた外れの人間的な魅力と世界的な人気だけで本当に説明できるだろうか。私たちは、大統領経験者が退任後に金儲けをすることに慣れてしまっている。ロナルド・レーガンが退任後に、東京での二つの講演を二〇〇万ドルで行ったことは、よく知られている。ジョージ・H・W・ブッシュは講演を行うと同時に、投資会社大手のカーライル・グループのような会社の取締役会に名を連ねた。しかし、ビル・クリントンに匹敵する者はいない。

ビルの講演で本当に問題をはらんでいるのは、彼の講演料と、国務長官時代のヒラリーの意思決定との間に、相関性が見られることだ。支払いのタイミングや、講演料の一部が平均的な相場よりもかなり高額であることと、それに続いてヒラリーの取った行動は、法外な講演料を支払った人々が、実際には何のためにお金を払っていたのかという疑問を抱かせる。

以前に述べたように、ホワイトハウスを出る際、ヒラリーは、「私達は無一文だ」と忌まわしくも述べた。しかるに、ヒラリーが連邦上院に通った一方で、ビルは講演巡業に出た。彼は二〇〇一年に、三九回の講演を海外で、二〇回をアメリカ国内で行っている。それに続く七年の間に、クリントン夫妻は一億九〇〇〇万ドルという驚くべき額を稼いだ。(1)

クリントンの大統領としての日々が過去へと後退していくにつれて、講演による彼の収入、特に海外での講演による収入は、減っていった。しかし、ヒラリーが二〇〇九年に国務長官になると、ビルの海外での高給の講演は劇的に増えた。二五万ドル以上の講演料を確保したビルの絶好調の三年間は、ヒラリーが上院にいる間のことだった。実際に、五〇万ドルかそれ以上を稼ぎ出した一三回のクリントンの講演のうち、妻が国務長官でなかった時期に行われたものは二回だけだった。

カナダの金融機関であるＴＤバンクは、他のどの金融機関よりも多くの講演料をビルに払ってきた。ゴールドマン・サックス、ＵＢＳ、ＪＰモーガンや、ウォール街の他の誰よりもだ。ＴＤバンクは二〇〇八年から二〇一一年の半ばまでの約二年半の間に、一〇回分の講演料としてビルに一八〇万ドルを払っている。それに加えて、これらの支払いは、ヒラリーが同銀行にとって莫大な金融利益につながる物議をかもす意思決定に取り組んでいる重要な時になされた。

二〇〇八年から、トランスカナダ社が、アルバータのオイルサンドをテキサス州ポート・アーサーの精油所まで日に九〇万バレルを輸送するよう設計された、八〇億ドル、長さにして一六六〇マイルのキーストーンXLパイプラインについて、アメリカ政府の承認を求めていた。(2) この事業は国境をまたいでのものだったため、承認の監督認可を付与するかどうかの権限は、アメリカ国務長官にかかっていた。(3)

TDバンクは、パイプライン事業がワシントンの中をくねくねと通り始めるまでは、ビルに講演料を払っていなかった。それは二〇〇八年の後半のこと、キーストーンXLパイプラインの許可申請がワシントンに提出された時のことだった。ヒラリーはホワイトハウスへ行く民主党の公認を得られなかったが、依然として権力のある連邦上院議員だった。議会共和党は、キーストーンXLパイプラインのようなエネルギー事業については、おおむね支持していた。もし反対があるとすれば、それはおそらく、リベラルな民主党員からだろうと思われた。

キーストーンXLパイプラインの最大の株主の一人は、他でもないTDバンクで、一六億ドルの株式を握っていた。TDバンクはまた、トランスカナダ社に貸し付けた九億九三〇〇万ドルに責任があった。(4) 調査メモによれば、TDバンクはパイプラインを、カナダの石油産業が長期的に健全な状態であるために不可欠な、「国家的な優先事項」と呼んだ。(5)

民主党の公認を獲得したバラク・オバマが、ヒラリーを国務長官に指名するのではないかという話は、二〇〇八年の六月からあった。ニューヨーク・タイムズ紙は二〇〇八年一一月二一日に、ヒラリーが国務省の統括者に実際に指名されるだろうと報じた。(6) 四日後の一一月二五日と二六日に、ビルはカナダにいて、TDバンクが五二万五〇〇〇ドルを支払った三回の講演のうちの初めのものを行った。(7) しかし、クリントン夫妻は、つい始めたばかりだった。ヒラリーは二〇〇九年二月二一日に、国務長官として承認された。ビルは五月にカナダへと戻り、ハリファックス、セント・ジョン、トロントに姿を見せて、さらに五二万五〇〇〇ドルの金額でさらに三回の講演を行った。四カ月後の九月一三日、TDバンクはもう一回の出演をスポンサーし、この回は一七万五〇〇〇ドルで、トロントで行われた。二〇〇九年一一月三日に、TDバンクは彼に、アブダビでの講演のために、さらに一七万五〇〇〇ドルを支払った。(8) ビルは二〇一〇年五月二〇日に、今度はカルガリーで講演し、TDバンクがさらに一七万五〇〇〇ドルを支払った。(9)

これらTDがスポンサーをしたイベントの多くは「私的な催し」とされ、一般やメディアには公開されないものだった。(10)

講演のうちいくつかで、ビルはTDバンクのフランク・マクケンナ副会長から、紹介されたりインタビューされたりした。カナダの元政治家で元駐米大使でもあるマクケンナは、カナダのメディアから「ビルとヒラリーの双方にとっての良き友人」と紹介されている。(11) 彼のキーストーンXLパイプラインへの関心は、TDバンクの幹部としての役割にとどまらない。マクケンナはまた、自社の石油をアメリカに運ぶためにパイプラインを使おうを計画している重油メーカーのカナディアン天然資源社（CNRL）の取締役会にも参加している。(12)

パイプライン事業がワシントンで激しい反対に直面すると、マクケンナはこの事業の雄弁な推進者になった。オバマ大統領が二〇一二年の選挙後までプロジェクトの審査を遅らせると決定した時、マ

クケンナは決定によってカナダ側が騙されたのかと疑問を呈した。(13)

このプロジェクトにGOサインを出すというヒラリーの役割を考えれば、彼女が激しいロビー活動の標的になるのは、当然のことだ。ビルに突如として二〇〇万ドルを投入したことに加えて、プロジェクトに利害を持つカナダ企業は、ヒラリーの大統領選の陣営から何人かの高位の側近を雇って、彼らの取り組みを助けてもらった。

トランスカナダ社のロビイストのトップは、ヒラリーの二〇〇八年の大統領選で全米選対副局長を務めたポール・エリオットだった。情報公開法を通じて公開された電子メールのやりとりが明らかにするところでは、国務省の高官がトランスカナダ社に、キーストーン・パイプラインへの支持をどのように高めるかについてアドバイスしていた。同省が、この事業を承認するかどうかの審査を行っていたにもかかわらずだ。(14) エリオットとやり取りをしていたうちの一人はノーラ・トイブで、ヒラリー・クリントンの特別補佐官だった。

エリオットと国務省高官とのやりとりの、仲の良さそうな感じは、環境問題に取り組むグループを怒らせた。「地球の友」で気候・エネルギー分野の理事を務めるダモン・モグレンは「偏見をはるかに超えてしまったと私は思う。この出来事全体において、国務省が共犯だったということを、私たちはいま目にしている」と述べた。(15)

トランスカナダ社は実際に、エリオットから元を取ったように見える。同時に、オイルサンドが位置しているアルバータ州政府は、別のクリントンの側近を雇い入れた。ヒラリーの大統領選に放送メディア戦略局長としえ務めたヒラリー・ルフェーブルは、環境問題のグループからのプロジェクトへの批判を和らげるためのコンサルタント料として、五万四〇〇〇ドルを受け取った。(16)

環境活動家は、キーストーンXLパイプラインについて真に独立性を持った審査を行うことを怠ったとして、国務省への追及を続けた。環境アセスメントを行うために、国務省は環境資源マネジメント（ERM）と呼ばれる会社を採用した。しかし、これには問題があった。環境活動家が、ERMがトランスカナダ社と金融面での結びつきがあったと指摘したのだ。国務省の高官は、研究の執筆者の経歴を編集してトランスカナダ社で以前働いていたことを隠すなど、そうした事実の隠ぺいを図った。(17)

同時に、ビルは二〇一一年五月、フンデリクトンとアンティゴニシュでの出演料として、二八万ドルの支払いを受けた。(18)第一章で紹介したオバマ政権との覚書に基づいて、クリントンが国務省の倫理担当に提出した講演リストでは、TDバンクがキーストーンXLの主要な投資家であることが、示されていない。三カ月後の八月に、国務省はパイプラインを大いに支持するものと見られる最終の環境への影響報告を公にした。(19)

このプロセスを通じて、ヒラリーは比較的、静かなままだった。民主党への政治的な風当たりは厳しかった。労働組合はこの案件を支持していたとはいえ、ハリウッドや多くの高額寄付者は反対した。(20)

二〇一一年の後半には、この出来事はクライマックスを迎えようとしていた。ワシントンで公聴会が行われた時、ヒラリーはそこにカナダ人は誰もいるべきではないという言葉を発した。「カナダの高官は、クリントン女史がプロジェクトを応援しており、この秩序をさらに乱すことになるさらなるカナダ人のプレゼンスを望まないということだと、この示唆について解釈した」(グローブ・アンド・メール紙)。(21)そして、ヒラリーが静かにこの案件を推進しているという、ひそかな証拠があった。サンフランシスコでコモンウェルス・クラブに姿を現した時、彼女はエネルギー政策全般について、特にキーストーンXLパイプラインについてきかれた。ヒラリーはこのプロジェクトを承認するかはまだ決めていないと説明しつつも、「私たちは承認に傾いていて、それにはいくつかの理由がある」と言明した。彼女は「エネルギー安全保障」という観点から、このプロジェクトを推奨した。彼女は「私たちは、ペルシャ湾の汚れた油か、カナダからの汚れた油かのどちらかに依存することになる」と話し、彼女は後者を望んでいるという印象を聴衆に残した。(22)

オバマ大統領が環境論者からの圧力にますますさらされるようになると、反対論は大きくなる一方だった。オバマは一〇月二六日の演説で、パイプラインについて質問攻めに遭った。彼は「キーストーンXLについてあなた方が深く懸念していることは知っている。私たちはそれに対処する」と述べた。パイプラインが通ることになっている中西部の地元メディアとの一連のインタビューで、彼はこの問題について追及を受けた。(23)ネブラスカ州の高官が、微妙な環境保護の地域を避けるようにパイプラインのルートを移動すべきだと要請すると、オバマ大統領はプロジェクトの承認を遅らせることを決定した。(24)

ビルは二〇一二年二月の終わりに、数ある場所の中でクリーン技術の起業家向けの環境省の会議の中で、プロジェクトに賛成する声明を発表した。官僚やグリーン・エネルギーの投資家らが見つめる前で、ビルはメリーランドの聴衆に、アメリカはパイプラインを受け入れるべきだと述べた。(25)その後の同じ午後に、ヒラリーは下院外交委員会の公聴会で、パイプラインについて議論していた。当然のことながら、彼女は夫の発言について質問を受けた。

彼女は「彼はとても賢い男だ」と答え、聴衆からはクスクス笑いが起きた。カナダ側にとっては、これは新たな希望あるサインだった。カナダのメディアは次のように述べている。

「キーストーンXLに反対する多くの環境論者から、彼の妻がパイプライン賛成のバイアスがあるとしてすでに非難されていたことを考えれば、ビル・クリントンのコメントはほぼ確実に騒動を起こすだろう」(26)

パイプラインの問題は、事業を承認するヒラリーの力にかかっていたという意味では、二〇一二年の選挙まで決着させないというオバマの布告によって、その運命は封印された形になった。二〇一三年の一月をもって、彼女は国務省を去った。

ヒラリーは、自身が承認プロセスに関わっていた以上、キーストーン・パイプラインについての意見を話すことはできないという事実を、退任して以来、利用してきた。彼女はある聴衆の前で、次のように述べている。

「カナダで以前に述べたように、私はあなた方の国を、キーストーン・パイプラインについての質問に答えるのを避けながら旅している。なぜなら、プロセスの一部だったものとして、本当に答えられないからだ」

このように、自身が関与していたことが、彼女がキーストーンについて話すのを妨げていたが、しかし、彼女の夫が事業の最大の株主から数百万ドルを稼ぐのを妨げることにはならなかった。[27]コロンビア大学経営大学院のチャールズ・カロミリス教授が説明するように、講演の実の狙いは講演そのものではなかった。彼らが本当に望んでいたことは、ビルにお金を払うことで、ヒラリーの善意を買うことだった。彼はこう述べる。

「これらの講演が、たとえクリントンの風呂場で行われていたとしても、問題があっただろうか、私には定かではない。重要なのは、彼らがビルにお金を払ったということだ」[28]

ビルの講演についての多くのメディアの関心が、ウォール街や製薬会社からの講演料に集まっていた一方で、本当に稼ぎになっていたのは、海外からの、けた外れの支払金だった。二〇一一年にビルは、四四回の講演によって、一三三〇万ドルの講演料を稼いだ。[29]しかし、二五万ドルかそれを超える講演のうちの四〇％近く、あるいはこれらの講演料のうちの五一〇万ドルは、アメリカ国外でのたった一一回の講演によるものだった。全体として、二〇〇一年から二〇一三年の間に、二五万ドルを超えるこれらの巨額の講演は、四〇〇〇万ドル近い収入をクリントン夫妻にもたらした。

要するに、ビル・クリントンの最高の時期――平均よりもかなり高い講演料を、海外の団体がコンスタントに払っていた時期――は、彼の妻が、外国政府に直接的な影響を与える問題で絶大な影響力を誇る高位のポストである国務長官として、権力の絶頂にあった時期のことだった。

いくつかの例で、論点を明らかにしたい。

二〇〇九年から、スウェーデンの電信王手であるエリクソン社は、圧政的な国の政府に通信機器を売っており、そのうちのいくつかの政府がこれらの技術を国民を監視してコントロールすることに使っているとして、アメリカからの圧力にさらされていた。SECは二〇一〇年の終わりに、ヒラリーの国務省がテロ支援国家だと考える国々への販売をめぐって、エリクソン社に書簡を送った。(30)これらの体制には、エリクソン社が電話交換設備を売り、メンテナンスしているスーダンやシリア、また、移動電話の公共ネットワークの運営者に対して商業レベルのシステムを売っていたイランが含まれる。(31)

ヒラリーはイランに対するタカ派としてよく知られており、テロ支援国家と見なされる体制に対峙するために経済的な手段を使っていた。アメリカの外交電報によれば、国務省の高官はスウェーデンの外務大臣との間で、エリクソン社が関わるこれらの取り引きについて、定期的にそしてより大きな頻度で取り上げていたという。(32)

エリクソン社は二〇一一年四月に、国務省の報告書の中で、ベラルーシの抑圧的な体制に電信機器を供給したと名指しされた。(33)別の動きとして、議会でも圧力が強まり、二〇一一年一二月には、抑圧的な体制への監視技術の販売を禁止する法案が、下院に提出された。(34)国務省は二〇一一年六

月、イランや他のテロ支援国家への拡大版の制裁にどの製品やサービスが含まれるかのリストを、作成し始めた。(35)

同時に、エリクソン社はビル・クリントンの講演をスポンサーすることに決め、一つのスピーチで彼が受け取った中で最大の金額を支払った。実に、七五万ドルだ。クリントンによる財務情報の公開によれば、それ以前の一〇年の間に、エリクソン社はクリントンのスピーチを一度もスポンサーしたことがなかった。しかし、同社は今こそ、そうするべき良いタイミングだと考えたようだ。

二〇一一年一一月一二日、ビルは香港でのテレビ電話会議に登場し、電気通信が私たちの暮らしで果たしている役割について、大ざっぱな話をした。一週間後の一一月一九日には、国務省がイランに対する新たな制裁リストを公表した。電信技術はリストになかった。(36)

ヒラリーは一二月八日、電信会社と抑圧的な体制への彼らの販売の問題について、ビルの講演以来、始めて議論した。彼女は、エリクソン社のような会社は、誰とビジネスをするかについて「良い決定」をする必要があると述べたが、それ以上の行動については提案しなかった。(37)

オバマ大統領は二〇一二年四月、イランとシリアに対する電信分野での販売に制裁を課すという行政命令に署名した。しかし、これらの制裁は、イランでのエリクソン社の事業を含むものではなかった。このスウェーデン企業は、世論の圧力のためイランでの事業を縮小することを計画していると述べていたが、ロイターが入手した内部文書は、同社がイランとの現行の契約を尊重するつもりだということを、明らかにしている。(38)

二〇一一年、アラブ世界の多くの国々が大変動の中にあり、地域全体に幅広い抗議活動を起こしたアラブの春の余波への対応に追われていた。エジプトやチュニジアでは、多くの群衆が路上へ繰り出し、政治的な変革を求めた。これらの抗議活動の多くは、暴力的になった。(39)バーレーンやイエメンといった、比較的安定していると考えられた国々でさえ、暴力的な変動に対応していた。(40)

こうした出来事によって、アラブ首長国連邦（UAE）のような小さいながらも豊かな国々は、自国がとても無防備だと感じた。UAEは、イランとの経済的な結びつきを引き締めるよう、アメリカから圧力をかけられていた。(41)五月には、一一つの石油と運送の会社が、イランとの取り引きで制裁に直面した。二〇一一年六月二〇日には、オバマ政権が、UAEに拠点を置く六つの運送会社を、イランとの商業取引をめぐる制裁対象に指定した。(42)その三日後にアメリカは、UAEの他のいくつかの当事者についても、戦闘機と攻撃用ヘリコプターの部品のイランとの貿易で告発した。(43)

UAEはイランの体制を恐れていたため、不安定な状態にあった。しかし、同国は他の何かを、おそらくより恐れていた。それは、アメリカに捨てられるということだ。国務省の機密電報の中で、皇太子が「わが国は、アメリカからイラン制裁について相談されず、のけ者にされていた」と言っている。彼は、訪問してきたある議会の代表団に対して、王室はアメリカとイランが裏ルートの交渉で何

か合意に達した場合に、彼らに何が起きるだろうかと訝しがっていると説明した。(44)

こうした不確実性の中で、王室はビル・クリントンに五〇万ドルを払い、アブダビに来て講演してもらうことに決めた。(45)ビルはアブダビに到着し、エミレーツ・パレス・ホテルに滞在した。(46)

彼の講演は、環境のデータを集めることについてだった。彼は次のように述べた。

「環境のデータの欠如は、とても困る。すべての環境問題に加えて、金融危機が世界の安定性をさらに悪くさせている。そこで唯一の解決策は、グリーン経済だ」(47)

講演について際立っていたのは、クリントンが話した内容ではなく、支払いのタイミングだ。ビルがUAEの皇太子によって聴衆に紹介されているまさにその時、外務大臣である皇太子の弟は、他ならぬヒラリーとの会合のために、ワシントンへ向かっている途中だった。シャイフ・アブデュラ・ビン・ザイド・アルナヒヤーンは一二月一二日にワシントンに到着し、ビルが五〇万ドルを集めた日の翌日にヒラリーに会った。クリントン一家の財務情報の開示にもとづくと、UAE王室がクリントンに講演料を支払ったことは、これまでになかったようだ。(48)

ビルがタイやトルコといった外国政府から、講演料として多額の小切手を集めたのは、これが初めてではなかった。そして確かに、これが最後にもならなかった。(49)

二〇一〇年は米中関係にとって、張り詰めた時期だった。問題は山積していた。アメリカの台湾に対する武器輸出の後で、中国政府はアメリカの国防総省との、軍事的な関係を減らしていた。グーグル社が中国によるサイバー攻撃の被害を受けたと明らかにした。バラク・オバマが、北京で抗議の声が上がる中でダライラマをワシントンに迎えた。貿易問題や中国の為替操作の疑いについて高官らが折り合わず、両国関係はさらに硬直化した。同時に、中国は軍事的な力を誇示しようと、南シナ海の海底に潜水艦を送り、そこで海底に中国国旗を立てて、資源豊かなこの海域での中国の領有権の主張を示した。

アメリカの対中政策の中心にいたのに、オバマ政権の戦略的軸足をアジアに移す戦略の設計者である、ヒラリー・クリントンだった。

米中関係にとって重要なこの時期に、ビル・クリントンは、中国政府とその支持者らが費用を引き受けた多くの講演をこなした。クリントン一家の公開された財務情報を見ても、そのことは明らかではないかもしれない。たとえば、ビルは二〇一一年一〇月二一日に、「シリコンバレー・情報ビジネス同盟、於カリフォルニア州サンタクララ」と呼ばれるものの前で、講演した。しかし、誰が講演の費用を引き受けていたのだろうか。ビルの事務所と国務省とのやり取りによれば、共催者は中国政府の事業体や団体の一団だった。ビルは二〇万ドルを受け取り（アメリカ国内での講演料の平均よりかなり高い）、スポンサーは中国電子商業協会（中国政府の工業情報化部の高官が始め、議長を務めている団体）(50)、蘇州人民政府（上海周辺の自治体）、中国科学技術産業団地協会（この第三者のスポンサーは無害に聞こえるが、これは中国の政府が運営している事業体だ）、そして、米中関係の促進を目指す、カリフォルニアに拠点を置く小さい団体であるカリフォルニア州友好委員会だ。(51)

何が許されて、何が許されないかについて、明確な基準はなかった。カリフォルニアでのこの講演の後で、ビル・クリントンの事務所は国務省に接触し、上海機場（集団）有限公司（ＳＡＡ）がスポンサーする講演の承認を求めた。国務省が次のように返信してきた時に、同省がすでにカリフォルニアでの講演を承認していたという、柔軟性と理解のなさに気づいてほしい。

「貴殿の書簡は、国有事業である上海機場(集団)有限公司が、名目だけのスポンサーだと述べている。このことは、クリントン大統領の講演料に、ＳＡＡはいくらの資金も拠出しないという意味だろうか。私たちは、これまでに中華人民共和国が関連した団体からの講演料の受け取りを認可したことがあるとは思わないが、この種のバリエーションも考慮しうる」

国務省の倫理局は「バリエーション」を「考慮」するつもりがあると、クリントンの事務所宛に書いている。最終的に、クリントンは講演を辞退した。彼の事務所は、スケジュールの問題があったと言っている。

ビルはまた、「中国の最悪な億万長者の建設業者」と呼ばれるヤン・ジエヒという中国の億万長者が費用を引き受けた、ファーツオＣＥＯフォーラムと呼ばれる上海でのイベントに登場し、五五万ドルを受け取った。ヤンが財を成したうちの一部は、大規模な政府の建設契約によるものだった。彼の会社はおそらく、七〇〇カ所の山の頂を取り除き、平らにしたとして、中国で最もよく知られている

（ヤンは弁護として、実際の数字はそんなに多くないと言っている）。(52) クリントンが「近しい友人」と呼ぶヤンは、遠慮なく物を言うナショナリストで、「外国は中国を見下してはならない。私は、この国、この民族、中国が歴史上、最も偉大であることを知っている」と述べている。(53)
国務長官としてのヒラリーの指名の以前には、ビルは中国本土で二回の講演しか行っておらず、額にして合計で四五万ドルだった。

第一章で描いた通り、ヒラリーの指名後、クリントン夫妻は、これから始まるオバマ政権のホワイトハウスと連邦上院の両方に、ビルの講演とビジネスの結びつきについて国務省の倫理局が調査すると約束した。
この方法論は失敗する運命だった。なぜなら、行われるはずの情報公開は、寄付者の名前の他には何も明記することを求めておらず、もちろん、投資や彼らが国務省とどのような案件を持っているのかについては埒外だった。情報公開法（ＦＯＩＡ）を通じてジュディシャル・ウォッチが入手した、ビルの事務所と国務省の倫理担当官との間のやり取りの調査では、ビル・クリントンの事務所は誰がそれぞれの講演に支払いを行ったのかについて、おざなりの説明以外のものを提供していなかった。(vi)
たとえば、キーストーン・パイプラインへのＴＤバンクの関与は、一度も公開されていない。講演に関係するやり取りの中で、エリクソン社は単に「世界をけん引する電信機器の提供者」とのみ記されていた。国務省との間での当時のもつれについては、一切言及がない。そして、同省は利益相反が起こらないとして、二一五の講演活動についてOKを出した。(54)

クリントンの申請に対して返答する倫理担当官にしてみれば、重要なのは迅速な回答だった。そして、威嚇という要素もあった。彼らは、最上位の上司の配偶者が行った講演について、審査していたのだ。しかも、その配偶者は元大統領だった。ちなみに、ビルの講演についての彼の事務所と倫理局とのやり取りは、ヒラリーの首席補佐官でビルの長い間の友人であるチェリル・ミルズのもとに、コピーが回されていた。(55)そして、誰が倫理局を当時、取り仕切っていたかって? それは、国務省法務顧問のハロルド・コーで、彼はクリントン大統領が以前に、民主主義、人権、労働問題担当の国務次官補に任命していた。(56)

倫理問題で言えば、ビルの最大の講演料の支払いの一部は、スキャンダルにまみれたナイジェリアからのものだった。次章で見ていくように、アフリカ大陸とのクリントン一家の金融面での結びつきは深く、そしてたびたび、問題を秘めた評判と、汚職で充実した経歴を伴うものだった。

(vi)ジュディシャル・ウォッチは保守系の行政監視団体。情報公開法などを用いて、政府関係者らの不正などをチェックしている。

(1) Mcintire, Mike, "Clintons Made $109 Million in Last 8 Years," *New York Times*, April 4, 2008, http://www.nytimes.

com/2008/04/05/us/politics/05clintons.html?pagewanted=print&_r=0. Sullivan, Sean. "Hillary Clinton on `Dead Broke' Comment: `I Regret It,' " *Washington Post*, July 29, 2014, http://www.washingtonpost.com/blogs/post-politics/wp/2014/07/29/hillary-clinton-on-dead-broke-comment-i-regret-it/

（2）"The Keystone XL Pipeline Timeline," *Wall Street Journal*, April 24, 2014, http://blogs.wsj.com/washwire/2014/04/24/the-keystone-xl-pipeline-timeline/. Priaro, Mike, "A `Canada-first' Canadian Energy Strategy," Mining.com, October 26, 2012, http://www.mining.com/web/a-canada-first-canadian-energy-strategy/

（3）US Department of State, "Application of Transcanada Keystone Pipeline," May 4, 2012, http://keystonepipeline-xl.state.gov/documents/organization/1895.04.pdf.

（4）Louvel, Yann, "Dodgy Deal: Keystone XL Pipeline," Banktrack.org, March 5, 2014, http://www.banktrack.org/manage/ajax/ems_dodgydeals/createRDF/keystone_xl_pipeline.

（5）Volcovici, Valerie, "Opponents Seek to Debunk U.S. Keystone Claimh, Joint Green Report," *Financial Post* (Canada), August 30, 2013.

（6）Baker, Peter, and Helene Cooper, "Clinton Is Said to Accept Secretary of State Position," *New York Times*, November 21, 2008, http://www.nytimes.com/2008/11/22/us/ politics/220bama.html.

（7）"Hillary Clinton 2008 Personal Financial Disclosure," OpenSecrets.org, January 5, 2009, http://pfds.opensecrets.org/N00000019_2008_Nom.pdf.

（8）"Hillary Clinton 2009 Personal Financial Disclosure," OpenSecrets.org, June 24, 2010, http://pfds.opensecrets.org/

N00000019_2009.pdf.

(9) "Hillary Clinton 2010 Personal Financial Disclosure," OpenSecrets.org. July 11, 2011, http://pfds.opensecrets.org/N00000019_2010.pdf.

(10) Shecter, Barbara, "How TD Bank Is Linking Up with Bill Clinton to Win over the U.S. Market," *Financial Post* (Canada), July 23, 2014, http://business.financialpost.com/2014/07/23/how-td-bank-is-linking-up-with-bill-clintom-to-wim-over-the-u-s-market/?__federated=1.

(11) "Centre to Honour Frank McKenna; Former U.S. President Bill Clinton Will Be on Hand in Antigonish for Launch," *News and Transcript* (New Brunswick), April 8, 2011. "Executive Biographies: Frank McKenna," TD Bank Financial Group, 2014, http://www.td.com/about-tdbsg/corporate-information/executive-profiles/mckenna.jsp.

(12) Harder, Amy, "U.S. Oil Giants Poised to Gain on Keystone Pipeline," *National Journal*, August 4, 2011, http://www.nationaliournal.com/energy/u-s-oil-giants-poised-to-gain-on-keystone-pipeline-20110804. "Board of Directors," Canadian Natural, 2014, http:// www.cnrl.com/about-cmq/board-of-directors.

(13) Pasternak, Sean B., "Goolsbee Says U.S. Opponents of TransCanada's Keystone Pipeline Are Naive," Bloomberg.com, November 8, 2011, http://www.bloomberg.com/news/2011-11-28/goolsbee-says-those-in-u-s-opposing-keystone-xl-are-na-ve-.html.

(14) Eilperim, Juliet, and Steven Musson, "Keystone Pipeline Lobbyist Works All the Angles with Former Colleagues," *Washington Post*, September 22, 2011, http://www.washingtonpost.com/national/health-science/transcanada-pipeline-

lobbyist-works-all-the-angles-with-former-colleagues/2011/09/16/gIQAYq3BnK_story.html.

(15) Alberts, Sheldon, "State Department Denies Bias on Keystone Pipeline," *Calgary Herald*, October 4, 2011, D1 sec.

(16) De Souza, Mike, "Alberta Hired Ex-Clinton Aide to Blunt、Keystone Criticism," *Toronto Star*, August 14, 2014, A2 sec.

(17) Kroll, Andy, "Exclusive: State Dept. Hid Contractor's Ties to Keystone XL Pipeline Company," *Mother Jones*, March 21, 2013, http://www.motherjones.com/politics/2013/03/keystone-xl-contractor-ties-transcanada-state-department.

(18) "Hillary Clinton 2011 Personal Financial Disclosure," OpenSource.org, June 29, 2012, http://pdfs.opensecrets.org/N00000019_2011.pdf.

(19) McCarthy, Shawn, "State Department E-mails Trigger Allegations of Bias in Keystone Review," *Globe and Mail* (Toronto), September 22, 2011, http://www.theglobeandmail.com/globe-investor/state-department-e-mails-trigger-allegations-of-bias-in-keystone-review/article395214/.

(20) US House of Representatives, Energy and Commerce Committee, "Keystone XL: #TimeToBuild," http://energycommerce.house.gov/content/keystone-xl (accessed January 2015)..

(21) VanderKlippe, Nathan, "How a Pipeline Was Defeated. Actors, Activists and One Key Conversation," *Globe and Mail* (Toronto), November 11, 2011, http://www.theglobeandmail.com/globe-investor/how-a-pipeline-was-defeated-actors-activists-and-one-key-conversation/article4200493/.

(22) Sheppard, Kate, "Clinton Tips Hand in Favor of TransCanada's Massive Pipeline?" *Mother Jones*, October 20, 2010, http://www.motherjones.com/blue-marble/2010/10/clinton-tips-hand-favor-transcamadas-massive-pipeline.

(23) VanderKlippe, "How a Pipeline Was Defeated."

(24) McCarthy, Shawn, "U.S. Values Canada as Energy Supplier," *Globe Advisor,* May 11, 2012, https://secureglobeadvisor.com/servlet/ArticleNews/print/gam/20120511/RBSTATEENERGYMCCARTHYATL. US House of Representatives, Energy and Commerce Committee, "Keystone XL: #TimeToBuild."

(25) Dixon, Darius, and Dan Berman, "Bill Clinton on Keystone XL Pipeline: `Embrace' It," *Politico*, February 29, 2012, http://www.politico.com/news/stories/0212/73445.html.

(26) Goodman, Lee-Anne, "Bill Clinton Goes to Bat for Keystone XL Even as His Wife Decides Its Fate," *Canadian Press*, February 29, 2012, http://www.stalbertgazette.com/article/GB/20120229/CP02/302299787/-1/SAG08/bill-clinton-puts-in-good-word-for-keystone-xl-wise-to-decide-its&template=epArt.

(27) "Clinton: I've Traveled Around Canada Avoiding Answering Questions About the Keystone Pipeline," online video clip, Rising ICYMI, Youtube, January 21, 2015, https://www.youtube.com/watch?v=ui3qagfMIJI

(28) Shecter, Barbara, "How TD Bank is linking up with Bill Clinton to win over the U.S. market," Financial Post, July 23, 2014, http://business.financialpost.com/2014/07/23/how-td-bank-is-linking-up-with-bill-clinton-to-wim-over-the-u-s-market/.

(29) Jackson, David, "Bill Clinton Made $13.4M in 2011 Speech Fees," *USA Today*, July, 5, 2012, http://content.usatoday.com/communities/theoval/post/2012/07/bill-clinton-made-134m-in-2011-speech-fees/1#.U_suCP3DdBM.

(30) Spirgel, Larry,"Form 20-F for the Fiscal Year Ended December 31, 2009" report, September 29, 2010, http://www.sec.gov/Archives/edgar/data/717826/000119812510219206/filename1.htm.

(31) 同右。

(32) US Department of State, Embassy in Stockholm, "Swedish-Iranian Economic Relations: Business as Usual, Resistance to Financial Sanctions," WikiLeaks, December 15, 2009, http://www.wikileaks.org/plusd/cables/09STOCKHOLM778_a.html.

(33) US Department of State, "2010 Human Rights Report: Belarus," report, April 8, 2011, http://www.state.gov/j/drl/rls/hrrpt/2010/eur/154414.htm.

(34) Elgin, Ben, "House Bill May Ban U.S. Surveillance Gear Sales," Bloomberg.com, December 9, 2011, http://www.bloomberg.com/news/2011-12-09/house-bill-would-ban-surveillance-gear-sales-by-american-firms.html.

(35) "Escalating Sanctions on Iran," *Frontline*, PBS, June 3, 2011, http://www.pbs.org/wgbh/pages/frontline/tehranbureau/2011/06/-qa-w-patrick.html.

(36) US Department of State, Bureau of Public Affairs, "New Sanctions on Iran," news release, November 21, 2011, http://www.state.gov/r/pa/prs/ps/2011/11/177609.htm.

(37) "House Bill May Ban U.S. Surveillance Gear Sales." Bloomberg.com, December 9, 2011, http:// www.bloomberg.com/news/2011-12-09/house-bill-would-ban-surveillance-gear-sales-by-american-firms.html. President of the United States, Executive Order no. 13590,3C.F.R. (2011).

(38) Puzzanghera, Jim, "U.S. puts sanctions on telecom firms in Syria, Iran, *Los Angeles Times*, April 25, 2012, http://articles.latimes.com/2012/apr23/business/la-si-obama-tech-sanctions-20120424; Stecklow, Steve, "Exclusive: Ericsson helps Iran telecoms, letter reveals long-term deal," *Reuters*, November 20, 2012, http://www.reuters.com/article/2012/11/20/us-iran-

ericsson-idUSBRE8AJOIY20121120.

(39) Chrisafis, Angelique, "Tunisia: Gang Violence Mars Celebration of Popular Uprising." *The Guardian*, January 15, 2011, http://www.theguardian.com/world/2011/jan/15/tunisia-protests-zine-al-abidine-ben-ali. Batty, David, "Egypt Bomb Kills New Year Churchgoers," *The Guardian*, January 1, 2011, http://www.theguardian.com/ world/2011/jan/01/egypt-bomb-kills-new-year-churchgoers.

(40) Finn, Tom, "Yemeni Protesters Shot Dead at Samaa University," *The Guardian*, February 23, 2011, http://www.theguardian.com/world/2011/feb/23/yemen-protesters-shot-dead-university. Black, Ian, "Arrests and Deaths as Egypt Protest Spreads across Middle East." *The Guardian*, February 14, 2011, http://www.theguardian.com/world/2011/feb/14/middle-east-iran-bahrain-yemen.

(41) "US Sanctions Foreign Firms Trading with Iran," *BBC News*, May 24, 2011, http://www.bbc.co.uk/news/world-middle-east-13528637. US Department of State, "Seven Companies Sanctioned under the Amended Iran Sanctions Act," May 2011, http://www.state.gov/r/pa/prs/ps/2011/05/164132.html.

(42) "US Hits Iranian Shipping with Sanctions." *Agence France-Presse*, June 20, 2011, http://www.mojahedin.org/newsen/13104/US-hits-Iranian-shipping with-sanctions.

(43) 同右。

(44) US Department of State, Embassy in Abu Dhabi, "Codel to Lowey with UAE Foreign Minister on Iran," WikiLeaks, February 22, 2010, http://www.wikileaks.org/plusd/cables/10ABUDHABI97_a.html.

(45) "Abu Dhabi Global Environmental Data Initiative (AGEDI)," BlueCarbon Portal.org, http://bluecarbonportal.org/ Pdt_portfolio-abu-dhabi-global-environmental-data-initiative-agedi (accessed January 2015). "Hillary Clinton 2011 Personal Financial Disclosure," OpenSecrets.org, June 29, 2012, http://pfds.opensecrets.org/N00000019_2011.pdf

(46) Smith, Mark, "On UAE National Day, We Honor Dubai's Eye-Popping Milestones," *Condé Nast Traveler*, December 2, 2011, http://www.cntraveler.com/stories/2011-12-02/uae-national-day.

(47) "Global Eye on Earth Summit Launched in Abu Dhabi," *International Diplomat*, http://thediplomatmagazine.com/events-gallery/global-eye-on-earth-summit-launched-in-abu-dhabi/.

(48) "UAE Foreign Minister Meets with US Secretary of State," UAEinteract, December 15, 2011, http://www.uaeinteract.com/docs/UAE_Foreign_Minister_meets_with_ US_Secretary_of_State/47685.htm. さておき、講演の資金を追跡するのは、難しい場合がある。クリントン個人の財務公開書式によれば、王家が公式に保有する会社がスポンサーをした講演は、これを除けば他にはなかった。

(49) *Judicial Watch v. U.S. Department of State*, Case No. F-2011-03401, Doc No. C05459127 (2014), 419.

(50) "E-Commerce Association Welcomed," *People's Daily* (China), June 22, 2000, http://english.peopledaily.com.cn/english/200006/22/eng20000622_43679.html.

(51) *Judicial Watch v. U.S. Department of State*, 213.

(52) Cendrowski, Scott, "China's Baddest Billionaire Builder." *Fortune*, July 7, 2014, http://fortune.com/2014/07/07/yah-jiehe-

china/

(53) Zhang Yiwen, "Yan Jiehe Talks about Enterprise Development," *China Daily*, September 6, 2012, http://cblehinadaily.com.cn/2012-09/06/content_15738486.htm.

(54) "Clinton Corruption Bombshells," *Judicial Watch*, August 1,2014, http://www.judicialwatch.org/press-room/weekly-updates/clinton-corruption-bombshells/.

(55) *Judicial Watch v. U.S. Department of State.*

(56) Powell, Catherine, "Dean Harold Koh: A Great Nomination for State Department Legal Advisor," *Huffington Post*, April 10, 2009, http://www.huffingtonpost.com/catherine-powell/deam-harold-koh-a-great-n_b_185816.html.

第八章　軍閥の経済学

クリントン夫妻のアフリカ進出

大きく広がりゆくコンゴ民主共和国（ＤＲＣ）の首都・キンシャサにヒラリー・クリントン国務長官が降り立ったのは、異様な暑さの二〇〇九年七月だった。以前にはザイールと呼ばれていた同国は、数十年にわたって、「恐怖の館」だった。腐敗した独裁者に支配され、少年兵がはびこり、部族抗争に悩まされ、周辺国からの侵略に悩まされたＤＲＣよりも、地獄のような場所は、地球上にほとんどない。

ヒラリーは上院議員として、ＤＲＣの腐敗と暴力を根絶する仕事のリーダーだった。彼女は二〇〇六年、「コンゴ民主共和国の救援、安全保障、民主主義の推進に関する二〇〇六年の法律」に共同発案者として最初に署名したうちの一人となった。上院での一二人の共同発案者の一人である。この法律は――当時のバラク・オバマ上院議員の起草によるものだが――人権、汚職、性暴力についての条項を含むものだった。同法はまた、紛争鉱物と呼ばれる、同国で起きている暴力の多くを煽っている希少資源の不正な貿易の問題についても扱うものだった。この法案は、国務長官に同国の問題と戦う本物の力と権限を与えるもので、実効力を伴っていた。同法案は、上下院を通過し、ジョージ・

W・ブッシュ大統領が署名して成立した。(1)

ヒラリーはまた、リベラル系のアメリカ進歩センターが始めた、アース・プロジェクトというイニシアチブを、声を大にして支持していた。このプロジェクトは、DRCの鉱産会社と最終消費者に資源の産出地について説明責任を求めることになる、国際認可制度の創設を呼びかけていた。ダイアモンド貿易については、類似の枠組みが、数年前に設立されていた。ヒラリーがキンシャサに着いてすぐに、コンゴ出身の元NBAスターであるディケンベ・ムトンボが、自身の亡き母を偲んで建てられた病院を案内した。ムトンボは、この地域でのプロジェクトで、クリントン財団と、クリントン国際イニシアチブ(CGI)の両方と一緒に仕事をしていた。(2)

ヒラリーは、コンゴの状況が良くなるよう助けるために彼女が献身的に取り組むことについて、学生と話した。彼女は彼らに「DRCのポテンシャルは無限だと、私たちは知っている」「私たちは、責任感と透明性がある文民が率いる強い政府を、あなた方がつくれるように支援するつもりだ」と述べた。彼女は、キンシャサから国連機に乗り込んで(彼女のアメリカ機は大きすぎた)、東部の都市であるゴマへ、ジョセフ・カビラ大統領を訪ねに向かった。そこで彼女は、国民を恐怖に陥れているレイプと性暴力を減らすための取り組みについて語った。彼女は同時に、同国の儲けのよい鉱産貿易についても話した。各国のメディアの前で、彼女は次のように述べた。

「私は、採鉱や木材といった資源の搾取について、特に懸念を持っている。そうして採れた資源は、この国の国民を助けることにまったくなっていない」(3)

彼女の言葉は力強かった。しかし、国務長官としての彼女の行動は、上院にいた頃に彼女が取っていたスタンスに、まるで近いものではなかった。ジョンズホプキンズ大学のある学者が表現したように、彼女自身が共同提案した法律が、クリントン国務長官によって履行されることはまったくなかった。(4) さらには、DRC政府は二〇一一年に、広く非難を受けた国政選挙を行った。しかし、国務省はそれらを是正することに、ほとんど興味を示さなかった。コンゴ政府が、カビラ大統領が有利なように選挙中に憲法を変えた際も、国務省はそれを「内政問題」と言った。国連の専門家グループがコンゴの武装集団が隣国ルワンダの政府と関係していると指摘したことで、ルワンダのコンゴに対する軍事干渉が、数十万人を死に至らしめたことが証明された。ヒラリーの国務省は、その調査の批判的な部分の公表を妨害するか遅らせようとするとともに、ルワンダに対して反乱を支援することを止めるように「静かに」お願いしたという指摘もある。(5)

ヒラリーが強い立場を取っていた二〇〇六年と、彼女が国務長官になった二〇〇九年の間に、何があったのだろうか。彼女は立場を変えたのだろうか。もしそうだとしたら、なぜだろう。彼女が行った政策について、なぜ彼女がそれを実行したのかを知ることは、私たちには結局のところできない。しかし、政策変更がクリントン財団の大口の寄付者の利害と一致している箇所を、指摘することはできる。

二〇〇七年一月二〇日、ヒラリー・クリントンはワシントンDCの自宅にある、金色のソファーに座り、彼女が検討委員会をつくろうとしており、連邦選挙管理委員会（FEC）に大統領候補の登録をしたと、インターネットを通じて発表した。彼女は「私は参加する。そして、勝つために参加する」と宣言した。(6)

世論調査の数字は、彼女が自信をもつ理由を与えていた。ジョージ・W・ブッシュの支持率がまっさかさまに落ちている中で、共和党員の間には、同党がホワイトハウスを維持するのは困難になっているという、落ち込んだ感じがあった。そして、民主党員の間では、ヒラリーは序盤からのトップ候補だった。

識者や世論調査員、アメリカの世論は、関心を払っていただけではない。ヒラリーの出馬表明は、それから数週、数カ月にわたって、クリントン財団やクリントン一家自身の懐に、海外からの資金を滝のように流れ込ませることになる。かなりの資金が、世界の問題地域に巨額の投資を行っている海外投資家から来た。アフリカで商売の機会を確実に得るためには、時に政府高官へ賄賂を払うことが必要になる。今やこれらの投資家たちは、ワシントンの最高位の権力とのコネや、政治的な保護を求めていた。

ヒラリーの大統領選出馬表明から数カ月後の二〇〇七年七月六日、クリントン財団は、隠遁していたスウェーデンのルーカス・ランディンという鉱産投資家が、「アフリカのためのランディン」という慈善団体を通じて、一億ドルを約束したと発表した。発表によれば、「アフリカのためのランディンによる寄付の約束は、大部分が、ランディン・グループが巨大な鉱産、石油、ガスの利権を持っているアフリカでの承認プロジェクトのためのものになる」という。(7)ランディンはカナダのバンクーバーに住んでおり、ビジネスの業務を管理するために、海外にあるいくつかの信託財団を使っていた。フランク・ギウストラの友人であるランディンは、アフリカの軍閥や独裁者らと取り引きを結んで、貴重な天然資源や石油を入手するという、広がりゆく事業のトップを務めていた。長年のウォッチャーは、次のように指摘する。

「この会社は、制裁に遭っている国々で業務を行う戦略を進めており、他の多くの競合企業が営業できないリビアや、イラン、スーダンのような国々で、資産を築いている」(8)

この種類のビジネスは、汚職や人権についてそっぽを向く気があれば、莫大な利益をもたらすものになり得る。しかし、この戦略はまた、巨大なリスクをはらむものでもあった。彼がクリントン財団に寄付を約束した二〇〇七年までに、彼の会社はそのビジネス取引について、アメリカやヨーロッパで大きな政治的、法的な圧力にさらされていた。ランディン・グループは、スーダンで石油を掘っている二社しかない西側の会社の一つだが、同国は大規模な人権侵害でメディアの関心の的になっていただけではなく、アメリカ国務省のテロ支援国家リストにも載っていた。人権活動家は、年金基金に対して、同社の株式を売り払うように催促していた。さらに問題なことに、ランディン・グループは、戦争犯罪と人道に対する罪で共謀したとして、ストックホルムの国際訴追会議所からの調査を受けていた（二〇一二年に、首席検事は告訴しないと決定した）。(9) クリントン財団への寄付の発表について、同家の広報担当は次のように説明した。

「これはやましさを和らげようとするものではない。私たちは、鉱産が行われているアフリカの国々に、良い影響を与えたいと考えている」(10)

これは本当かもしれないが、クリントン財団がなぜ、大口の寄付金を、そのような怪しい出所から受け取ることが適切だと考えたのかについて、説明するものではない。

ランディンの企業群は、国連による国際制裁の適用後にアパルトヘイト下の南アフリカでの鉱産で大金を稼いだルーカスの父のアドルフが設立したものだ。国際的な圧力にさらされて他社が同国から逃げ出す中で、ランディンはそこに留まった。二〇〇六年にアドルフが他界すると、ルーカスは父親が残したところから始め、事業に乗り出す会社がほとんどないアフリカの暗い地域で仕事をした。支配権を握っているアフリカ石油コーポレーションは、腐敗した独裁体制が支配している地域であるエチオピアのリフト・バレーで、積極的に活動している。ランディンはまた、現地政府が一九九〇年に崩壊し、つまるところ軍閥が支配しているにもかかわらず、ソマリアで採掘を行っているホーン・ペトロリウムという子会社も持っている。(11) ルーカス・ランディンはまた、エチオピアから分離を図っていたエリトリアという地域で採鉱しているNGEx資源という会社の会長でもある。(12) 同社は、モーリタニアやガーナでも、金の採掘事業で、大きな権利を持っている。(13)

しかし、多分、ランディンのポートフォリオの中で最も儲けのいい鉱産事業は、犠牲者、腐敗、戦闘が、おそらく他のアフリカのどの地域よりも多い、戦禍に遭っているＤＲＣだった。

ランディン一家は、マルキストの軍閥と取り引きをまとめることで、首尾よく足がかりを得ていた。一九九七年の初めには、コンゴの反乱のリーダーで、かつてチェ・ゲバラとともに活動したことのあるローラン・カビラは、同国の強権的な統治者だったセセ・セコを転覆させる運動の最中だった。この反乱運動を財政面でまかなうために、彼はカナダに代表者を送り、鉱産会社と投資機会について話し合いを持たせた。彼の提案はシンプルだった。金をよこしてくれ、そうすれば、私が権力を収めた際には、あなた方にわが国での儲けのよい採掘権を与えましょうというものだった。初めに食いついてきたうちの一人は、反乱軍と合意を結び、首都へと進軍するのに必要な資金のほとんどを供与していたランディン家だった。報じられているところによると、ランディン一家は、カビラの「財務大臣」に五〇〇〇万ドルを支払っており、これは、反乱軍に彼らが渡すことになる二億五〇〇〇万ドルの最初のものとなった。反乱軍は現金を求めており、誰の説明でも、彼らは自分たちが何をしているのか分かっていなかった。カビラの鉱産大臣であるカンバーレ・ムツロは、一つも鉱山を見たことがなかった。彼と面会したある企業幹部は「彼は私たちに、鉱山の運営の仕方の本をいくつか送ってほしいと頼んできた」と述べている。(14)

ランディン家にとっては、これは途方もなく儲かる機会であった。アドルフ・ランディンは当時、「鉱産業の歴史には、素晴らしい条件のもとで、今回のような合意を結ぶことができる瞬間がある」と述べた。(15)

ルーカス・ランディンが、クリントン財団に一億ドルを誓約するまでに、コンゴでの事業は、会社に驚異的な利益をもたらしていた。(16)しかし、その利益が驚異的であり続けるためには、アメリカの政策が変化しないままでいる必要があった。ヒラリーが共同起草者となった二〇〇六年のコンゴの救援、安全保障、民主主義の推進に関する法律は、これらの投資を深刻なリスクにさらした。なぜなら、これらの投資は国の政治的な指導層を転覆させる脅威を与えていたからだ。ランディンの利益となっていたのは、現状のままのコンゴだ。そして、この現状は、国務長官としてのヒラリーが、数年前に――ランディンの寄付の以前――自身が強力に推進した法律の条項を、自ら履行することを怠ったことで守られていた。フォーリン・ポリシー誌の二〇一二年七月の記事によれば、同法は実効力のあるもので、国務長官に多数の重要な方法で介入する力を与えていた。しかし、未知の理由によって、ヒラリーはそうしないことを選択した。

この不作為の失敗は、よく言って、怠惰の罪という説明ができるかもしれない。DRCに本物の変化をもたらすという上院議員としての約束によって、より深さが増した罪ではあるが。しかしヒラリーは、強いつながりのある鉱産企業が自身の利害を脅かされたと見た際には、積極的に直接介入する意思があるようだった。これには、特に支援する理由もない外国の鉱産企業も含まれる。DRCの政府委員会は二〇〇九年、ファースト・クオンタム・ミネラルズ社というカナダ企業が、ロンシ鉱山（一〇億カナダドルの価値がある）の有利な採掘権を、疑わしい方法で勝ち取ったことを明らかにした。委員会によると、ファースト・クオンタム社は、何の競争入札もなしに権利を勝ち取ったという。同社は採掘権獲得のため、何人かの政府高官に現金の支払いと株式を提供したと言われている。DRCの高官は、契約を破棄して、同社の免許を停止することを望んでいた。しかし、著名なフランス誌であるル・モンド・ディプロマティークによれば、ヒラリーが介入し、政府に対してこの会社の免許を復活させるように圧力をかけようとしたという。ファースト・クオンタム社は二〇一二年一月、コンゴの資産に対して一二億五〇〇〇万ドルの支払いを受けている。(17)

なぜアメリカ国務省は、特に鉱山の利益の九〇%が中国に流れているのに、DRCで活動しているカナダ企業のために介入しようとしたのだろうか。私たちには分からない。しかし、ファースト・クオンタム社がクリントンの長年の友人で恩人であるジャン・レイモンド・ブールが設立したものだということは、確かに指摘するに値することだろう。ブールこそが、ビルが知事だった一九八〇年代に、アーカンソー州にダイアモンド鉱山をつくった人物なのだ。ヒラリーは、クリントン大統領の就任パーティーで、彼のダイアモンドを身につけていた。

しかし、DRCの莫大な鉱物の富を利用しようとしているクリントンの寄付者や仲間は、ブールだけではなかった。

元NBAスターのディケンベ・ムトンボはパートナーとしてクリントン国際イニシアチブと仕事をしており、二〇一〇年には国務省のヤング・アフリカン・リーダーズ・イニシアチブにヒラリーから任命された。二〇一一年一〇月には、彼はスーダンへの国務省の公式代表団のメンバーだった。その翌月、彼は、ヒラリーの大統領選を束ねたケース・ラウォールとともに、コンゴ民主共和国から四・

五トンの金を運び出す一〇〇〇万ドルのベンチャーに加わった。(18) 国連の報告書によれば、この案件は、「コンゴ民主共和国で活動しており、子供や女性を標的とするなどの深刻な国際法違反を犯している個人」を含めた、地球上で最も悪名高い戦争犯罪人が関係するものだという。(19)

ナイジェリア人の敬虔なイスラム教徒で、ヒューストンに住んでいたラウォールは、ナイジェリアで大きなビジネスを行っているCAMACというエネルギー会社のトップだった。彼にはまた、クリントン夫妻との長い関係の歴史がある。一九九〇年代に、ビルはラウォールをアフリカ貿易顧問委員会に任命した。(20) ビルが一九九八年に大統領としてアフリカを訪問した際にも、ラウォールは随行した。ラウォールのCAMAC社は、クリントン政権のエネルギー長官だったヘーゼル・オリアリーとホワイトハウスの上級高官だったリー・パトリック・ブラウン博士を取締役会に迎えていた。(21)

アトランティック・マンスリー誌の二〇一二年の報道によると、ラウォールはガルフストリームVというジェット機を借り、金採掘の取り引きを確実なものにするために、異母兄弟のミッキー・ラウォール（CAMAC社副社長）をレーガン・ムトンボ（ディケンベの甥）や同社の従業員とともに、アフリカへ派遣した。同様に関与していたのは、カルロス・セントメアリーという名のテキサスに拠点を持つダイアモンド貿易商だった。もしすべてがうまくいけば、期待される利益として二〇〇〇万ドルがすぐに手に入るということだった。(22)

しかし、すべてはそううまくいかなかった。ガルフストリームはコンゴのゴマにたどり着いた。金を得るために彼らが取り引きしていた男は、悪名高い軍閥リーダーのボスコ・ンタガンダだった。アフリカには極悪で犯罪的なリーダーが数多いが、ンタガンダはそのリストのトップに近いところに位置していた。国際司法裁判所は二〇〇六年に、少年兵を使用したとして彼を起訴している。彼はまた、アメリカ財務省の外国資産管理局のリストで、制裁対象の個人に分類されている。その結果、彼とビジネスを行うアメリカ国民は二〇年以下の懲役に問われる可能性があった。

国連の調査官が入手したテキスト・メッセージが明らかにしているように、ケース・ラウォールは自身が悪名で知られるンタガンダと取り引きしていることを承知していた。そして、彼は初めから、金がDRCからきていることを知っていた。軍閥による金輸出や犯罪の禁止と戦うために、DRC政府は管理のない金の国外輸出を禁止した。(23) ラウォールは不法行為への関与を否定した。

ラウォールとムトンボの代表団は、五〇〇万ドルを現金で送金し、金を待った。しかし、DRCの税関職員が、ガルフストリームを没収し、乗っていた全員を逮捕してしまった。(24)

この貸ジェット機のオーナーであるデイビッド・ディシエールは、真夜中に電話で、四三〇〇万ドルのこのジェット機は一〇箱の金を積んでいたが、今やゴマの当局によって拘束されたことを知らされた。いくつかの法律違反でコンゴ当局に拘束されたラウォールとムトンボは、釈放してもらおうと国務省にコンタクトを取った。ダイアモンド貿易商のセントメアリーは、後に法的な宣誓供述書で次のように述べている。

「ムトンボは、私たちのためにワシントンにたくさんロビーしてくれた。そして、彼は――ケースは彼の能力にとても感心していたが――私たちのためにアメリカ国務省に対してロビーする力を発揮

した。私は彼が知っている人の多さに驚いた。なぜなら、彼はクリントン政権で駐コンゴ大使を務めていたのだ」(25)

国務省の介入の後に、彼らは拘置所から釈放された。関係した誰も、アメリカ国内で刑事責任を問われなかった。

一方で、ルーカス・ランディンがクリントン財団に一億ドルの寄付を約束すると同時に、アフリカに多くの利害を持つある主要な海外投資家も、これと同じことをしていた。(26)

ヒラリーが大統領選への出馬を表明してから三カ月と経たないうちに、ビルは隠遁しているムハマド・アルアモウディという名のサウジの族長との会合のために、ロンドンにいた。アモウディは、鉱産や農業、ホテル、病院、鉄鋼業、セメント産業などでエチオピアに広く利権を持つ、ムハマド国際開発研究組織会社（ＭＩＤＲＯＣ）という名の大きなコングロマリットのトップだった。(27)

エチオピアで、エチオピア人の母とイエメン人の父の間に生まれたアモウディは、サウジアラビアで育ち、王国で二番目に裕福な男になった。(28) 彼の富の多くは、エチオピアの抑圧的な政府と彼の近しい関係から来たもので、同政府は鉱山、採掘権、土地といった政府資産を、かなりの値引き価格で彼に売却していた。彼の巨大な額の富は、同国の政府と結びついているもので、彼は政府が権力に

あり続けるのを助けることを目指すような行動を取っていた。(29)

二〇〇七年五月一四日、この族長は小さなセレモニーの中で、クリントン財団に二〇〇〇万ドルの寄付を約束すると発表した。彼は、二〇〇万ドルの小切手から始めた。(30)

アモウディはワシントンのお金のやり方について馴染みがあった。彼のワシントンでのロビー会社には、有給顧問としてジョージ・ミッチェル上院議員や、ロイド・ベントセン（ビルが大統領だった時に財務長官）、ボブ・ドールがいた。(31)

彼がクリントン財団に寄付を約束した二〇〇七年五月、エチオピアの民主主義と責任についての法律（HR２００３）が、ドナルド・ペイン議員によって導入された。この法案は、下院で素早く八五人の共同発案者を集めるに至り、二〇〇七年一〇月二日に同院を通過した。アメリカは毎年、数億ドルの税金をエチオピアに送っており、この法案は直接的に人権の向上に役立つかたちで支援をひも付けにすることをうたっていた。アモウディの利益からすれば、彼にたくさんのものを与えてきた政権に、改革を迫るような法案は、大きな問題だった。アモウディの商売上の利益は、エチオピアを支配している体制によって守られているものだった。実際に、彼の事業のいくつかは、政府資産の民営化の時期に、超特価で購入したものだった。新たなリーダーを迎え入れる民主的な選挙は、これらをリスクにさらすことになる。

法案が連邦上院に移ると、多くの人が、クリントン上院議員がどのような決断を下すのかに注目した。なんといっても、彼女は民主党の大統領候補指名のトップを走っており、上院軍事委員会の委員長でもあった。

あるエチオピアの人権団体は二〇〇九年に、クリントン財団のクリントン元大統領に書簡を送り、献金にはアメリカのエチオピアに対する政策に影響を与えようとする狙いがあると警告した。

「私たちには、クリントン財団への巨額の寄付が、エチオピア政府の代わりになされていると信じる理由がある。私たちは慈善行為の大切さを信じているが、この構図には懸念されることがある。誰の意見でも、エチオピアの有名なシェラトン・ホテルのオーナーであるアモウディ族長は、それほど慈善事業の面では知られていない」

国務省のヒラリーにもコピーが回されたこの書簡は、さらに他国のオブザーバーが見てきたことについて指摘している。このエチオピアの団体は、クリントンに宛てて次のように書いている。

「この億万長者(アモウディ)にわずかな額の支援をお願いした現地のエイズ団体は、断られてしまった。しかるに、世界の最貧国の一つから出た裕福な男がなぜ、母国の団体にノーと言い、その一方で一万マイルも離れたアメリカの団体に二〇〇〇万ドルを、たやすく出すのだろうか。献金がちょうどアメリカの大統領選が始まる頃に行われていることは、単なる偶然なのだろうか」(32)

この書簡はまた、クリントン財団が圧政の政府と近しい仕事上の関係を持っていると主張している。

「クリントン財団のエチオピアでの事業は、政府の活動とゆるくからみ合っている。私たちは、あなた方が政府を超えて、近くで貧しい人々と接している独立したコミュニティの団体を探すように勧めるものだ」(33)

ビルも財団も、返答しなかった。代わりに、これから見ていくように、ヒラリーは国務長官となり、アモウディの会社は、税金から来る資金など、アメリカ国務省からの特別な利益を受け取った。

アモウディの富の多くは、エチオピアの長年の独裁者であるメレス・ゼナウィとの関係から来たものだ。ヤギのようなひげとアーチ状のまつ毛を持つ小さな男のゼナウィはマルキストのメンギストゥ政権と戦う反乱軍に参加した。彼はすぐに昇格していった。彼らが一九九一年に政権に就いた時、ゼナウィは三六歳で国のトップになった。(34)

アモウディの富とエチオピアでのゼナウィの統治が、どれだけ近しく結びついているかについては、誇張しすぎる方が難しい(ゼナウィが二〇一二年に不可解な胃の病気で亡くなった時、アモウディは「私の右腕を失った」と言ったものだ)。(35) アモウディは、エチオピアの国営石油会社の七〇%分を政府から買うことができた。(36) この族長の会社の一つであるサウディ・スター社は、数万エーカーのエチオピアの土地を貸し与えられた。この族長は、エチオピアの鉄鋼生産を握っており、同国の独占的な金の輸出業者でもある。こちらも政府から購入した彼の鉱山のうちの一つは、年に一万ポンド以上の金と銀を産出している。(37)

ゼナウィの政策は地元民を土地から追いやり、森林を滅ぼし、禁猟区を侵すものだった。(38) イギリスの権威あるランセット誌は、アメリカや他国が提供した海外援助を政治的にいじるなど、彼の罪状リストは膨大だと報じている。

「海外の寄付者が提供した、大いに必要とされている食糧や農業支援は、与党と協力しない飢えた

村のコミュニティーに対しては与えられなかった」(39)

ゼナウィは、政敵を投獄し、反抗的な地域へ開発援助を与えず、不正で選挙に勝ち、市民社会のNGOを弾圧することで知られる、如才ない実務家だ。彼は、（二人のヨーロッパ人を含む）ジャーナリストに対して、長期の懲役刑を下している。アトランティック誌が伝えたように、「人権という観点から見れば、ゼナウィの統治は残虐で、過酷で、自己中心的だ」。(40)

プラスの面では、エチオピアは彼の統治のもとで、急速な経済成長を遂げた。そして、この経済成長によって、ビル・クリントンが彼を「アフリカの指導者の新しい世代」と褒めたたえることになった。(41)自国では残酷な独裁者でありながら、西側の一部の人々のご機嫌を取るゼナウィの能力は、あるオブザーバーをして「彼はジュネーブやロンドンでは、より可愛げがあるが、自国では厳格で、むしろ残酷な、独裁者だ」と言わしめた。(42)

彼の複雑な実績にもかかわらず、西側の多くの人は――クリントン夫妻を含め――彼を受け入れ、彼に正統性を与えている。リークされた国務省の公電によれば、ゼナウィは二〇〇七年、ピッツバーグでのG20首脳会談に参加する道すがら、ニューヨークでのクリントン財団のイベントに参加するように招待を受けていたという。(43)

ヒラリー・クリントンが二〇〇九年一月に国務長官となると、エチオピアの高官はアメリカの外交官に内密に接触した。エチオピアとアフリカでの人権の推進についてワシントンから出る公式の声明とは裏腹に、エチオピアの高官は動じなかった。二〇一〇年二月には、ヒラリーの国務次官補であるマリア・オテロがこの独裁者と会い、バートゥカン・ミデクサという名の政敵の苦境と逮捕についての質問を話題にした。ウィキリークスを通じて入手された国務省の電報によれば、ゼナウィは彼女に、ミデクサは永遠に牢獄で生活することになると話したという。反対派勢力については、彼は「全力を尽くして排除する」と言ったということだ。(44)

アメリカが彼の政府に年間で五億ドルものお金を送っていることを考えれば、これは驚くべきほどの侮辱の表明である。フォーリン・アフェアーズ誌は、次のように論じている。

「ワシントンはエチオピア政府に対して、これらの問題についての懸念を表明したが、エチオピア政府はネガティブなだけでなく、無礼な方法で応えた。二〇一〇年の会計年度に、アメリカから五億三三〇〇万ドルもの援助を受け取っているにもかかわらず」(45)

ゼナウィは国内の政敵だけでなく、同国で活動しているアメリカ商工会議所やジミー・カーターのカーター・センターといったアメリカの団体も、標的にした。あるウィキリークスの国務省公電によれば、アメリカ商工会議所やカーター・センターといった団体が、本国から送られたアメリカの金をエチオピアで使うことについて、政府の承認を求めることを義務付ける新たな方針について、外交官がゼナウィに懸念を示したという。ゼナウィはカーター・センターに関する限り、「おそらく、彼らが来ない方が、私たちはもっといい状態になるだろう」と述べた。外交官が、政府が政治的な理由から、特定の地域に対してどのように西側からの食糧援助を得ることを制限しているのかについて質問した時も、彼は同様に否定的だった。(46)

エチオピアは二〇一二年に、七億七〇〇〇万ドルの援助が計画されるなど、サハラ以南のアフリカでアメリカの援助を受け取っている最大の国の一つだった。国務長官としてのヒラリーは、アメリカの援助を受け取っている国々がそのお金の使い方において透明性を守っているかを評価することを求められていた。「国務省、海外活動、関連事業における予算割り当てについての法律は、財政の透明性の最低基準を満たさないあらゆる国の中央政府に対して、アメリカが支援を与えることを禁じている」（連邦官報事務局）。すなわち、ヒラリーがその国に免除を与えると決定しない限りは。(47)

国務省の高官はエチオピアが透明性の基準を満たしていないと判断した。リークされた大使館からの公電によれば、次の通りだ。

しかしながら、エチオピアは国家予算における歳出入についての情報公開を規定する、特定の法律や規制を持っていない。政府予算のデータについて独立した監査役はいないため、情報は額面通りに受け取られることになる。国際エコノミストは総じて、国家予算から省かれている予算外の項目に的を絞って批判している。特に、同国の国家予算は、与党が保有している一〇〇を超える国営事業や、七〇社以上の「財団」企業を含むものではない。

このような違反リストは続き、結論では「昨年、エチオピアの予算の透明性に影響する出来事は何もなかったが、エチオピア政府は財政の透明性の改善に向けたどのような取り組みも行っていない」

と指摘されている。アメリカの外交官がエチオピアの財務大臣に国家予算について尋ねた際、彼も完全な帳簿を見られないのだと主張した。そこで外交官は、「エチオピアが財政透明性についてのアメリカ政府のガイドラインに従う必要があることについて、同国政府の高官にメッセージを伝えた。しかし、このメッセージが聞かれることはなく、関係を悪化させるだけに見えた」という（ウィキリークス）。(48)

コンプライアンスの欠如と、透明性に向けた動きに関心がないように見えることとは裏腹に、ヒラリーはエチオピアに免責を認め、同国が透明性についての基準から逃げることができるようにした。(49)

エチオピアに対するアメリカの援助によって、直接の利益を得ていたのが、アモウディ族長だった。アモウディはエチオピアのダシェン銀行を保有しており、彼が持つ他の会社や事業の資金をまかなうために使っていた。ダシェンの年次報告書によれば、同行は、アメリカの税金で創設されエチオピアの融資に保証を与えているＵＳＡＩＤの開発信用保証メカニズムを通じて、金融面で利益を得ているという。(50)

ヒラリーが国務長官に任命された時、彼女はアフリカに対するアメリカの政策を策定するために、顧問の一団を連れてきた。しかし、政策策定に大きく関係した二人の個人は、国務省で働いた直接の経歴はなかった。夫のビルは、ヒラリーのもっとも近しいアフリカ問題のアドバイザーと考えられた。彼は何人ものアフリカの大統領たちとよく連絡を取り合う関係にあり、同地を定期的に旅していた。(51)

もう一つの非公式なアドバイザーは、元大使でヒラリーの陰の大物と見られているジョー・ウィルソンだ。(52)ウィルソンはアフリカのいくつかの国で大使として勤務した。彼は一九九七年に、ホワイトハウスにおける、クリントン大統領の特別補佐官と、アフリカ問題での上級局長に任命された。ウィルソンは、当時のビル・クリントン大統領のアフリカへの最初の外遊を、計画・実行する責任があった。この外遊はおそらく、彼の同大陸についての自覚を高めることになった。(53)

ウィルソンはおそらく、妻であり、ブッシュ政権の高官によって実名をさらされた元ＣＩＡエージェントでもあるバレリー・プラムをめぐる騒動において自身が果たした役割によって、最もよく知られている。ウィルソンは、妻の実名暴露は、自身がサダム・フセインがアフリカでウランのイエローケーキを求めているという政権の主張の嘘を暴いたことに対する、意図的な報復行為だと主張した。後になって、プラムの実名のリークは、ホワイトハウスではなく、国務省からだったことが判明した。それでもなお、夫妻はこの一件を、自身の経歴において活用した。プラムは自身の経験についての本を出版し、ショーン・ペンとナオミ・ワッツが主演する映画となった。ウィルソンのウランのイエローケーキについての主張は、後に上院諜報委員会によって誤りが明らかにされることになる。(54)

ウィルソンはクリントン夫妻と近しかった。彼の妻は「ヒラリー・クリントンの大統領選の選挙戦で、彼はとても活動的だった」と指摘している。ウィルソンは、当時のオバマ上院議員とは対照的に、ヒラリーは実際の世界での外交の経験があると言明する記事を執筆した。二〇〇八年四月、オレゴン州ポートランドでの遊説で、彼は「ヒラリーは疑いなく、より良い候補者だ」と述べた。ジョー・ウィルソンはまた、クリントン財団の派遣団の一員としてビル・クリントンとともに、アフリカへ出張している。(55)

ヒラリーが国務長官として指名されると、多くの人は、彼女がウィルソンをアフリカ問題での国務省の上級ポストに任命したいのだろうと思っていた。しかし、困難な上院の承認公聴会に直面することが、彼女を躊躇させた。多くの共和党員が、強烈に彼を嫌っていた。一方で、公式なポストを持っていなくとも、ウィルソンは国務省で強い存在感を持っていた。あるアフリカの経済誌は次のように指摘した。

「ウィルソンの陰に隠れた存在感は、依然として強く感じられ、このポストの将来の現職は、彼のおかげで思うように動くことができないだろう」(56)

ウィルソンは二〇〇七年一月、ニューヨークに本部を置くジャーチ・キャピタル社という投資会社の副会長になった。(57) 石油やウラン、金といった天然資源に注力している持株会社である同社は、「主権の変化」が期待される国々での契約をまとめることに特化している。戦争中の国々を表す、うまい言い方だ。(58)

同社はプレスリリースで「ウィルソン大使は、時に政治的に微妙な地域であるアフリカにジャーチ社が広がる際の、同社の発展の助けになることだろう」と指摘している。言葉を変えれば、コンゴでアドルフ・ランディンがやったように、ジャーチ社は、政権が変わった際に現金が入ることを期待しつつ、現地政府と戦う軍閥と契約を結ぶということだ（ウォール街の元銀行家でジャーチ社創始者のフィリペ・ヘイバーグが、軍閥と取り引きを結ぶ彼の戦略を説明していたように、「銃を扱わないといけない。これがアフリカだ」ということだ）。(59)

このベンチャーは、ブッシュ政権の国務省に関する限り、明らかに応援されたものではなかった。二〇〇七年にハーパー誌が、有識のオブザーバーの次の発言を引用している。「国務省はジャーチ社の関与を快く思っていない。なぜなら、アメリカ人が石油を求めて南へ行けば、どんな全国的な統一政府の願いも崩壊することを知っているからだ」(60)

しかし、ジャーチ・キャピタル社は、事業をどのみち押し進めた。ウィルソンは、クリントン政権に仕えていた時にスーダンの軍閥とやり取りしたことがあったため、特に助けになった。彼はこの地域のことをよく分かっており、交渉術を身につけていた。これらのスキルは、ジャーチ社にとって極めて価値のあるものだと証明された。

ジャーチ社はスーダンで活動している何人かの軍閥リーダーらと近しかった。ヒラリーが国務長官に任命された直後の二〇〇九年に、ジャーチ社はスーダンのユニティ州に、五〇年契約で四〇万ヘクタール（あるいは、バーモント州と同規模の一〇〇万エーカー）の土地を借りた。(61)同地で農業を営む権利に加えて、同社は石油やウランの権利も手に入れた。フィナンシャル・タイムズ紙が指摘したように、この契約は明らかに一九世紀的な香りのするものだった。(62)

スーダンは内戦の真っ最中であり、アメリカは、同国でビジネスをしたいと望むアメリカ企業に制裁を課していた。そのため、ジャーチ社は、アメリカ国外で登録したジャーチ・マネジメント社という系列会社を立ち上げ、制裁回避を容易にした。(63)

ジャーチ社は、スーダン人民解放軍（ＳＰＬＡ）の元副司令長官で、南スーダン防衛軍（ＳＳＤＦ）の元トップであるパウリーノ・マティプ・ニアール将軍の長男、ガブリエル・マティプと取り引きを行い、土地を取得した。将軍はまた、ジャーチ社の顧問委員会に加えられた。ＳＳＤＦは、「この会社は南スーダンの、石油とガスの最大の産出者となろうとしている」と自慢した。(64)

ウィルソンの会社は、軍閥と契約し続け、反乱軍が支配する領域での儲けのよい賃貸と引き換えに、家族を富ませていった。二〇一〇年に、同社はスーダンのガブリエル・タンジンヤ将軍を顧問とする契約を結ぶとともに、彼の出身であるジョングレイ州の広大な土地を借り、これは「アフリカで最大の土地契約」と呼ばれた。(65) スーダン南部で市民への暴力を扇動したとして告発されているタンジンヤは、会社にとって、とても歓迎できる新たな参加者だったようだ。ジャーチ社は、タンジンヤ将軍が、「かなり必要とされているジョングレイでの専門的な見識を会社に与え、上ナイルの拡大地域における社の見識を広げてくれるだろう」と断言している。(66)

二〇一一年に国政選挙が行われたころ、新しく就任したばかりの南スーダン副大統領は、ジャーチ社の顧問でもあったリエック・マチャルだった。マチャルは反乱軍のリーダーで、数千人が殺されたボル虐殺での役割について謝罪している。(67)

南スーダンは、二〇一一年の独立後の党派間の闘争に苦しんでおり、ジャーチ・キャピタル社と関わりのある軍閥は戦闘の真っ最中だった。ジャーチ・キャピタル社の顧問委員会の元メンバーであるピーター・ガデット将軍は、国際的な制裁の対象になっていた。ＢＢＣによれば、国際的な制裁は、二〇一四年の上半期に行われた残虐行為についての報道に対する対応として行われたものだ。(68)

軍閥や腐敗した独裁者に依存している、クリントン財団の寄付者や顧問らの一団は、コンゴ民主共和国やエチオピア、スーダンにとどまらなかった。その一団は大陸の南へと広がって存在しており、ナイジェリアの腐敗した政権と近しい関係にあるクリントンの長年の恩人まで入っていた。

ナイジェリアは、世界で腐敗した国の一つだと、広く認識されている。同国はまた、クリントン一家にとって最も儲けのよい国でもあった。一五年以上にわたって、彼らは大きな講演料や、選挙戦に関する資金、大規模なクリントン財団への寄付を、腐敗したナイジェリアの政治の世界で働くことで財を成した人々から集めていた。

世界的な講演巡業の最初の八年において、ビルはナイジェリアでの報酬付きの講演をしていなかった。しかし、ヒラリーが国務長官に任命された途端、彼はこれまでで最も高額な三つの講演のうちの二つをナイジェリアへの出張で契約し、それぞれ七〇万ドルもの現金を引き出した。(69)

ナイジェリアでの二つの講演は、同国のディス・デイ紙を保有するメディア王、ンデュカ・オバイグベナが料金を払ったと言われる。しっかりとした体つきで「仕立てのランバンのスーツの趣味を持っている」オバイグベナは、ラゴスの自宅、ナイジェリアのデルタ州にある大きな不動産、ワシントンDCのリッツ・カールトンにある綺麗なペントハウスを維持していながら、「控え目で慎み深く暮らしている」と公言している。(70)

オバイグベナは自身を、ナイジェリアの腐敗した政界の支配層と戦う抵抗者であるかのように演出した。しかし彼は、巨額の費用でビヨンセや、Jay-Z、ビル・クリントンを連れてくる豪華なパーティーやコンサートによって、より知られていた。こうした気前のよいイベントはしばしば、一般のナイジェリア人の代償によって行われた。クリントンが二〇一三年にディス・デイ紙の賞のイベントに現れた際に、彼は学校の先生たちに仕事の報酬として小切手を手渡した。しかし、クリントンが講演料を集めた一方で、先生たちはディス・デイのイベントで受け取ったこの小切手が、不渡りなのを知った。(71)

オバイグベナはグッドラック・ジョナサン大統領のナイジェリア政府と近く、非公式な顧問を務めていた。ジョナサンは数多くの国際組織から汚職で告発されている（AP通信が報じたように、オバイグベナは財界の主要なリーダーと与党の人民民主党のメンバーと、近い結びつきがある）。ヒラリーの国務省は、ジョナサンの任期はナイジェリア政府の全階層における、巨大で幅広く浸透した汚職が特徴的だと述べている。(72) しかし、エチオピアのように、ヒラリーは同国に汚職での免責を与え、アメリカの援助を受け続けられるようにした。バイエルサ州の知事だった二〇〇六年に、ジョナサンは、政府の貧困軽減基金からオバイグバエナの団体に一〇〇万ドルを移すことを認め、彼がナイジェリアにビヨンセを呼べるようにした。(73)

長年のクリントンの恩人の一人は、ナイジェリアで汚職や賄賂に関わっているギルバート・チャゴリーという経営者だ。ラゴスで生まれたチャゴリーは、レバノン人の一家の出身で、レバノンとイギリスの二重国籍を持っている。彼はナイジェリアで、同国の独裁者でその五年の任期は汚職と残酷さで知られているサニ・アバチャ将軍の助けを得て、金融王国を築いた。(74)

チャゴリーは、将軍の広大なビジネス帝国の前線として仕えた。そしてこの二人には、それぞれの活動において、ビジネス・パートナーがいた。逃走中の石油と先物商品のブローカーであるマーク・リッチだ。チャゴリーはリッチと働き、ナイジェリアの石油資産を吸い上げ、アバチャ将軍とその仲間たちの利益のためにそれらを石油市場で売却していたようだ。ナイジェリアのメディアは一九九九年に、「ギルバート・チャゴリーとマーク・リッチの同盟は恐ろしい敵のままだ」と宣言している。(75)

アバチャとチャゴリーが出会った時、この将来の独裁者は若い陸軍士官だった。アバチャが一九九三年にクーデターを実行した後、チャゴリーは価値の高い石油の利権と、政府からの建設契約を受け取った。(76)交換として、チャゴリーは将軍がお金を吸い上げ、国外に逃がすのを助けた。数億ドルの海外援助がヨーロッパの銀行口座に消えていったアバチャの治世は、ワシントンでは大いに批判されていた。(77)統治している間、アバチャは数十億ドルを海外の銀行口座に流した。ナイジェリアを代表する当時の汚職対策の検察官であったヌフ・リバドゥは、チャゴリーを計画の中心人物と位置づけた。彼は「チャゴリーを見ずに汚職の捜査はできない」と述べた。リバドゥによれば、チャゴリーは四〇億ドルのお金を、スイス、ルクセンブルグ、リヒテンシュタイン、ジャージー島の銀行口座へ誘導するのを助けたという。(78)

チャゴリーは一九九六年のクリントンの再選のための選挙戦と民主党全国委員会(DNC)へお金を流し始めた。このことが、ワシントンで高い地位にある友人を得る助けになると認識していたからだ。彼は、マイアミを拠点としているDNCとつながりのある有権者登録の団体に対して、四六万ドルを寄付した(チャゴリーはアメリカ国民ではなかったため、選挙戦に直接、献金することはできなかった)。ワシントン・ポスト紙が報じたように、五〇万ドル近い献金は、アバチャのためにクリントン政権に便宜を図るよう行われたという。(79)

このことは成功したようだ。一九九六年に、チャゴリーとその妻は、ホワイトハウスでのクリスマス・パーティーに参加した。(80) さらに重要なことに、ビルはたった一行でナイジェリアに対するアメリカの政策を、実質的に変更してしまった。アメリカ政府はアバチャに対して、辞任と選挙の実施を求めてきた。アバチャは辞任すると見られていた。しかし、クリントン大統領は一九九八年に「アバチャが選挙に立つなら、文民として出ることを望んでいる」と述べた。(81) つまり、クリントンはアバチャが留任できるというシグナルを送り、単に彼が文民として出馬すればいいとしたのだ。ニューヨーク・タイムズ紙はこれを、アメリカの政策の「変化」と呼んだ。

アバチャが一九九八年に死んだ際に(二人の売春婦が一緒だったと言われる)、ナイジェリア政府とヨーロッパの当局は、行方不明のお金を捜査した。[82]彼らがすぐに、チャゴリーを指差した。彼は二〇〇〇年に、マネー・ロンダリングとアバチャの任期中のナイジェリアから盗まれた数十億ドルに関係している犯罪組織を助けたとして、スイスのジュネーブで有罪判決を受けていたと、PBSの「フロントライン」が報じている(司法取引の一環として、この判決は後に削除された)。[83]チャゴリーはナイジェリア側とスイス側と取り引きし、法的な免責を得る代わりに三億ドルを彼自身の収益から返納した。その後、小さい島国であるセントルシアが、彼を国連科学文化機関（UNESCO）への特使に任命したことで、彼は外交特権を得て他のヨーロッパの国々で訴追されなくなった。[84]なぜセントルシアが彼にこのような名誉を与えたのかは不明だ。

残虐な独裁者によるナイジェリアの略奪に、チャゴリーが関与していたように見えることは、多くの人を彼とビジネスすることから遠ざけた。しかし、クリントン一家は例外だった。むしろ、彼らの関係は実を結んだ。クリントンは最近、チャゴリーの「近しい友人」と表現されている。[85]

ヨーロッパでの有罪判決以来、チャゴリーは数百万ドルをクリントン財団に寄付した。二〇〇九年、ヒラリーが国務長官になった直後には、彼はクリントンの功績あるプロジェクトに一〇億ドルもの資金を約束した。[86]ビルはセントルシアで行ったスピーチの中で、同国の首相はこの訪問を企画したことについて、チャゴリーに感謝の言葉を差し伸べた。[87]彼はまた、ビルの六〇歳の誕生生パーティーに招待されたゲストであり、ビルの長年の側近であるダグ・バンドの結婚式にも参列した。チャゴリー一家は、二〇〇八年のヒラリーの大統領選挙戦においても、熱心だった。[88]ロサンゼルスに住む甥のミシェル・チャゴリーは、選挙戦のまとめ役で、選挙戦のスタッフとして働いた。その他、多数の親戚が、それぞれ最大の四六〇〇ドルを彼女の選挙戦に提供した。(89)

チャゴリーの法的な問題は続いた。二〇一〇年四月、ギルバート・チャゴリーと兄弟のジャックは、六〇億ドルとハリバートン社のからむ巨大な賄賂スキャンダルによって、アメリカ司法省から起訴された。賄賂はナイジェリアでの契約を確実なものにするために支払われたと言われている。やがて、チャゴリーとその兄弟は訴訟から外され、ハリバートン社は三五〇〇万ドルで連邦政府と和解した。(90)

ビルは長年にわたって、チャゴリーに称賛を惜しみなく与えてきた。チャゴリーは二〇〇五年に、ビルによって、レバノン人のコミュニティーから「境遇への誇り」賞を贈られている。(91) また、二〇〇九年には、クリントン国際イニシアチブがチャゴリーの会社に、持続的発展についての賞を与えている。(92) ビルは二〇一三年に、チャゴリーの建設プロジェクトの一つに関係する公式のセレモニーのために、ナイジェリアに姿を現した。

なぜクリントン一家が、ギルバート・チャゴリーと付き合い続け、彼からお金をもらい続け、取り引きをし続けるのかは、謎のままだ。チャゴリーとナイジェリアと長年にわたって働いてきた経験のある、マーク・リッチほどの専門家が、ある時この国を「汚職の世界的な首都」と呼んでいる。(93)

クリントン財団はアフリカでの事業を、自身の世界的なＨＩＶ／エイズと発展についての仕事の中心事業と位置付けている。残念ながら、その事業にお金を払い、資金を提供していた多くの人々は、大陸で最悪の乱暴行為から利益を得ていた。クリントン一家がなぜ、そのような腐敗した個人たちと近しい関係を取るようにしたのか、不思議に思わざるを得ない。

（1）Democratic Republic of the Congo, "Relief, Security, and Democracy Promotion Act of 2006," Pub.L. 109-456 (2006), https://www.govtrack.us/congress/bills/109/s2125/text.

（2）"Clinton Global Initiative Announces BD's Commitment to Biamba Marie Mutombo Hospital," PR Newswire, October 29, 2014.

（3）"Clinton: US Committed to Good Governance in Congo,"Voice of America, August 11, 2009, http://www.voanews.com/content/a-13-2009-08-10-voa38-68820817/364539.html. "Hillary Clinton Will Take UN Plane to Epicenter of African Conflict," CNN Wire, August 10, 2009, http://politicalticker.blogs.cnn.com/2009/08/10/hillary-clinton-will-take-u-n-plane-to-epicenter-of-african-conflict/.

（4）Dizolele, Mvemba Phezo, "Hope But No Change," *Foreign Policy*, July 16, 2012, http://foreignpolicy.com/2012/07/16/hope-but-no-changes/.

（5）Dizoelel, Mvemba Phezo, "Hope but No Change," Foreign Policy.com, July 16, 2012, http://www.foreignpolicy.com/articles/2012/07/16/hope_but_no_change.

（6）"Hillary: I'm in, and I'm in to Win," online video clip, Politics IV.com, *Youtube*, January 20, 2007, https://www.youtube.com/watch?v=xvyRN9ka5Fw.

（7）"Lundin Group Commits 100 million to Clinton Giustra Sustainable Growth Initiative," press release, Clinton Foundation,

July 6, 2007, https://www.clintonfoundation.org/main/news-and-media/press-releases-and-statements/press-release-lundin-group-commits-100-million-to-clinton-giustra-sustainable-gr.html.

(8) Clarke, Duncan, *Africa: Crude Continent—The Struggle for Africa's Oil Prize* (London: Profile Books, 2010).

(9) Goldstein, Ritt, "Sudanese Blood Spills into Asia." Asiatimes.com, June 25, 2010, http://www.atimes.com/atimes/Global_Economy/LF25Dj01.html.

(10) "Business Family Pledges 100 Million Dollars to Clinton Charity," Deutsche Presse Agentur, July 10, 2007.

(11) "Rising Star: Africa Oil Corp," *Energy Intelligence Finance*, February 27, 2013.

(12) Jorde, Sigurd, "The Pension Funds Profit from Gold Rush in Eritrea," *Framtiden* (Norway), October 16, 2012, http://www.framtiden.no/english/fund/the-pension-fund-profits-from-gold-rush-in-eritrea.html.

(13) "Canada. Kinross Gold to Acquire 100% of Red Buck Mining for US $7.1 Billion," *Tendersinfo*, August 5, 2010.

(14) Grant, Dale, "Canadians Cry 'Havoc, and Let Slip the Dogs of War," *Toronto Star*, March 9, 1999, http://articles.philly.com/1997-05-11/news/25564930_1_shaba-lubumbashi-president-mobutu-sese-seko. "Mining Concern Agrees to Pay Rebels for Right to Mine in Zaire," *Business Day* (Johannesburg, South Africa), May 13, 1997. McGeough, Paul, "Jets Follow Promise of Glittering Mineral Wealth in the East." *Sydney Morning Herald* (Australia), May 13, 1997.

(15) Quoted in Maykuth, Andrew, "Outside Mining Firms Find Zaire an Untapped Vein; Deals Are Being Made with the Rebels, Who Need the Cash; the Rival Companies Are Themselves Also Coming into Conflict," *Philadelphia Inquirer*, May 11, 1997.

(16) Abadie, Delphine, Alain Deneault, and William Sacher, "This Is Not an Ethmic Conflict—Wested Interests and Complex Networks behind the DRC Fighting," *Le Monde Diplomatique*, December 1, 2008.

(17) Abadie, Delphine, "Canada and the Geopolitics of Mining Interests: A Case Study of the Democratic Republic of Congo." *Review of African Political Economy* 38, no. 128 (June 2011), and Donville, Christopher, "Friedland Seeks Congo Funding After Gobi Exit: Corporate Canada," September 13, 2012, http://www.bloomberg.com/news/2012-09-13/friedland-seeks-congo-funding-after-gobi-exit-corporate-canada.html.

(18) Rosen, Armin, "The Warlord and the Basketball Star: A Story of Congo's Corrupt Gold Trade," *The Atlantic*, March 1, 2012.

(19) UN Security Council Working Group on Children and Armed Conflict, "Statement by Chairman of Security Council Working Group on Children and Armed Conflict," March 18, 2011, http://www.un.org/press/en/2011/sc10202.doc.htm.

(20) Gordon, Greg, and Will Connors, "Clinton Fundraiser Faces Legal Problems in Nigeria," Ocnus.net, April 6, 2008, http://www.oenus.net/artman2/publish/Africa_8/Texas_Oil_Man_The_Kase_Lawal_Fugitive_Scandal.shtml.

(21) CAMAC Group, "Pacific Asia Petroleum & CAMAC Complete Oilfield Transaction," news release, April 7, 2010, www.cam.ac.com/pacific-asia-petroleum-camac-complete-transaction-regarding-the-oyo-oilfield/

(22) Rosen, "The Warlord and the Basketball Star."

(23) Cause, DC-11-04005, 134th Judicial District, Dallas County, Texas, Jones, Pete, "Obama-appointed U.S. Trade Advisor Linked to Illegal Deal in Congolese Gold," *The Guardian*, February 5, 2011, http://www.theguardian.com/world/2012/

feb/05/usadviser-linked-illegal-drc-gold.

(24) For a full detailed account of this story, see the UN report at http://reliefweb.int/sites/reliefweb.int/files/resources/N1155632.pdf.

(25) Cause, DC-11-04005, 134th Judicial District, Dallas County, Texas.

(26) シャイフ・ムハマド・フセイン・アル・アモウディは、『クリントン・キャッシュ』でなされているいくつかの申し立てに対して、異議を申し立てている。本書は、彼がクリントン財団に二〇〇〇万ドルを約束したと述べているが、彼の実際の寄付は六〇〇万ドルのみであり、また、アフリカでのＨＩＶ／エイズとの戦いのための国際会議に独自に一六〇〇万ドルを提供しており、これはシャイフが長年支援してきた大義だ。本書は、寄付はエチオピア政府の代わりになされており、シャイフ・アル・アモウディは慈善事業ではよく知られていないと示唆する、エチオピアの人権団体と見られる団体からの無署名の手紙を引用している。シャイフ・アル・アモウディは、寄付全体が彼自身によるものであり、多数の人道的な運動に資金を提供してきた長い経験があると認めた。彼はまた、その団体は自身の住所やウェブサイトをもっていないと指摘し、その手紙に書かれている論点を否定するエチオピアの複数のＮＧＯによる二〇〇九年の手紙を指し示している。その手紙は、彼の寄付の真摯さを称賛し、シャイフが数十年にわたってエチオピアで人道的な活動に関わってきたことは秘密でも何でもないと述べている。『クリントン・キャッシュ』はまた、寄付の目的が、エチオピアへの援助についてヒラリー・クリントンから望ましい決定を得ることにあったという、政治的な取り引きがあったかのように、暗に示唆している。しかしながら、シャイフ・アル・アモウディは、献金は彼自身によるものであり、エチオピアについてのクリントン国務長官の決定に影響を与えようとしてなされたものではなく、彼はエチオピアについての政策判断についてクリントン国務長官が取ったいかなる行動についても知らないと主張している。より詳細な回答は、こちらを参照されたい。http://peterschweizer.com/wp-content/uploads/2015/09/Clinton-Cash-Response-Amoudi.pdf.

（27）"Mohammed Al Amoudi: Ethiopia's Richest Man Spots Opportunities at Home," *Ventures Africa*, April/May 2013.

（28）Allen, Terry J., "Global Land Grab," *In These Times*, August 22, 2011, http://inthesetimes.com/article/11784/global land grab.

（29）Davison, William, "Ethiopia: Saudi Billionaire Signs $600Million Ethiopian Steel-Plant Deal," Nazret.com, October 5, 2012, http://nazret.com/blog/index.php/2012/10/05/ethiopia-billionaire-mohammed-al-amoudi-signs-600-million-steel-plant-deal. "The Ethiopian Billionaire. Sheikh Mohammed Al Amoudi," Ventures, July 20, 2012, http:// www.ventures-africa.com/2012/07/the-ethiopian-billionaire-sheikh-mohammed-al-amoudi/.

（30）"Ethiopia–Al Amoudi Donates $20 million to Clinton Foundation," Nazret.com, May 14, 2007, http://nazret.com/blog/index.php/2007/05/14/midroc_donates_20_million_to_foundation.

（31）"Midroc's Friends in Washington," *Indian Ocean Newsletter* no. 889, January 29, 2000. 三人の上院議員全員が、MIDROCの有給アドバイザーであるロビー会社のバーナー・リップフェート・バーナード・マクファーソン・アンド・ハンドとつながりがあった。

（32）Letter written by Ethiopian Americans for Justice, February 10, 2009. Kiffe, Elias, "Ethiopian Groups Concerned about Al Amoudi Donation," *Ethiopian Review*, February 10, 2009, http://www.ethiopianreview.com/index/8520.

（33）Letter written by Ethiopian Americans for Justice, February 10, 2009. Kiffe, "Ethiopian Groups Concerned About Al

Amoudi Donation."

(34) Bekele, Getahune, "Al Amoudi: The Black Billionaire Survives Health Scare," *Ethiopian News & Opinions*, August 29, 2012, http://ecadforum.com/2012/08/29/al-amoudi-the-black-billionaires. Wax, Emily, "Ethiopian Leader Meles Zenawi Dies at 57." *Washington Post*, August 21, 2012, http://www.washingtonpost.com/local/obituaries/meles-zenawi-ethiopian-leader-dies-abroad/2012/08/21/fo37bf62-e7b2-11e1936a-b801f1abab19_story.html.

(35) "Al Amoudi Says "I Lost My Right Hand over Death of PM Meles Zenawi," Ethiomedia, August 30, 2012, http://ethiomedia.com/2012_report/4590.html.

(36) Davison, William, "Ethiopia's Foreign Land Leases Fail to Deliver Food for Export." *Business Report*, November 26, 2013, http://www.iol.co.za/business/international/ethiopia-s-foreign-land-leases-fail-to-deliver-food-for-export-1.1612220.

(37) "The Ethiopian Billionaire. Sheikh Mohammed Al Amoudi." Davison, William, "Ethiopia: Saudi Billionaire Signs $600 Million Ethiopian Steel-Plant Deal," Nazret.com, October 5, 2012, http://nazret.com/blog/index.php/2012/10/05/ethiopia-billionaire-mohammed-al-amoudi-signs-600-million steel-plant-deal/.

(38) "How Politicians Gave Away $100 Bn of Land," Novasrica Developments, *The African Report* no. 42 (July 15, 2012).

(39) Loewenberg, Samuel, "Aid Agencies Accused of Ignoring Rights Abuses in Ethiopia," *The Lancet* 382, issue 98.96 (September 2013), http://www.thelancet.com/journals/lancet/article/PIIS0140-6736%2813%2961920–0/abstract.

(40) Rosen, Armin, "The Zenawi Paradox: An Ethiopian Leader's Good and Terrible Legacy," *The Atlantic*, July 20, 2012, http://www.theatlantic.com/international/archive/2012/07/the-zenawi-paradox-am-ethiopian-leaders-good-and-

terriblelegacy/260099/.

(41) "Obituary: Meles Zenawi," *The Telegraph* (UK), August 22, 2012, http://www.telegraph.co.uk/news/obituaries/politics-obituaries/9491934/Meles-Zenawi.html.

(42) Hillembrand, Barry, "An Abrupt End ofan Era," *The Herald*, September 1, 2012, http://eandeherald.com/2012/09/01/news-of-ethiopia-11/.

(43) "Ethiopia–PM Meles Participation in Pittsburgh Summit Confirmed," WikiLeaks, http://www.wikileaks.org/plusd/cables/09ADDISABABA2084_a.html.

(44) US State Department, Embassy in Addis Ababa, "Under Secretary Otero's Meeting with Ethiopian Prime Minister Meles Zenawi-January 31, 2010." report, WikiLeaks, February 2, 2010, https://cablegatesearch.wikileaks.org/cable.php?id=10ADDISABA-BA163.

(45) Lyman, Princeton N., and Stephen B. Wittels, "No Good Deed Goes Unpunished. The Unintended Consequences of Washington's HIV/AIDS Programs," *Foreign Affairs*, July/August 2010, http://www.foreignaffairs.com/articles/66464/princeton-n-lymanand-stephen-b-wittels/no-good-deed-goes-unpunished.

(46) US State Department, Embassy in Addis Ababa, "PM Welcomes New Charge with Substance," WikiLeaks, January 21, 2010, http://wikileaks.org/cable/2010/01/10ADDISABABA82.html.

(47) US Office of the Federal Register, "FY 2012 Fiscal Transparency Report," https://www.federalregister.gov/articles/2013/03/04/2013-04914/2012-fiscal-transparency-report.

(48) US State Department, "Ethiopia. Report on Fiscal Transparency," WikiLeaks, April 21, 2009, http://www.wikileaks.org/plusd/cables/10ADDISABABA83_a.html.

(49) US Office of the Federal Register, vol. 76, issue 191,61134.

(50) Dashen Bank, 17th Annual Report for the Year Ending June 30, 2013, November 14, 2013. See the Notes to the Financial Statements for the Year Ended 30June 2013 available at dashenbanks.com.

(51) "Prospective Presidents and Their Networks," Indian Ocean Newsletter, Africanin telligence.com, no. 1226, November 17, 2007, http://www.africaintelligence.com/ION/politics-power/2007/11/17/prospective-presidents-and-their-networks,34997823-EVE.

(52) "Obama's Team Not Yet Finalized," Indian Ocean Newsletter, no. 1258 (March 21, 2009), http://www.africaintelligence.com/ION/politics-power/2009/03/21/Obama-s-team-not-yet-finalised,57923115-ART.

(53) Wilson, Joseph C., "The Real Hillary I Know—and the Unreal Obama," *Huffington Post*, May 25, 2011, http://www.huffingtonpost.com/joe-wilson/the-real-hillary-iknow-a_b_77878.html. US Senate, Select Committee on Intelligence, "Report on the U.S. Intelligence Community's Prewar Intelligence Assessment on Iraq," July 7, 2004, http://www.nytimes.com/packages/html/politics/20040709iraqreport2.pdf.

(54) "Joseph Wilson and Valerie Plame Wilson," Physicians for Social Responsibility, Los Angeles, April 23, 2007, http://www.psr-la.org/joseph-wilson-and-valerie-plamewilson/. "Valerie Plame Wilson: The Housewife CIA Spy Who Was `Fair Game for Bush," *The Telegraph* (UK), February 15, 2011, http://www.telegraph.co.uk/culture/film/8318075/Valerie-Plame-

Wilson-the-housewife-CIA-spy-who-was-fair-game-for-Bush.html.

(55) Moffat-Chaney, Casey, "Ambassador Joe Wilson Stumps for Hillary in Portland," BlueOregon.com, April 29, 2008, http://www.blueoregon.com/2008/04/ambassador-joe/. Emig, Aeriel, "The Plame Affair." Alibi.com 17, no. 30, July 2008, http://alibi.com/news/24023/The-Plame-Affair.html. Kornblut, Anne E., "Stern Constitutions Needed for Globe-trotting with Bill Clinton," *Washington Post*, August 6, 2008, http://www.washingtonpost.com/wp-dyn/content/article/2008/08/05/AR2008080503544.html.

(56) "Obama's Team Not Yet Finalized."

(57) "Joseph C. Wilson," profile, *Huffington Post,* http://www.huffingtonpost.com/joe-wilson/.

(58) "Jarch Capital, Strategy," http://www.jarchcapital.com/strategy.php.

(59) "Former Wall Street Banker Philippe Heilberg Gambles on a Warlord's Continuing Control of 400,000 Hectares of Land in South Sudan," *Sudan Watch, January* 10, 2009, http://sudanwatch.blogspot.com/2009/01/former-wall-street-banker-philippe. html. "Ambassador Joe Wilson Begins Working with Jarch Capital." *Sudan Tribune, January* 19, 2007, http://www.sudantribune.com/spip.php?article19833.

(60) Silverstein, Ken, "Jarch Capital's Sudanese Gambit," *Harper's*, Novemebr 20, 2007, http://harpers.org/blog/2007/11/jarch-capitals-sudanese-gambit/.

(61) "Southern Sudan Oil Investor Banking on Secession?" *Ratio Magazine*, June 3,2009, http://www.ratio-magazine.com/20090603665/Southern-Sudan/Southern-Sudan-OilInvestor-Banking-on-Secession.html

(62) Blas, Javier, and William Wallis, "Buyer Sees Profit in Warlord's Land," *Financial Times*, January 10, 2009, http://www.ft.com/int/cms/s/0/2ddachde-deb9-11dd-9464000077b.07658.html#axzz30doxHjf7.

(63) "Southern Sudan: Oil Investor Banking on Succession?"

(64) "New SPLA General, Tanginya, Becomes Advisor to US Company Jarch," *Sudan Tribune*, October 23, 2010, http://www.sudantribume.com/spip.php?page=imprimable&id_article=36702.

(65) 同右。

(66) 同右。

(67) "South Sudan VP Confirms Apology for Bor Massacre," *Sudan Tribune*, April 3, 2012, http://www.sudantribune.com/spip.php?article42124.

(68) "Profile. South Sudan Army Defector Peter Gadet," BBC.com, July 11, 2014, http://www.bbc.com/news/world-africa-25447527.

(69) See Hillary Clinton's Personal Financial Disclosures, 2011–2012, available at opensecrets.org.

(70) Ragaza, Angela, "Using Star Power to Repair Nigeria's Image." *New York Times*, July 10, 2008, http://www.nytimes.com/2008/07/10/business/worldbusiness/10nigeria.html?_r=0.

(71) Abedowale, Segun, "THISDAY Awards Cheques to Nigerian Teachers Bounce." *Eagle Online*, April 4, 2013, http://theeagleonline.com.ng/tag/thisday-awards.

(72) US State Department, "Country Reports on Human Rights Practices for 2012," http://www.state.gov/j/drl/rls/

hrrpt/2012humanrightsreport/index.htm?year=2012&dlid=204153#wrapper.

(73) Gambrill, Jon, "Newspaper Strike Hits Flamboyant Nigerian Publisher." *AP The Big Story*, May 10, 2013, http://bigstory.ap.org/article/newspaper-strike-hits-flamboyantnigeria-publisher. Ward, Alex, "Nigerian President Spent $1 Million of Aid Money Meant for Poverty-stricken Country on Star-studded Festival Featuring Beyoncé and Jay-Z." *Daily Mail* (UK), February 23, 2013, http://www.dailymail.co.uk/news/article-2283453/Nigerian-president-spent-1million-aid-money-meant-poverty-stricken-country-star-studded-festival-featuring-Beyonc-Jay-Z.html.

(74) Olson, Elizabeth, "Swiss Freeze a Dictator's Giant Cache." *New York Time*, January 29, 2000, http://www.nytimes.com/2000/01/20/news/26iht-swiss.2.t_3.html.

(75) Okonta, Ike, and Oronto Douglas, *Where Vultures Feast: Shell, Human Rights, and Oil* (New York: Verso, 2003), 38. Rupert, James, "Corruption Flourished in Abacha's Regime." *Washington Post*, June 9, 1998, http://www.washingtonpost.com/wp-srv/inatl/longterm/nigeria/stories/corrupt060998.htm. Adegbamigbe, Ademola, "Nigeria: The Crude Pirate." *The News* (Lagos), July 28, 2000, http://allafrica.com/sto ries/200007280213.html. Salami, Semiu, "Nigeria's Oil Mafia." *The News* (Lagos), January 4, 1999, http://allafrica.com/stories/199901040007.html.

(76) Silverstein, Ken, "Clinton Foundation Donors and Hillary's Confirmation." *Harper's*, January 21, 2009, http://harpers.org/blog/2009/01/clinton-foundation-donors-and-hillarys-confirmation/.

(77) US Justice Department, "U.S. Forfeits Over $480 Million Stolen by Former Nigerian Dictator in Largest Forfeiture Ever Obtained Through a Kleptocracy Action." August 7, 2014, http://www.justice.gov/opa/pr/us-forfeits-over-480-million-

stolen-formermigerian-dictator-largest-forfeiture-ever-obtained.

(78) Urevich, Robin, "Chasing the Ghosts of a Corrupt Regime," *Frontline*, PBS, January 8, 2010, http://www.pbs.org/frontlineworld/stories/bribe/2010/01/nigeria-chasing-the-ghosts-of-a-corrupt-regime.html.

(79) Rupert, "Corruption Flourished in Abacha's Regime."

(80) Solomon, John, "Billionaire Clinton Pal Finally Gets Waiver from U.S. No-fly List," Center for Public Integrity, May 21, 2010, http://www.publicintegrity.org/2010/05/21/2669/billionaire-clintom-pal-finally-gets-waiver-us-no-fly-list.

(81) Apple, R. W., "Clinton in Africa: The Policy; U.S. Stance Toward Nigeria and Its Ruler Seems to Shift," *New York Times*, March 28, 1998, http://www.nytimes.com/1998/03/28/world/clinton-africa-policy-us-stance-toward-nigeria-its-ruler-seems-shift.html.

(82) "Nigeria: Chronology of the Struggle for Stability and Democracy," AllAfrica, August 24, 2000, http://allafrica.com/stories/200008240352.html.

(83) Urevich, "Chasing the Ghosts of a Corrupt Regime."

(84) Silverstein, "Clinton Foundation Donors and Hillary's Confirmation."

(85) "Eko Atlantic City," www.africa-ventures.com, http://edition.cnn.com/WORLD/africa/africanawards/pdf/2013/tolu-ogunlesi/tolu-ogunlesi-eko-atlantic-story.pdf.

(86) Esposito, Richard, Rhonda Schwartz, and Brian Ross, "No-Fly Terror List Includes Big Financial Backer of Clinton," *ABC News*, February 17, 2010, http://abcnews.go.com/Blotter/no-fly-terror-list-includes-big-donor-clinton-initiative/

story?id=9791786.

(87) St. Lucia Prime Minister's Office, "Prime Minister's Address in Honour of the Honourable William Jefferson Clinton," January 18, 2003.

(88) Emshwiller, John R., "Bill Clinton's Complicated World," *Wall Street Journal*, December 20, 2008, http://online.wsj.com/articles/SB122973023139522863.

(89) Urevich, "Chasing the Ghosts of a Corrupt Regime."

(90) "Nigeria. N27 Billion Halliburton Scam IBB, Abdulsalami, Diya, 77 Others Indicted." AllAfrica, April 14, 2010, http://allafrica.com/stories/201004150046.html. Silverstein, Ken, "Clinton Donor Figures in New Halliburton Bribe Document," *Harper's*, April 13, 2010, http://harpers.org/blog/2010/04/clinton-donor-figures-in-new-halliburton-bribe-documents. "Halliburton Settles Nigeria Bribery Claims for $35 Million," CNN, December 21, 2010, http://www.cnn.com/2010/WORLD/africa/ 12/21/nigeria.halliburton/.

(91) "Ambassador Gilbert Chagoury 2005 Pride of Heritage Honoree," Lebanese American Foundation, Inc., http://www.houseoflebanon.com/what_we_do/previous_recipients/chagouri_2005.html.

(92) Lagos (Nigeria) State Government," Eko Atlantic City Gets Global Recognition, Wins CGI Award," September 25, 2009, http://www.lagosstate.gov.ng/news2.php?k=158.

(93) Ammann, Daniel, *The King of Oil. The Secret Lives of Marc Rich* (New York, St. Martin's, 2009), 100.

第九章　熱帯雨林の大富豪

コロンビアの木材と石油

ビル・クリントンは二〇一〇年六月に、フランク・ギウストラとコロンビアで会い、小さな事業のための二〇〇〇万ドルの基金を始めた。(1)二人は一緒にコロンビアを、何回にもわたって訪れている。高額な講演のため、ギウストラの拡大する投資を視察するため、そして、同国でクリントン財団のプロジェクトを始めるために。

ギウストラはコロンビアの天然資源を手に入れていた。さらに彼は、石油、天然ガス、石炭、木材における彼の資産を拡大したいと望んでいた。同国は数十年にわたって、暴力と麻薬犯罪テロに苦しめられてきたが、アメリカの莫大な海外支援のおかげもあって、ゆっくりとその苦境から抜け出しつつあった。(コロンビアは世界で四番目に、アメリカから対外および軍事援助を受け取っている国である)。同国はまた、経済を活性化させるために、アメリカとの自由貿易協定が成立することを、なんとしても望んでいた。

それが意味するところは、国務長官としてのヒラリーが、同国の将来の多くをその手にしているということだった。そして、何らかの見えないタイミングの力がそうさせたのか、ヒラリーはクリントンとギウストラが会ったちょうど翌日にコロンビアに到着することになっていた。回顧録でヒラリーは、彼女が夫がともに同国にいたことについて、「私たちの忙しいスケジュールの中での、幸福な偶然」と呼んだ。(2)

それは、コロンビアのアルバロ・ウリベ大統領の任期が、終わりゆく時期だった。痩せて眼鏡をかけていたウリベは二〇〇二年に、テロや暴力と戦うという公約で初当選した。彼が後に書いているように、大統領の職に就いた時に、コロンビアは広大な地域が麻薬テロ集団の完全な支配下にあった。(3)ウリベにとって、戦いは自分自身のものでもあった。彼の父は一九八〇年代に、コロンビア革命軍(FARC)のテロリストに殺されていた。八年間の大統領任期の間に、彼は素晴らしい成功の実績を挙げた。しかし、任期制限によって、彼が再び立候補することはできなかった(彼はもう一期務められるように国民投票を行なおうとしたが、コロンビアの裁判所はこれを拒否した)。彼は二〇一〇年八月までに公職を去ることになっていたが、依然として次の選挙までは強い力を持っていた。

ヒラリーは、アメリカ政府機に乗って、近くのエクアドルからボゴタを訪ねた。彼女の飛行機がコロンビアのカタム軍用空港に着陸した後、彼女はアメリカのウィリアム・ブラウンフィールド大使とコロンビアのジェイム・バームデス外務大臣に歓迎された。ヒラリーは、ウリベ政権とコロンビアとの親密な関係に対する、強い賛成を表明した。彼女は次のように言った。

「アメリカは、時計の針を戻そうと願っている反体制派、ゲリラ、麻薬密輸犯に対する継続中の戦いにおいて、コロンビアの人々、コロンビア軍、そしてコロンビア政府を支援し続ける」(4)

これらはいずれも、意味のない話ではなかった。たった二カ月後に、ヒラリーの友人でもある三人の影響力のある民主党の上院議員が、コロンビアへの援助を削減することについて、彼女に書簡を送っていた。ウィスコンシン州のラス・フェインゴールド、コネチカット州のクリス・ドッド、バーモント州のパトリック・レーヒーは、コロンビアから身を引くべき時だと述べる手紙を執筆した。彼らは、「アメリカの記録的な財政赤字を考えれば、私たちには、十分な結果を達成していない援助を続ける余裕はない」と書いた。彼らはまた、人権においてウリベを批判した。彼らは「アメリカの支援を受けているコロンビア軍の要員による人権侵害は続いており、これらに責任がある者が裁きの場に連れて来られることはほとんどない」と述べた。(5)

彼らは孤独ではなかった。コロンビアへの対外支援は、同国での人権と労働者の権利について懸念している民主党の中では、人気のある政策では決してなかった。(6)

ヒラリーは空港からボゴタへ向かい、同市の北部にあるレストランでビルと会った。数人の友人とともに(ギウストラもそこにいたかは不明だ)、彼らはカプチーノとステーキの夕飯を楽しんだ。ビルは、翌朝、六月九日に、ウリベ大統領との静かな会合のために、大統領宮殿であるカサ・デ・ナリノに向かった。彼らは約一時間にわたって会い、メディアが「活発な対話」と呼ぶものを交わした。(7)

ビルはカサ・デ・ナリノを昼前に去った。科学技術についての一連の合意に一緒に署名した後で、ヒラリーは大統領との昼食のために到着した。ウリベにとって最も重要なことに、ヒラリーはアメリカとコロンビア間の自由貿易についての、明確な賛成という貸しも与えた。彼女はRCNテレビに対して、「まず、オバマ大統領と私が自由貿易協定に対して力を注いで取り組むということを、強調しておきたい」として、次のように話した。

「私たちは、協定が成立できるように議会での票を得る努力を続けていく。私たちは、この協定が、コロンビアとアメリカの双方にとっての強い利益になると考えている。そして私はとても元気に国に戻り、自由貿易協定が最終的に批准されるように票を得るための非常に集中的な取り組みを始める」(8)

ウリベはこれ以上となく喜んでいた。そしてもう一つ指摘しておくべきなのは、この協定に対する彼女の賛成は、二〇〇八年の選挙戦からの彼女とオバマの、完全な立場の変更を意味するものだった。

ヒラリーがボゴタを去った数日後、フランク・ギウストラがフラッグシップ産業社というペーパーカンパニーを通じて支配権を握っているプリマ・コロンビア・プロパティーズ社は、生物学的に多様なコロンビアの原始的な海岸線において木材を伐採する権利を獲得したことを発表した。国際熱帯木材機関（ＩＴＴＯ）はこの資産について、「世界最大の未開発の硬材の供給元」と呼んでいる。(9) コロンビアに住所を置く系列会社のＲＥＭインターナショナルＣＩＳＡ社を通じて、プリマは同社にコロンビアの西海岸で一〇五万立方メートルの硬材を収穫する権利を与えるコロンビア政府との独占契約に入った。(10) 木材は、チョコ県にある絵のように美しいファカ海岸沿いで切られ、中国に出荷されることになった。(11)

数日後、ギウストラがカナダ人の顔となっているパシフィック・ルビエールズ・エネルギー社が、ウリベ政権が同社に、六カ所の儲かる場所で石油を採掘する権利を与えたと発表した。(12) パシフィック・ルビエールズ社は、コロンビアの石油地帯の真ん中に位置するプトゥマヨ盆地で、最大の採掘面積を獲得した。他の場所は、クジアナ・クピアグアの東にある巨大な埋蔵地と、アンデス山脈のふもとで実りのよい石油豊かな地域であるリャノ盆地の三区画にあった。

パシフィック・ルビエールズ社が同国での実績がほとんどない比較的新しい会社だったことを考えれば、計画は驚くべき成功だった。しかし、これらの儲けの良い採掘権は会社の急速な発展を助けた。同社の事業のオペレーションを監督していたジャーマン・ヘルナンデスは、二〇一一年に次のように説明した。

「数年前には私たちの会社は二〇人もおらず、実際には蚊帳を張ったテントの中に住んでいた。今日、私たちは、コロンビアで石油産業のナンバーワン事業になっている」[13]

二〇一〇年の終わりまでに、同社はコロンビアで、一日あたり七〇〇〇〇バレルの石油を生産し、八三億ドルの時価総額を誇るまでになった。[14]

パシフィック・ルビエールズ社の共同会長であるセラフィーノ・イアコノによれば、会社でのギウストラの役割は貴重な財務資本と、政治資本を提供することだったという。[15]

パシフィック・ルビエールズ社は、クリントン財団の初期からの寄付者として加わった。[16] パシフィック・ルビエールズ社とその出資者は、クリントン・ギウストラ持続可能な成長イニシアチブ（CGSGI）に四〇〇万ドル以上を寄付した。[17] そして、いくつもの他のケースで見てきたように、コロンビアでの事業に出資するために数千マイルも離れた場所の慈善団体に寄付するという同社の決定は、地元の慈善団体に奇異な印象を与えた。彼らは、労働組合が後押ししている社会福祉団体とともに、いくつもの健康や福祉のイニシアチブに寄付を提供するように、同社に大声で求めてきた。彼らはまた、同社が職員の給料を上げるよう望んできた。こうした取り組みは、はねつけられた。地元の慈善事業にお金が流れる代わりに、同社の巨額の慈善献金はクリントン財団に与えられた。(18)

寄付の約束を宣言したにも関わらず、パシフィック・ルビエールズ社は、クリントン財団の寄付者リストに登場しない。本書の執筆時点で、パシフィック・ルビエールズ社が約束通りに支払いを行ったかどうかを確かめるための同社への電話や電子メールに対して、答えは返ってきていない。

二〇一〇年夏のギウストラの良い商売のニュースは、これだけでは終わらなかった。ヒラリーが去って二週間もしないうちに、ギウストラの別の会社であるペトロアメリカ社は、コロンビアが同社を石油の探査と産出に適格と認める「特定事業者」に指定したと発表した。(19) ペトロアメリカ社は、たった数カ月前の二〇〇九年の終わりに、カナダのビジネス誌が「非常勤のマネージャーと理事の一団」と呼ぶ人々によって、設立されていた。(20) 今やウリベ政権の厚意によって、同社はコロンビアでとても期待できる位置にあった。ギウストラはあるビジネス誌に「私が関わっているすべての資源プロジェクトのうち、これが最もワクワクしているものだ」と語っている。(21)

クリントン財団は、コロンビアでのアメリカ国務省のエネルギー事業と一つになった。リークされた国務省のメモによれば、二〇〇九年一一月八日にアメリカ政府の代表団が、アメリカ政府によるエネルギーと鉱産分野への融資の急速な拡大について調査するために、コロンビアに到着した。「コロンビアのエネルギー分野は拡大へ向けた大きな計画を持っており、輸出入銀行と貿易開発局（ＴＤＡ）は、財政的な後押しと貿易の力を築くための援助を提供することによって、この一部になりたいと望んでいる」という（ウィキリークス）。ＴＤＡ代表のパトリシア・アリアゲイダは、コロンビアに着くと、シルヴァナ・ギアイモ鉱山エネルギー相と会った。リークされた国務省の公電によれば、そのミーティングでアリアゲイダには、「クリントン財団の現地の責任者が同行していた」という。[22] このメモは、こうした議論に関わった他の非営利団体については、言及していない。

この代表派遣の結果、アメリカ政府はコロンビアへのエネルギーと鉱産の融資を拡大した。[23] アメリカ輸出入銀行が資金提供した大きなプロジェクトの一つは、液化天然ガス（ＬＮＧ）をコロンビアから中国に輸送するために使われる二億八〇〇〇万ドルのＬＮＧ輸送船だった。この輸送船はギウストラの会社であるパシフィック・ルビエールズ社のために建造された。[24]

ギウストラはラテンアメリカで、アメリカの税金を受け取る他のプロジェクトも行っていた。ギウストラのエンデバー鉱産社は二〇一〇年九月、バジャ鉱産社と呼ばれるメキシコの銅採掘プロジェクトへの八億五八〇〇万ドルの一括融資の一部として、輸出入銀行からの出資の手はずを整えた[25]（エンデバー社のパワーポイントによるマーケティングのプレゼンテーションによれば、同社は契約を完了したという）。この事業は、メキシコのサンタ・ロザリアという町の近くの、地下にある銅・亜鉛鉱山の開発に関わるものだった。ある投資関連の文書によれば、エンデバー社はこの契約の顧問だったが、バジャ鉱産社はまたこの会社にとって核となる投資だったという。[26] アメリカの納税者は、約四億二〇〇〇万ドルを負っていた。[27]

少なくともアメリカの納税者にとって、バジャ社の投資はうまくいかなかった。輸出入銀行の監察官事務所よれば、プロジェクトはコストオーバーバーに苦しめられていた。このレポートはまた、会社の不法行為が行われていたことを示唆している。レポートは次のように述べている。

「私たちの査察は、重大なコストオーバーバーについて借り手がタイムリーな情報公開を怠ったこと、不正確な説明、プロジェクトの現地の売り手に関わる詐欺の申し立て、不適切なマネジメント、全体におけるガバナンスの欠如といった、何人もの当事者による不適切な行いの証拠を明らかにした」

この報告書はさらに、輸出入銀行がこの案件を承認する際に、適切な相当の注意を怠ったことを指摘している。このプロジェクトは、六カ月以内の決算でデフォルトになったと見られる。[28]

ギウストラを助けるために費やされた納税者の資金と、使われたアメリカ政府の力が、正確にどれほどのものだったのかを、すべて知ることはできない。他の国と同様にコロンビアで、彼は企業、ペーパー・カンパニー、外国の系列会社、海外の事業体の網を駆使しており、このことが彼の投資をたどることを極端に困難にしている。この章で言及した投資に加えて、彼はコロンビアで、カルタヘナとバランキージャで建設中の港と、発電所、農場、鉱山や、その他のインフラ資産を保有しているブルー・パシフィック社という民間企業を握っている。[29]

コロンビアは長らく、クリントン一家の関心の焦点だった。大統領任期中にビルは、麻薬組織と革命軍の両方と戦うための援助をコロンビアにつぎ込んだとして、同国側からの賞賛を勝ち得ていた。彼は二〇〇〇年に、麻薬との戦いを加速させ、一三億ドルの援助が伴うプラン・コロンビアという野心的な計画を始めた。(30)

退任してから、彼の関心は麻薬との戦いから、アメリカと自由貿易協定を結びたいというコロンビアの野心に移った。コロンビア政府は、天然資源などの製品を非関税で、アメリカ市場で売れるようになる自由貿易協定を求めていた。ジョージ・W・ブッシュ大統領と議会の共和党はおおむね、この取り引きを支持していた。反対はほとんど、この動きがアメリカの労働者の賃金を損ねることになると感じた民主党員（と労働組合）からきた。民主党はまた、コロンビアの人権状況がお粗末だと主張した。(31)

コロンビア人自身にとっては、同国を代表するエル・パイス紙が二〇〇六年に書いたように、「ヒラリー・クリントン上院議員とその夫であるビル・クリントン元大統領の支持が決定的になる」ということは明らかだった。(32)

このストーリーは、しばしばそうであるように、儲けの良い講演から始まる。二〇〇五年六月、ゴールド・サービス・インターナショナルと呼ばれる南米の経済団体が、八〇万ドルでビルに南米での四つの講演を依頼した。アメリカ・コロンビアの自由貿易協定はコロンビアの対米輸出を増やすことになるため、ゴールド・サービスはこの協定の熱心な支持者だった。

これは当時において、多額のお金だった。ビルの講演料は妻が国務長官になってからかなり上昇することになるが、二〇一〇年の彼への平均の支払いは一五万ドルだった。

ギウストラはビルにジェット機を貸し、ビルはメキシコ・シティとボゴタに立ち寄り、それからブラジルのサンパウロで二つの講演を行った。(33) この団体の最高執行責任者であるアンドレス・フランコが説明したように、「来た当時、彼は貿易協定を支持していた」という。そして、ビルは公然と協定への賛成を口にしていた。(34)

同時にビルは、ギウストラとウリベを引き合わせ、このカナダ人投資家がコロンビアでの事業について説明できるように取り組んだ。そうして、二〇〇五年九月に、ビルはウリベと「慈善イベント」を開いた。そして、彼がよくそうしてきたように、慈善事業とビジネスを一緒にしてしまった。ウォールストリート・ジャーナル紙によれば、この会合の目的は二人の男を引き合わせることだった。同紙が報じるところによれば、「ウリベとギウストラは廊下に二つの椅子を並べて約一〇分にわたって語り合った。その日の後の時間に、クリントンの側近のトップがギウストラに対して、ウリベとの会合はうまくいったと聞いたと言ったという」。(35)

二〇〇七年一月、ギウストラの新会社であるパシフィック・ルビエールズ社は、コロンビア国営のエネルギー会社であるエコペトロル社と、パイプラインの契約を結んだ。契約が結ばれたひと月後、ビル、ギウストラ、ウリベはニューヨーク州チャパクアにあるクリントンの自宅で会った。三月に彼らは再び会ったが、この時はコロンビアの港湾都市であるカルタヘナでだった。(36)

民主党は最初から、コロンビアへの軍事援助と自由貿易協定に対して、反対していた。(37) しかし、この問題でのヒラリー・クリントン上院議員の考え方は、曖昧なままだった。あるラテンアメリカの金融誌が表現したように、貿易についての彼女の立場は「ちょっとずつ全てのことが見られる」ということだ。彼女は北米自由貿易協定(NAFTA)を支持しており、チリ、ペルー、シンガポールとの貿易協定にも賛成していた。しかし、彼女は中米自由貿易協定と、他の南米の国々に貿易特恵を差し伸べることに反対していた。(38)

そのため、コロンビア側は様々な方法で、求愛を続けた。

ウリベ大統領は二〇〇七年六月、ニューヨーク市に降り立ち、豪華ホテルでのディナー・イベントのメインで登場した。イベントは「コロンビアは熱意だ」というタイトルだった。実際は、この夜は主にビルについてのものだった。ウリベは、ビルがコロンビアを信じ、そして他の人にも信じるように促したとして、彼に「コロンビアは熱意だ」賞を与えた。(39)

ニュースウィーク誌は次のように報じた。

　アメリカでのイメージを修復し、議論を呼んでいるアメリカ・コロンビア自由貿易協定への支持を加速させるのを助けるのに熱心な、アルバロ・ウリベの困難にある政府は、賢いPRの取り組みを思いついた。晩さん会でクリントンに賞を与え、そこで人気のある元大統領が同国について良いことを言うというものだ。

夕食会では、ビルをコロンビアの英雄として描くビデオがあった。ウリベは彼が、同国の非公式の観光大臣だと持ち上げることもした。お返しにビルはウリベを褒め、現在のワシントンでは自由貿易協定をめぐって論争があるが、「私たちは友人であることを思い出す必要がある」と断言した。(40) そして、彼はウリベを、同年九月にニューヨークで行うクリントン国際イニシアチブの年次会合に「主演出席者」として招待した。

よくあるように、授賞式の宣伝広報は、クリントン一家の長年の政治顧問で世論調査官のマーク・ペンが率いるＰＲ会社のバーソン・マーステラー・ワールドワイド社が取り仕切った。(41) 二〇〇八年の出馬でヒラリーの選対本部長も務めていたペンは、コロンビア側に自由貿易協定を議会でどう通すかのアドバイスをしていた。ウリベはペンの会社に三〇万ドルを支払った。(42)

コロンビア側とのペンの結びつきはばつが悪すぎる話だったため、彼はヒラリーの選対本部長を辞任した。おまけとして、コロンビア側もバーソン社を解約した。(43)

コロンビア側からの支払いリストに他にも名前があったのは、ヒラリーの選挙戦のスポークスマンだったハワード・ウルフソンのロビー会社であるグローバー・パーク社だった。同社は月に四万ドルを支払われていた。ウルフソンは直接、コロンビアのために働くことはできなかったが、彼は会社に株式を持っていた。(44)

貿易協定とペンのコンサルタント契約については、民主党の予備選ですぐに争点になった。労働者の票を惹きつけるために、バラク・オバマはコロンビアとの自由貿易協定に強く反対する姿勢を取った。ヒラリーも同じだ。選挙戦で私たちがよく聞くような過熱したレトリックを使い、彼女は次のように、妥協しない立場を見せた。

「私が数カ月にわたって言ってきたように、私はこの協定に反対だ。私はこの協定に反対してきた。私はこの協定に反対票を投じる。そして私は、コロンビア自由貿易協定を議会が拒否するよう促すため、私ができる全てのことをする」(45)

アメリカの政治によって貿易協定が危険にさらされていることを感じ取ったウリベは、ヒラリーではなく、オバマに食ってかかった。彼は次のように述べている。

「私は、アメリカの大統領になることを切望しているオバマ上院議員が、コロンビアの取り組みを知らないということを、遺憾に思う。私は、彼がコロンビアの現実にそぐわない発言を行っているのは、政治的な計算によるものだと思う」(46)

ヒラリーとオバマの両方が貿易協定に公に反対していたことを考えれば、ウリベにとってはどちらが大統領になるにしても、不吉なことだった。ある経済コンサルタント会社が述べたところでは、「民主党が大統領選で勝つことが、FTAをさらに長い間、妨げるのではないかと私たちは懸念している」ということだ。(47)

もちろんオバマの方が、党の指名と大統領選を勝ち抜くことになる。そして、ヒラリーは新しく就任したばかりの国務長官として、貿易協定の政策の方針を素早く変更した。二〇〇九年の初め、オバマ政権が貿易政策で依然として戦っていたと報じられていた頃に、ヒラリーはウリベに貿易協定でコロンビアと仕事ができることを、とても誇りに思うと伝えた。ヒラリーと二〇〇九年二月に会った後に、コロンビアのジェイミー・バームデス・メリザルデ外相がBBCに語ったところでは、「私たちが話したことは、この問題が議会でどのように扱われるかを私たちは一緒に見ていかなければいけないということだった」という。(48)

ヒラリーは、二〇一〇年七月にビルがウリベと会った直後に自身も同氏と会って、貿易協定への賛成へと振れた。二〇一一年の初めまでに、彼女は協定を成立させる取り組みを進めるのを助けていた。コロンビアのアンジェリノ・ガーゾン副大統領との会合の後に、彼女はレポーターにこう言った。「依然として、交渉が行われている。私たちは、協定を送るためだけに協定を送りたくはない。私たちは協定を送り、そして通過させたい」

全米貿易協議会のビル・ラインシュ会長は、「クリントン長官の発言は、特定の時間内にコロンビアとの協定を前に進めたいということについて、政権が送った最も明確なシグナルとなるものだ」と述べた。(49)

このことが、ヒラリーの過去の政策からの完全な転換を意味するということが、気づかれないわけがなかった。彼女はコロンビアの人権と労働の状況が改善されたという立場から、政策変更を正当化した。ヒラリーは記者会見で「私たちは、多くの国で人権の状況が改善されているのを見てきた」と述べ、他国とともにコロンビアの名前を挙げた。

しかし、労働組合の状況についてのヒラリーの言葉は、彼女自身の省の最新の人権レポートと食い違っていた。(50) 殺された労働組合員の数は、二〇一〇年に、実際には増加していた。(51)

ヒラリーはまた、貿易合意は今や誰にとってもいいことだと主張した。

「アメリカ・コロンビア自由貿易協定は、私たちの国の企業がコロンビアへ関税なしで商品を売れるようにする――長年にわたって、コロンビアの製品がアメリカに入ってきていたのと、同じ方法だ。そして協定は、労働と人権についての重要な新たな保障と一緒になっている」(52)

この考え方は、二〇一一年に「コロンビアは労働組合員にとって世界で最も危険な場所となっている」と断言したAFL―CIOと、共有できるものではなかった。(53) ヒューマン・ライツ・ウォッチは、労働運動の暴力で有罪判決を得ることについて、二〇〇六年から実質的に進歩がないと伝え、同機関は二〇一〇年のコロンビアの選挙後の数カ月の間に労働組合員に対して三八件の殺人があったことを例に出した。

コロンビアとの貿易協定は議会に承認され、オバマ大統領がそれにサインした。協定はコロンビアに製品を売ろうとしているアメリカ企業の利益になるとともに、コロンビアの対米輸出を拡大した。コロンビア政府と財界は、コロンビア人にとっての重要な勝利だと協定を歓迎した。

ビルとギウストラは二〇一二年二月に、会合と少しのゴルフのために、一緒にコロンビアに戻った。ビルはクリントン財団の資金集めになっているゴルフ・トーナメント（他でもない、パシフィック・ルビエールズ・オープン）でゴルフをした。ビルはフアン・マヌエル・サントス大統領とも会った。

それ以来、ギウストラのコロンビアでの利権は、問題に突入した。例えば、エネルギー採掘権が与えられた方法が攻撃された。ビル・クリントンの助けによって、コロンビア政府がギウストラに「美味しい採掘権」を与えたというメディアの報道が出ていた。(54) コロンビアのジョージ・エンリケ・ロブレード上院議員は、コロンビアの石油採掘権を与えるプロセスの中で、ウリベ政権がパシフィック・ルビエールズ社にえこひいきをしたのではないかと主張した。(55)

パシフィック・ルビエールズ社は、嘆かわしい労働条件について、繰り返し不満の的となってきた。苦情は、契約、勤務時間、給与、民主的な補償、住環境、衛生環境、移動、団結権といったものが含まれた。同国の石油労働者の組合であるユニオン・シンディカル・オブリラ（ＵＳＯ）のリーダーたちが仲介を試みた時に、パシフィック・ルビエールズ社は彼らの到着できないように地域の公共の高速道路を封鎖したと報じられた。(56)

ギウストラの他の会社であるプリマ・コロンビア硬材社もまた、問題に突入した。環境省は二〇一一年五月、プリマ・コロンビア社が行った材木の搬出について監視を始めた。公開されたレポートによれば、同社は、野生動物の生息地、地域の水の流れを変えたこと、植生を変えたことなどの一〇項目の環境侵害について、回答する必要があった。自然環境許可局（ＡＮＩＡ）は後に、プリマ・コロンビア社から求められたすべての環境許可を却下すると決定した。(57)

(1) "President Bill Clinton and Philanthropists Frank Giustra and Carlos Slim Launch Fondo Acceso SAS, a USD $20 Million Fund for Smalland Medium-sized Enterprises (SMEs) in Colombia," press release, Clinton Foundation, June 9, 2010, https://www.clintonfoundation.org/main/news-and-media/press-releases-and-statements/press-release-president-bill-clinton-and-philanthropists-frank-giustra-and-carlo.html.

(2) Clinton, Hillary Rodham, *Hard Choices* (New York: Simon & Schuster, 2014), 253.

(3) Uribe Velez, Alvaro, *No Lost Causes* (New York: Celebra, 2012), 179.

(4) "Hillary Clinton Voices Ongoing US Support for Colombia." BBC News, June 10, 2010, http://www.bbc.com/news/10282709.

(5) "U.S. Senators Seek Changes to Plan Colombia. US-Colombia," *Latin American Herald Tribune* (Caracas), *EFE News Service* (Madrid), January 27, 2010, http://www.laht.com/article.asp?ArticleId=351189&CategoryId=12393.

(6) Romero, Simon, "Colombia Extradites 14 Paramilitary Leaders," *New York Times*, May 14, 2008, http://www.nytimes.com/2008/05/14/world/americas/14colombia.html?pagewanted=print&_r=0.

(7) Brody, Daniel, "Uribe meets with Bill Clinton," Colombiareports, June 10, 2010, Begg, Kristen, "Clinton to Meet Uribe, Santos, and Mockus," Colombiareports, June 8, 2010, http://colombiareports.co/clinton-to-meet-with-uribe-santos-and-mockus/.

(8) "Clintons Stand Up for Colombia," *Investor's Business Daily*, June 14, 2010, http://news.investors.com/ibd-editorials/061110-537128-clintons-stand-up-for-colombia.htm?ntt-free.

(9) "Prima Colombia Hardwood Inc. Completes Acquisition of REM Forest Products Inc, and Closing of $5,500,000, Financing" *Canada Newswire, Digital Journal*, September 22, 2010, http://www.newswire.ca/en/story/612439/prima-colombia-hardwood-inc-completes-acquisition-of-rem-forest-products-inc-and-closing-of-5-500-000-financing.

(10) "Prima Colombia Hardwood Inc. Completes Acquisitiom of Rem Forest Products Inc. and Closing of $5,500,000 Financing." *Newswire*, September 22, 2010, http://www.newswire.ca/en/story/612439/prima-colombia-hardwood-inc-completes-acquisition-of-rem-forest-products-inc-and-closing-of-5-500-000-financing.

(11) Jimenez, Carlos, "Frank Giustra," *ElPais.com.co*, January 20, 2012, http://www.elpais.com.co/elpais/opinion/columna/carlos-jimenez/frank-giustra.

(12) Pacific Rubiales Energy, "Pacific Rubiales Energy Awarded Six Blocks in the 2010 ANH Round Bidding Process," press release, June 23, 2010, http://www.pacificrubiales.com/2010/153–23062010.

(13) Quoted in Forero, Juan, "Venezuelan Oilmen Pushed Out by Hugo Chavez FindOpportunities in Colombia," *Washington Post*, September 12, 2011, http://www.washingtonpost.com/world/americas/venezuelan-oilmen-find-opportunities-in-colombia/2011/09/12/gIQAiOcjTK_story.html.

(14) Pacific Rubiales Energy, "Where Talent and Knowledge Meet Opportunity," investor presentation, December 2010, http://www.pacificrubiales.com/archivos/investor/CEOs_Investors_presentation_Canaccord_Conference_Dec_2010.pdf

(15) Humphreys, Tommy, "Los Minerales Hermanos: How Two Friends Made a Fortune in Colombia and Expect to Do It Again," CEO.ca, April 2, 2013, http://ceo.ca/2013/04/02/colombia-giustra-iacomo/.

(16) Clinton Foundation, "Press Release: Projects of the Clinton Giustra Sustainable Growth Initiative," March 1, 2008, https://www.clintonfoundation.org/main/newsand-media/press-releases-and-statements/press-release-projects-of-the-clinton-giustra-sustainable-growth-initiative.html.

(17) Pacific Rubiales Energy, "Petro Rubiales Energy and Underwriters Contributing $4.4 Million to Clinton Giustra Sustainable Growth Initiative," press release, July 24, 2007, http://www.pacificrubiales.com/2007/35-24072007.

(18) "El Primer dia de la Accion Humanitaria y Laboral a Puerto Gaitan es una aclaracion, de que la USO no ha firmado ningun acuerdo con," USOPAZ, October 11, 2011, http://www.pasc.ca/en/action/updates-canflict-canadian-oil-company-pacific-rubiales#sdendnote8sym.

(19) Petroamerica Oil Corp., "Petroamerica Receives Key Colombian Approval," press release, June 21, 2010, http://www.petroamericaoilcorp.com/main/index.php?id=news-room_read&news=33

(20) Humphreys, Tommy, and Tekoa da Silva, "Energy Heavyweights Engineering a Turnaround? " CEO.CA, Augusst 20, 2012, http://ceo.ca/2012/08/20/pta/.

(21) ペトロアメリカ社幹部のロバート・ギルクレストの試算によれば、同社の採掘し得る土地は、「最大で二〇〇万から二〇〇〇万バレル」の石油に値すると誇っている。

(22) US Department of State, Embassy in Bogotá, "Colombia: Energy Sector to Expand with Exim Financing." WikiLeaks, November 18, 2009, https://cablegatesearch.wikileaks.org/cable.php?id=09BOGOTA3415&q=clint

(23) 国務長官は、いかなる国、団体、個人に対する輸出入銀行の融資についても、検証、承認、拒否、あるいは遅らせる権限を有している。

（24）"EXMAR, IFC Sign Floating Liquefaction Unit Financing Deal," LNG World News, December 6, 2012, http://www.lingworldnews.com/exmar-ifc-sign-floating-liquefaction-unit-financing-deal-belgium/.

（25）Endeavour Mining, "Endeavour's Growth Plan," October 2010, http://www.endeavourmining.com/i/pdf/Presentations/Investor-20101001.pdf.

（26）"Merchant Banking, Endeavour Financial Corporation," BMO Global Resource Conference, February 2009, http://www.endeavourmining.com/i/flashpaper/EDV_Investor Presentation_BMO_Feb_09.swf.

（27）Baja Mining, quarterly report, first quarter 2011, http://www.bajamining.com/content/pdfs/financials/BAJ_Q12011MDA.pdf

（28）US Export-Import Bank, "Semi-Annual Report to Congress, April 1–September 30, 2013," 30, 31, http://www.exim.gov/oig/upload/OIG_Report_FA13_508.pdf.

（29）Humphreys, "Los Minerales Hermanos."

（30）Isaacson, Adam, "Colombia: Don't Call Ita Model," Washington Office of Latin America, July 13, 2010, http://www.wola.org/publications/colombia_dont_call_it_a_model.

（31）Good, Chris, "Republicans Support Obama's Trade Agenda. Do Democrats?" *The Atlantic*, September 17, 2011, http://www.theatlantic.com/politics/archive/2011/09/republicans-support-obama-trade-agenda-do-democrats/245248/.
"Carnation Revolution: A Long-awaited Pact Comes into Force," *The Economist*, May 19, 2012, http://www.economist.

com/node/21555592.

(32) マリア・コンスエロ・アラウヨによれば、「アルバロ・ウリベ大統領は、特権を生かし続けることはできないと言った。アメリカのアナリストの中には、現在の議会が協定を承認しないと考えている者もいたため、不安があった」という。Araujo, "Uribe, tras prórroga de ayuda comercial." *El Pais* (Bogotá), September 1, 2014, http://translate.google.com/translate?hl=en&sl=es&u=http://historico.elpais.com.co/paisonline/notas/Noviembre142006/aptdea.html&prev=/search%3Fq%3D%2522hillary%2BClinton%2522%2Band%2B%2522uribe%2522%26biw%3D1216%26bih%3D706%26tbs%3Dcdr:l.cd_min:1/1/2004,cd_max:12/31/2006.

(33) Smith, Elliot Blair, "Clinton Used Giustra's Plane, Opened Doors for Deals," Bloomberg com, February 22, 2008, http://www.bloomberg.com/apps/news?pid=newsarchive&sid=aa2b8Mj3NEWQ.

(34) Stein, Sam, "Bill Clinton's Ties to Colombia Trade Deal Stronger than Even Penn's," *Huffington Post*, May 25, 2011, http://www.huffingtonpost.com/2008/04/08/bill-clintons-ties-to-col_n_95651.html.

(35) Emshwiller, John, and Jose De Cordoba, "Bill Clinton's Complex Charities," *Wall Street Journal,* February 14, 2008, http://online.wsj.com/articles/SB120296323202367961.

(36) 同右。

(37) "Plan Colombia—the Sequel," *The Economist*, August 21, 2003, http://www.economist.com/node/2009304. Carter, Zach, "Trade Deals Face Growing House Opposition amid Continued Violence in Colombia," video, *Huffington Post,* August 11, 2011, http://www. huffingtonpost.com/2011/08/11/house-opposition-to-trade_n_924418.html.

(38) Fenwarth, Andres Espinosa, "Opinion—Colombia atenta a posicion de Hillary Clinton sobre TLC," *Noticias Financieras*, November 14, 2007.

(39) "Colombia to Honor Clinton for His Efforts to Help Country's Image," *Arkansas Online*, May 24, 2007, http://www.arkansasonline.com/news/2007/may/24/colombia-honor-climton-his-efforts-help-countrys-i/?print.

(40) Isikoff, Michael, and Mark Hosenball, "It' s So Nice to Be Here," Newsweek, April 21, 2008, http://www.newsweek.com/its-so-nice-be-here-85467.

(41) 同右。

(42) Davis, Susan, "Clinton Aide Met on Trade Deal: Penn Held Talks on Colombia Pact Oppoced by Senator," *Wall Street Journal*, April 4, 2008. Kirchgaessner, Stephanie, "Colombia Sacks PR Firm Led by Clinton Strategist," *Financial Times*, April 7, 2008, http://www.ft.com/cms/s/0/d2be41d8-043a-22dd-b28b-00007b07658.html#axzz3Dmm4umKz.

(43) Kirchgaessner, "Columbia Sacks PR Firm Led by Clinton Strategist."

(44) "Javers, Eamon, "HRC Colombia ties don't stop with Penn," April 7, 2008, http://www. politico.com/news/stories/0408/0433 html.

(45) "Clinton Reiterates Opposition to Colombia Trade Pact," *Los Angeles Times*, April 9, 2008, http://articles.latimes.com/2008/aprog/nation/na-penn9.

(46) "Uribe Criticizes Obama over Free Trade Pact," *Colombia Reports*, April 3, 2008, http://colombiareports.co/uribe-criticizes-obama-over-free-trade-pact/

(47) "Colombia Business Forecast Report," *Business Monitor International,* 2nd Quarter 2008 Report.

(48) "U.S. Secretary of State Willing to Work with Colombia on Trade Deal—Official," BBC Monitoring Americas, February 26, 2009.

(49) Muscara, Aprille, "U.S. Spate of Trade Deals Move toward Passage," *Global Information Network*, January 28, 2011, http://www.ipsnews.net/2011/01/us-spate-of-trade-deals-move-toward-passages.

(50) "Secretary Clinton's Remarks to the Press at the Release of the 2010 Human Rights Reports," Humamrights.gov, April 8, 2011.

(51) US Department of State, "2010 Colombia Human Rights Report." http://www.state.gov/documents/organization/160452.pdf.

(52) Dougherty, Jill, "Hillary Clinton Tells U.S. Businesses We Need to Up Our Game, Abroad," CNN.com, July 12, 2011, http://www.cnn.com/2011/US/07/12/clinton.business.abroad/.

(53) AFL-CIO, "Colombia," http://www.alcio.org/Issues/Trade/Colombia/Colombia.

(54) Jimenez, Carlos, "Frank Giustra," *ElPais.com.co,* January 20, 2012, http://www.elpais. com.co/elpais/opinion/columnascarlos-simenez/frank-giustra.

(55) Press Office of Senator Jorge Enrique Robledo (Colombia), "Rather than Just Leaving Zamora ANH " September13, 2011, moir.org.co/Mas-que-justa-la-salida-de-Zamora.html.

(56) "Letter from Senator Jorge Enrique Robledo, Bogotá, August 23,2011, to Ronald Pantin, President of Pacific Rubiales

Energy, Bogotá," http://www.pasc.ca/fr/node/3390.

（57）"Canadian Billionaire Frank Giustra May Not Harvest Timber in Choco," August 24, 2012, http://vox-populi.com.co/billonario-canadiense-frank-giustra-no-podra-extraer-madera-en-el-chocol.

第一〇章　クリントン流・災害資本主義

二〇一〇年のハイチ救援事業

二〇一〇年一月一二日の午後、壊滅的なマグニチュード七・〇の地震が、島国のハイチを襲った。一分もしないうちに、激しい揺れが二万五〇〇〇の政府と商用のビル、一〇万戸の住宅を平らにし、約二三万人が犠牲になった。

地面の揺れが止まった時、一五〇万人以上が一時しのぎのテントのキャンプで暮らすことになった。ハイチのジャン・マックス・ベルリーヴ首相は、「三〇秒のうちに、ハイチはGDPの六〇%を失った」と述べた。自然災害、腐敗した指導者、みじめな貧困によって苦しめられた歴史を持つ同国にとって、これはある種の残酷な自然のジョークについたビックリマークのようなものに見えたに違いない。

救世軍や赤十字といった団体からの、国際的な慈善の対応は寛大で、世界中の数百万人が小切手を書いたり、携帯電話から寄付したりした。外国政府も資金を約束した。

地震から数日後、ヒラリー・クリントンは被害を調査するため、ポルトープランスに向かう途中だった。彼女を通すために、島からと島への全てのフライトは三時間にわたって中断させられた。ヒラリーは、アメリカの救援隊と、彼女のスタッフが前夜にアメリカのスーパーで買った歯磨き粉、マスタード、タバコの備蓄とともに、沿岸警備隊のC―130機で到着した。彼女は救援の取り組みを邪魔しないように空港を離れなかったが、ハイチの人々への自身の深い同情を表明し、国務省とUSAIDが救援事業で前面と中心の役割を担う中で、アメリカはハイチの友人であり、パートナーであり、支援者であり続けるという保証を与えた。

ビル・クリントンもまた、すぐにハイチの地に降りた。彼は二〇〇九年に、ハイチへの国連特使に任命されており、同国には定期的に出張していた。カメラの一群が取り囲む中で、ビルは自身が見たものを説明しながら涙を流した。

国務省でのヒラリーの首席補佐官と相談役であり、クリントン一家の近しい親友であるチェリル・ミルズは、USAIDを通じて割り当てられた税金がどのように使われるのかに対する責任を与えられていた。(1)国務省は数日の間に、同国にすぐに流れ込むことになる援助と救援のお金を振り向ける通路を、考え、創設した。ハイチ暫定復興委員会（IHRC）は、ハイチ当局と再建の取り組みに資金を寄付した国々の助けで策定した行動計画を実行するという仕事を与えられた。経済と政府のサービスにフォーカスした、ポルトープランスの再建が、優先されることになっていた。(2)

ビルはベルリーヴとともに、すぐに共同委員長に任命された。彼らは一緒に、IHRCの執行委員会を構成し、彼らに意思決定の力が集まっていた。この役割において、ビルは究極的に、アメリカの納税者のお金や国際機関が出資することになるどのような事業の承認についても、責任を持った。クリントンとベルリーヴは、一緒に効果的な仕事をすることを示した。これから見ていくように、ベルリーヴは後にハイチで、クリントン一家のメンバーとビジネスをすることになる。

公式の声明で、ビルは社会工学の壮大なビジョンによって、どのようにハイチを灰から蘇る不死鳥のように再建するかについて、ロマンティックな表現で語った。彼はエスクァイア誌に次のように述べている。

「私は彼らに、埋め立てのごみ処理地を閉じ、何もかもリサイクルして、残りをエネルギーに使ってほしい。彼らが世界で初めての、ワイヤレス国家になったら素晴らしくないだろうか。彼らにはできるかもしれない。だから言っているんだ。彼らにはできるかもしれない」(3)

IHRCが資金の支出において果たした役割を、過小評価することは難しい。国務省自体が述べたように、事業申請を審査し、プロジェクトに資金を付けるかを決めることに加えて、IHRCこそがハイチの復興を計画する主体だった。特に、アメリカ政府監査院(GAO)が指摘するように、IHRCは寄付者と調整し、戦略的な計画を行い、再建事業を承認し、説明責任を果たすことになっていた。(4)

アメリカの納税者のお金を大量に支出しつつも、ハイチでは何かしらの改善は見られた。いくつかの道は以前よりも状態がかなり良くなっている。かなりの量のがれきは取り除かれた。しかしそれ以上に、クリントン夫妻が行った約束を指標とすれば、ビル、ヒラリー・クリントン夫妻が多くを差配したハイチを再建する取り組みは、巨大な失敗だった。

地震から五年が経っても、ハイチは「ワイヤレス国家」ではなかった。数十億ドルの資金が実際に同国に投下され、資金がどのように割り当てられるかについては、ヒラリーとビルがかなりの決定権を持っていた。しかしＧＡＯによれば、ＩＨＲＣは、ハイチ政府と寄付した国々が定めた行動計画と資金供給の優先順位を無視した。(5)さらには、実際の再建のためのはずだった納税者のお金の多くは、浪費された。再建のための基金は、価値のないプロジェクトにつぎ込まれることになった。(6)一方で、いくつものケースで、クリントンの友人、仲間、家族までもが再建という状況から利益を得た。

自然災害は時に、政治的に結びついた業者にとって、再建の取り組みのおかげでお金を稼ぐ莫大な機会を創造することがよくある。著者で批評家のナオミ・クレインはこれを、「災害資本主義」と呼ぶ。

災害資本主義は、すべてが必ずしも悪いわけではない。被災地域に入って、当座の救援を差し伸べたりインフラを再建したりといったプロセスを始める、有能なプロフェッショナルは必要だ。そのような取り組みがうまくいった一つの例は、二〇〇四年に津波が壊滅させた後のインドネシアだ。世界銀行によれば、国内のその他の地域と切り離されたコミュニティーは、公共サービスやインフラが復旧し、犯罪や腐敗がおおむねコントロールされたのを目撃したという。(7)

ハイチのケースでは、そうしたプロセスはとても違ったかたちで扱われた。例えばＩＨＲＣでは、業績と汚職防止局（ＰＡＯ）によって復興の活動がチェックされ、汚職の疑いの調査が行われることになっていた。しかし、ＰＡＯの一部としてたった一人の職員が雇われるまでに、一一カ月もかかった。(8)さらには、ＩＨＲＣで十分な職員が雇われることは一度もなく、意思決定の多くはクリントン財団の主要な職員に委ねられていた。(9)

地震が襲ってから一カ月もたたない頃、アメリカ大使のケネス・マーテンは、ポルトープランスから国務省本省へ、「ゴールド・ラッシュが起きている」と題した公電を送った。[10] 熱心な大量の実業家たちが首都に押し寄せ、政府との契約を得ようと期待している。しかし、契約とビジネスを確実なものとするためには、明らかに、話を持ちかけるのに正しい人々を知っている必要がある。シンプルに言って、クリントン一家へのアクセスが必要だと、広く信じられていた。

フロリダに拠点を置く請負業者のJ・R・バージェロンは、災害後の片づけを援助するという儲けの良い契約を何とか得ようとしていた何人もの事業家の一人だった。自身が「災害のスーパーボウル」と呼ぶものにおいて現金を得ようと競争する上で、バージェロンはクリントン夫妻がレフェリーとなることを理解していた。[11] 彼の会社であるバージェロン緊急サービス社は、契約を得る前から、従業員や機材を配置に動かすために一〇〇万ドル以上を投資していた。しかしバージェロンは、専門性と準備の良さを単に示す以上のことをしなければならないと知っていた。彼は後に自身の観察を次のように述べている。

「ハイチでポーズを取ったり、自己アピールをしたりすることは、いちかばちかのこの競争においては避けられなかった。政治は大きな役割を担っていた」[12]

バージェロンは二人のロビイストを雇い、クリントン財団のハイチ地震の救援活動やアメリカ国際開発庁の役員らに接触するという仕事を与えた。[13] 彼らはミッチ・バーガーとアケックス・ヘックラーといった。ヘックラーは、ヒラリーの選挙の全米資金委員会に勤めていた。バージェロンはまた、クリントン財団に寄付していたと言っている（記録は、彼の寄付が二五〇ドル以下だったことを示している）。彼は何も契約を得ることができなかった。

現実は明らかなように見えた。ある個人がウォールストリート・ジャーナル紙に語ったところによると、「クリントンとのコネがなければ、ゲームに参加することはできない」ということだ。(14) しかし、申し分ないクリントンの信任がある人々については、ロビイストを雇う必要はなかったようだ。

マーテンの公電は、長年のクリントンの親友であるウェスリー・クラーク将軍が地震から数週間のうちに到着したことについて、特に言及している。(15) ビルと同様にクラークはアーカンソー州の出身で、ビルの大統領任期中にはＮＡＴＯの司令官だった。実際に、クラークはクリントン夫妻のお気に入りの将軍で、ビルが大統領だった間に何回も軍内での昇進を受けている。ニューヨーカー誌が指摘したように、二つの最高位を含む陸軍でのクラークの最後の三つの仕事は、陸軍の推薦なしに与えられたものだった。(16)

クラークが二〇〇四年の大統領選で民主党の公認を求めた時には、ビルは彼の立候補を強く後押しした。二〇〇八年にヒラリーが大統領選に出馬した際には、クラークは彼女の選挙戦のためにお金を集めた。クラークはまた、クリントン国際イニシアチブ（ＣＧＩ）の顧問委員会のメンバーとして働いている。かなり後の二〇一三年に、彼は二〇一六年のヒラリーの大統領選を支援するスーパーＰＡＣに対して、資金調達の初めての手紙にサインしている。(17)(vii)

マーテンの公電によれば、クラークはすぐにハイチのルネ・プリバル大統領との会合の機会を得た。(18)

クラークは、建築素材の製造者であるイノヴィーダ社という南フロリダの会社への建設計画を探して、ポルトープランスにやって来た（クラークは、ジェブ・ブッシュ元フロリダ州知事とともに、同社の取締役会に名を連ねていた）。クラークは同社にとっての、大きなチアリーダーだった。彼は「ハイチの住宅建設のために、他の技術よりも、より多くのことを、より良く、より速く行うことができる」と言った。イノヴィーダのクリントン一家との結びつきは、クラークよりも深い。サウス・フロリダ・ビジネス・ジャーナル誌によれば、イノヴィーダ社のクラウディオ・オソリオCEOは、二〇〇八年のヒラリーの選挙戦での大きな資金集め役で、CGIに献金していた。(19)

イノヴィーダ社は、実際に家を建てた実績がほとんどなかった。しかし同社の事業は、ハイチ政府と国務省によって速度を増すことになった。(20) イノヴィーダ社は、ハイチで五〇〇戸の住宅を建てるために、アメリカ政府から一〇〇〇万ドルの融資を受けた。

悲しいことに、住宅が建てられることはなかった。オソリオは二〇一二年、金融詐欺で起訴され、有罪判決を受けた。検察官は後に、被災者の救援に使うためのお金を、投資家への返済や、自身や共謀者の個人的な利益や詐欺計画を進めるために使ったとして、マセラーティを運転しマイアミ・ビーチの豪邸に住んでいたオソリオを告訴した。(21) 彼は最終的に懲役一二年の判決を受けた。イノヴィーダ社は崩壊した。

クリントン夫妻が、ハイチ救援のためのアメリカの納税者の金の支出において振るった力について、誇張することは難しい。エスクァイア誌はビルを、ＩＨＲＣの共同委員長という役回りから、「リーダー不在の国のＣＥＯ」と呼んだ。(22) マイアミ・ヘラルド紙は、「復興活動の共同皇帝」として、ビルに繰り返し言及した。(23) 他の人は彼を、その力から、「ハイチの大統領」や「総督」と呼んだ。国務長官としてのヒラリーは、アメリカの納税者の支援のお金をまき散らすことについて、最終の管理権を握っていた。(24)

多くのハイチ人は、ギャリー・コニーユ首相が二〇一一年一〇月に就任してから、クリントン夫妻がハイチでさらに力を示したと考えていた。コニーユは、スピーチライターとして、そして国連特使の首席補佐官として、ビルに仕えていた。(25) コニーユの任命は妥協と見られており、彼がビル・クリントンから支援を受けていたということが指名の理由の一つだと、一部のハイチ人からうるさく言われていた。(26)

ハイチで起きたことは、慈善事業と政治、ビジネスを混ぜ合わせる、古典的な「クリントン・モザイク」だった。

ビルは公的、私的のいくつもの立場を兼ねて、多数の目標を推進するために、ポルトープランスに降り立った。エコノミスト誌は簡潔に、次のように指摘した。

ＩＨＲＣの共同委員長、国連特使、元アメリカ大統領、国務長官の配偶者、同国での事業を支援する自身の財団のトップとして、クリントン氏が務めている奇妙で多元的な役割は、彼が誰を支援していて、誰に最終的に仕えているのかについての混乱を生み続けるだろう。(27)

ＩＨＲＣ内部からの反発はほぼ即座に発生した。ＩＨＲＣのメンバーであるジーン・マリー・ブルジョリーは二〇一〇年一〇月、共同委員長と他の委員会メンバーに覚書を書き、「役員会の全ての力と権限が最高幹部委員会（クリントンとベルリーヴ）に与えられていることによって、ＩＨＲＣの残りの部分である私たちに期待されているのは、ただ判子を押すだけの存在として振る舞うことだというのは明らかだ」と戒めた。(28)ブルジョリーの懸念は評価されなかった。実際に彼の覚書は、ＩＨＲＣの一〇月の会合の公的な場では取り上げられなかった。

他の委員会メンバーや従業員は、ハイチでのプロジェクトや契約において、ビルとヒラリーが欲しいものを手にしたとはっきり言っていた。ある従業員が指摘したように、プロジェクトが承認されたのはＵＳＡＩＤと国務省が提出したからだった。さらには、「ＵＳＡＩＤが提出し、ＵＳＡＩＤがお金を払っている限り、それらは承認された」ということだ。(29)

一四人いるハイチのＩＨＲＣメンバーのうち九人が、二〇一〇年一二月にクリントンとベルリーヴに対して、公式の苦情を書面で申し入れた。彼らは「ＩＨＲＣの活動から、完全に切り離されていると感じていた」という。ＩＨＲＣは、災害後の数カ月にハイチ政府と寄付した国々が合意した行動計

画に一致しないように見えるプロジェクトを、前に進めていった。メンバーたちは、次のように警告した。(30)

「私たちには、釣り合いの取れないプロジェクトの数々で終わってしまうのではないかというリスクがある。それらのいくつかは実際に面白いもので、個別に見れば役に立つものだが、しかし全体として見れば、緊急性がないか、ハイチの発展どころか復興の基礎をつくることにもならないようなものだ」

GAOはこれらの懸念に共鳴し、二〇一一年五月に、「承認されたプロジェクトへの出資は、各部門において不均等で、ハイチ側の優先順位に必ずしも沿うものではない」と指摘している。

ハイチで政治と縁故主義の商売の取り決めを一緒にしてしまうクリントン夫妻の強い嗜好のせいで、ビルの非公式の「総督」としての役割は、ハイチ人のコミュニティーに疑問を抱かせた。二〇〇九年にビルが国連の特使に任命された時に、ハイチ・オブザバター誌は「元ハイチ大統領とのビルの関係と、ハイチでの彼と妻のビジネス契約を綺麗にして来るべきだ」と、クリントン夫妻を挑発した。同紙はまた、次のように言った。

「クリントン夫妻の、元大統領と、特にハイチでの電話事業に関連した選択について、長いことひそひそ話や噂が出続けていた」(31)

一九九四年にビル・クリントンは大統領として、正当に選ばれた大統領ながら一九九一年のクーデターで追い出されたジャン＝ベルトラン・アリスティドを権力に戻すために、ハイチに部隊を派遣した。権力に復帰した後、彼が大統領である間に、アメリカに拠点を置くヒュージョン・コミュニケーションズ社に特別な契約が与えられた（当時のハイチ首相はアリスティドの友人で仲間のルネ・プリバルで、彼は地震の際には大統領だった）。ハイチの国有電信会社であるテレコ社は、ヒュージョン社に対して、アメリカからハイチへの長距離電話を格安で認めた。アメリカには、家に電話するハイチ人が大勢住んでいるため、これは大きな市場だった。

ヒュージョン社は、長距離電話市場においては、比較的小さな存在だった。しかし、同社はビルとヒラリーととても仲の良い活動家や政治家によって、頭でっかちな組織になっていた。理事会には、ビルの元首席補佐官であるトム・マック・マクラーティがおり、ビルの一九九六年の再選に向けた選挙戦で民主党全国委員会財務委員会の委員長だったマービン・ローゼンが率いていた。悪名高いホワイトハウスでの資金集めのコーヒー会、大口寄付者へのリンカーン・ベッドルームの貸出し、中国やアジアからの海外献金が起きたのは、ローゼンの任期中のことだった。(32)同様に理事会には、ビルが駐サウジアラビア大使に任命した元ミシシッピ州知事のレイ・メイバスがいた。(33)

テレコ社のヒュージョン社との特別協定は、FCCの規制と法律を守り、公になるはずだった。しかし、同社は秘密にするように激しく取り組んだ。この話を明かした、ウォールストリート・ジャーナル紙のコラムニスト、メアリー・アナスタシア・オグレイディーは、「法律によれば協定は公文書だが、ヒュージョン社は、FCCが求めるまで、それを私に渡そうとはしなかった」と書いている。契約書のコピーが彼女の手に渡るまでには、八年かかった。(34)

なぜかは簡単に分かる。この契約は、公式のFCCによる相場が一分当たり五〇セントだったにもかかわらず、ヒュージョン社が一分当たり一二セントの相場でハイチの電話ネットワークに参入することを可能とした。要するに、これは談合取引だった。ヒュージョン社は、「テレコ社との関係において、いかなる不適切な支払いをしたこともなければ、どのような不適切な活動をしたこともない」と言った。しかし、もちろん、同社がそうする必要はなかったのだ。(35)

それから一〇年以上経った、二〇一〇年の地震の後、ハイチには新しい電信事業の魅力的なターゲットが出てきていた。そこでは、契約やプロジェクトを分け与える決定はクリントン夫妻を通じてなされるというシステムが出来上がっていた。

地震から数カ月の間に、クリントン夫妻はハイチで、ワイヤレスの携帯電話による送金システムのアイデアを推進し始めた。このアイデアは、友人や親戚が、この地震で被災した国の人々に、直接、お金を送れるようにするものだ。ヒラリーのUSAIDは、補助金を通じて素早く納税者のお金を送った。同機関はまた、その取り組みを組織した。ビル・ゲイツ財団も参加した。ハイチ・モバイル・マネー・イニシアチブもまた、同国でモバイル・マネーのサービスを設立しようという会社に、インセンティブとなる資金を提供した。

この事業の大きな勝者は、アイルランド人の億万長者であるデニス・オブライエンが保有する携帯電話会社のディジセル社だった。ディジセル社は、自社のチョーチョー・モバイル・システムに対する、アメリカの納税者のお金を数百万ドル受け取った（チョーチョーはクレオール語で「ポケット・

マネー」の意味)。チェリル・ミルズを通じて国務省の直接の管轄下にある、USAIDの平和のための食糧計画は、チョーチョー・システムを自らの送金手段に選んだ。ハイチ人は携帯電話と、無料のチョーチョー口座をもらった。ハイチ人がシステムを使うと、オブライエンの会社に手数料として数百万ドルが支払われた。彼らはまた、オブライエンのチョーチョー計画の利用者になった。(36)

オブライエンはこの会社を二〇〇八年に買収した。プロジェクトの開始後、ディジセル社の携帯電話利用者が急増するとともに、利益率も上がり、投資家からの称賛を得た。(37)二〇一二年には、ディジセル社はハイチの携帯電話市場の七七%を押さえていた。この上昇は、同社がデジタル銀行の供給者であるということが一因だった。

モバイル・マネーのシステムは、いいアイデアだっただろうか。おそらく、そうだったろう。しかし、問題はアイデアそのものではなく、むしろ、オブライエンが大金を稼ぐのを助けたということだった。二〇一一年四月から二〇一二年三月までに、ディジセル社の収入は一四%増え、利用者の数は二七%も跳ね上がった。二〇一二年九月までに、ディジセル社の最も利益になる市場で、ハイチはジャマイカを抜き去った。ハイチ市場は、ディジセル社の成功にとっての鍵となった。オブライエンは二〇一二年に、ディジセル社からの配当によって、三億ドルを自ら得た。(38)

オブライエンはお返しに、クリントン夫妻にお金をつくった。

オブライエンは、ジャマイカでの講演とともに、アイルランドでも講演を企画した。二〇一三年一〇月九日にダブリンのコンラッド・ホテルでビルが行った講演は、三年で三回目となり、ウェブメディアのアイリッシュ・セントラルによれば「アイルランド人の財界の大物であるデニス・オブライエンが主に手助けしたものだった」という。同メディアはまた、「(二〇一一年に)彼はオブライエンのプライベート・ジェットでアイルランドに飛び、ダブリン城で行われた国際アイリッシュ経済フォーラムで講演した」と報じている。[39]二〇一〇年一〇月には、クリントンはジャマイカで「私たちの共有する人間性」について、二二万五〇〇〇ドルで講演を行った。この講演は、オブライエンのディジセル社とパートナー関係にある、ウィスキー・プロダクションズ社がスポンサーをしたものだった。[40]

さらに、これらの有給の講演のタイミングも、注目すべきことだった。ハイチ・モバイル・マネー・イニシアチブ(HMMI)が、二〇一〇年六月に発表されていた。三カ月後の九月二九日、ビルはダブリン城で、オブライエンのスポンサーで講演を行った。翌日、ディジセル社はHMMIの契約を得るための競争に参加する意思を表明した。翌年の一月に、ディジセル社はHMMIへの参加によって資金を与えられた最初の会社になった。

二〇一一年一〇月八日、ビルは国際アイリッシュ経済フォーラムで講演し、この時もオブライエンが手助けした。その翌日、ディジセル社は、同じく携帯電話会社のヴォイラと分け合うことになる一〇万ドルを、HMMIから与えられた。

同年一二月二日、USAIDはジャマイカを本拠とするオブライエンのディジセル財団に、将来的に二〇〇万ドル以上に達することになる納税者のお金のうち、最初のものを支払った。政府のデータベースによれば、ディジセル社は納税者のお金を以前に受け取ったことはなかった。

お金と便宜の中間にはまた、オブライエンのジェット機があった。フランク・ギウストラのジェット機が使えない時には、クリントンはオブライエンの二〇人を載せられる中規模のガルフストリーム550を使った。(41)

これらの巨額の講演料を与えることに加えて、オブライエンはまたクリントン財団の主要な寄付者であり、二〇一〇年と二〇一一年のどこかで、クリントンの功績となるプロジェクトに一〇〇〇万ドルから五〇〇〇万ドルをつぎ込んだ。

クリントン一家は、オブライエンの寛容さと事業家としての洞察力に対して、称賛を惜しみなく与えた。ビルは二〇一二年に、オブライエンを、CGIが毎年与える賞である、クリントン国際市民に指名した。オブライエンは、ビルが彼の先見性あるリーダーシップの能力を褒める中、喝采する群衆の前でその賞を受け取った。ビルはまた、「楽観主義の言い分」という題でタイム誌に書いた記事の中で、彼を褒め称えている。(42)

皮肉なことに、ビルがこの賞を与えたのは、アイルランド政府の特別委員会が同国のワイヤレス産業の草創期にオブライエンがどのように財を成したのかについて、批判的な報告書を発表した後だった。特別委員会は、オブライエンが一九九〇年代に、アイルランドの電信政策の責任を負っていたマイケル・ローリーのために資産を購入していたことを発見した。この資産は、ロンドンにあるオブライエンのクレディスイスの口座の資金によって購入された、イギリスのマンズフィールドの土地とチードルの住宅を含むものだった。ローリーはそれと引き換えに、オブライエンをとても豊かな男にすることになる携帯電話事業のライセンスを、彼が確実に得られるよう手助けするのに多大な努力を払ったと、特別委員会は明らかにした。オブライエンの側では、政府高官にお金を渡したことを否定し、当局から公式に罪に問われることはなかった。(43)

しかし、ハイチの再建から富を得たのは、コネのある事業家だけではなかった。クリントン一家のメンバーも同様だった。ビルとヒラリーは、ハイチに来る投資家を探していた。しかし、インフラの問題や、社会的・政治的な不安定、汚職がはびこっていることを考えれば、それはリスクの高いプロジェクトだった。明るい面があるとすれば、鉱産だった。ハイチは天然資源に富んでいる。ハイチの岩場の土壌の下には、二〇〇億ドルとも試算される金や銀、そのたの貴重な鉱石があった。

ハイチ政府は二〇一二年に、半世紀にわたってこれまで行ったことのないことを行うと決定した。それは、露天掘りの金採掘に許可を与えるということだった。

許可を受けた二社のうち一つは、ノースカロライナ州の始めたばかりの小さな会社であるVCS鉱業社だった。同社は、ハイチはおろかその他の場所においても、採掘を行った実績が乏しかった。しかし、同社のトップ層は後に、よく聞く苗字を持つある理事会メンバーを、自慢にするようになる。トニー・ロダム、ヒラリーの最年少の弟だ。ロダムは、VCS社が採掘許可を得てから一年と経たないうちに、顧問委員会に加わった。理事会の他のメンバーには、元ハイチ首相でビルとともにIHRCの共同委員長のジャン・マックス・ベルリーヴがいた。

ハイチ政府は、モーン・ボサのプロジェクトについて、VCS社に「金採掘利用権」(同社の言葉で)

を与え、寛容なことに最大二五年で更新されることになった。同社は誇りを込めて「これは本日、発行された二つの許可のうちの一つ。この種の許可で、五〇年以上で発行された初めてのものだ」と述べた。

ロダムには採掘における経歴はなかった。VCS鉱業社のウェブサイトに載った彼の経歴の半分以上は、彼と姉、その夫との関係についてのものだった。(44)

この契約がハイチ上院で怒りを巻き起こしたことは、驚くにあたらない。採掘権は談合だった。ひとつには、ハイチ政府に支払われるロイヤリティが、当時の鉱産専門家が「実に低い」と呼ぶ、たったの二・五%だったことだ。採掘ロイヤリティの専門家であるクレア・クマーは、「五%以下というのは、ハイチのような国にとっては、単にばかげた話に過ぎない。考えるにさえ値しない」と述べた。(45)

このエピソードは、プロセスの秘密性に異議を唱え、新たな採掘許可を猶予するように求める、ハイチ議会の決議につながった。この決議は全会一致で、ハイチ上院を通過した。(46)

VCS鉱業社はハイチで採掘権に基づいた運営を続けている。

一方で、コネのある実業家たちは、再建の取り組みから利益を得続けた。

ポルトープランスからがれきを撤去する契約のために、USAIDはワシントンに本拠を置くCHF

インターナショナル社を選んだ。ローリング・ストーン誌が表現したところでは、CHF社は「ハイチで最大のUSAIDの請負業者となり、ワシントンとの居心地の良い関係を楽しんだ」という。(47)

同社のデヴィッド・ウェイスCEOは、クリントン政権で北米問題担当のアメリカの副通商代表だったことが判明している(彼はまた、二〇〇八年のヒラリーの大統領選の寄付者でもあった)。加えて、理事会の事務局長はロウリー・フィッツペガドで、クリントンの商務長官だったロン・ブラウンの子分だった。フィッツペガドは、商務次官補など、クリントンのホワイトハウスの役職を歴任していた。

CHF社はハイチについて、ジャーナリストたちから特に嘲笑を受けていた。ローリング・ストーン誌によれば、「同社はポルトープランスの二つの広い豪邸から事業運営をしており、真新しい乗り物を一揃え維持しており、ハイチで働いている最も派手なグループの一つだと一般に思われていた」という。(48)

USAIDの契約はまた、CGIの熱心な参加者で財政面の支援者でもあった、ニューヨークに拠点を置くダルバーグ国際開発顧問団のようなコンサルタント会社のようなところにまで及んでいた。二〇一〇年の春、ダルバーグは、地震によって家やコミュニティを追われたハイチ人のための、移住先を見つけるという、一五〇〇万ドルの契約を受け取った。

USAIDの監察官は同社の推薦した場所をチェックし、それらがおおむね、ずさんで使えないことが分かった。ローリング・ストーン誌は、次のように書いている。

「住めると彼らが言った場所の一つは、実際には小さな山だった。……その場所の片側には、片方が開いた落とし穴、つまり一〇〇フィートの険しい崖と峡谷があった。……これらの人々は、現地で乗っていたスポーツ車を下りさえもしなかっただろうことは明らかになった」(49)

ビルとヒラリーの双方が後押しした早期のイニシアチブは、地震によって家を失った人々に、仮設住宅を提供することだった。この計画には、一億三八〇〇万ドルで約二万の一時的な家を建てるための、助成金と資金が与えられた。しかし、約一年後の二〇一一年四月一九日、USAIDの監察官事務所（OIG）による監査は、二二％の仮設住宅しか建てられておらず、それらの多くは基準に満たないものだったと明らかにした。(50)

新たな常設の住宅を供給することにおいても、こうした結果は良くならなかった。

ビルとヒラリーは二〇一〇年一二月、ポルトープランス市内と周辺に一五万戸の家を建てることをうたった新たな居住計画を承認した。しかし、二年半以上経った二〇一三年六月までに、GAOの監査は、たった九〇〇戸しか建てられていないことを明らかにした。目標は後に二六〇〇戸に削られることになる。同時に、プロジェクトの経費は、五三〇〇万ドルから九〇〇〇万ドルへとおよそ二倍になってしまった。

連邦政府ではなく、クリントン財団が運営した事業でさえも、破滅的な結果しか残さなかった。

ビルが、ハイチの学齢期の子供たちのためにアメリカが仮設住宅を確保する必要があると決めた時（正当な目標と言える）、クレイトン・ホームズ社がクリントン財団に近づき、支援を申し出た。同社は、ハリケーン・カトリーナの後にアメリカ沿岸警備局に数千の劣悪なトレーラーハウスを贈ったとして、連邦緊急事態管理局とのもめごとの最中に依然としてあった。クレイトン・ホームズ社などに集団訴訟が持ち込まれ、後に決着した。(51)

クリントン財団はハイチで、「ハリケーンに耐えられるトレーラーハウス」と呼ばれるものに四〇〇万ドルを自費で払った。しかしこれらは、構造的に危険で、いくつかのケースでは高レベルのホルムアルデヒドが検出され、断熱材が壁から飛び出ていたという。蒸気や、カビの問題、息苦しい暑さが、生徒たちを病気にした。多くのトレーラーハウスが、劣悪に設計されており、ハイチの気候に合わなかったために、廃棄された。(52)

ニューヨーク州のチャパクアから、ビルは、複合材を使った環境に優しい住宅を創る建築家や設計会社を世界中から連れてきて、住宅展示会をハイチで開くというアイデアを思いついた。(53)このプロジェクトは、より良いコミュニティーの再建(Building Back Better Community・ＢＢＢＣ)と呼ばれた。それぞれの建設者は、ハイチ人が住むためのサンプルの家を建てる。これらの建築物とデザインは、地震で被災した国々で、広く使われることが期待されていた。しかし、一四カ月後、ほとんどのモデルハウスは空で、不法滞在者や時にヤギの住み家となっていた。(54)

ハイチのＧＲ建設社のガブリエル・ローゼンバーグは電話取材に、「お金の無駄で、建設者には何の敬意もない。私たちは二万五〇〇〇ドルを投資した。私たちはこれらの家を売るはずだった」と話した。(55)

イノベーティブ・コンポジット・インターナショナル（ＩＣＩ）のジョン・ソージは次のように不

満を述べた。

「これは、私が見た中で最大のジョークだ。これは政府をよく見せるための目くらましだ。この展示会全体が茶番だった」[56]

ヒラリーとビルにとって、断トツの野心的なプロジェクトが、ハイチ北部に衣類工場を建設するという計画だった。この地域は地震の影響を受けていなかったが、カラコール産業団地と呼ばれるものを造るために、アメリカの納税者の資金を使うことが認められていた。[57]
クリントン夫妻はしばらくの間、実際にこのプロジェクトを推進していた。国務省でヒラリーの右腕だったチェリル・ミルズは、一年以上にわたってこの取り組みを率いることを任されていたと、クリーブランド・プレイン・リーダー紙が書いている。[58] もともとは経済発展のためのハッキリした計画だったこのプロジェクトは、ハイチ経済を活性化し、ホームレスの労働者を住まわせるという両方の手段として期待された。最終的に、この複雑な計画は、数億ドルのアメリカの有権者のお金と、アメリカ市場への非関税でのアクセスを認める議会での特別立法を必要とした。
見かけ上はハイチ人のために設計されたカラコールだったが、結果はまちまちに見えた。これまでに見てきたように、ハイチのような場所では、最善の動機は時に間違った方向に行ってしまう。しかし、一つ確実なことは、この案件の最も明確な受益者は、クリントン夫妻を支援してきた長い歴史を持つ三つの同族企業だったということだ。

事業を始める上で、まず工場を建てるよう大きな衣類メーカーを招く必要があった。韓国の繊維会社であるSａｅ－Ａ社が、従業員の住居とともに、発電所と基本インフラに一億二四〇〇万ドルを投じるという国務省の約束もあって、誘い込まれた。米州開発銀行も、さらに一億ドルを約束した。ハイチ政府はSａｅ－Ａ社に、一五年間の免税措置を与えた。同時に、二〇一〇年春、ヒラリー、ビル、チェリル・ミルズは、ハイチからアメリカへ繊維製品が非関税で入れるようにする法律、ハイチ経済活性化プログラム（ＨＥＬＰ）を推進し、成立を確実なものにした。

そこで建設が始まった。しかし、オムレツが出来上がる前に、いくつかの卵は壊れなければならなかった。ハイチの基準では比較的栄えていた三六六の農家が、工場を建てるために土地を立ち退かされてしまった。地震は彼らを襲わなかったが、工場はやって来た。ジャン・ルイ・セイント・トーマスという年老いた農家は、「私たちは言葉もなく、見ていた。政府は私たちにお金を払って黙らせた」と言った。(59)

従業員用の住宅の建設契約は、ミネソタに拠点を置くトール建設社という会社の手に渡った。契約の金に加えて、同社は「危険手当」「困難手当」を受け取り、同社の取り分は五〇％以上も増えた。ＣＥＯを含めて、トール建設社の幹部は、民主党の大きな寄付者だった。

仕事の範囲はすぐに変化した。当初の資産では、従業員用の住宅のコストは八〇〇〇ドルだった。

しかし、コスト超過によって、値札はすぐに二万三四〇九ドルへと跳ね上がった。当初の計画は、二万五〇〇〇戸の住宅を建てるというものだった。GAOによれば、結局は、六〇〇〇戸ちょっとが建てられたにすぎなかったという。(60)

ヒラリーとビルは二〇一二年七月、首都ポルトープランスの道がまだがれきで塞がれているにもかかわらず、工場の開設記念のためにカラコールに姿を現した。(61)クリントン夫妻は、俳優のショーン・ペン、ベン・スティラー、億万長者の実業家であるリチャード・ブランソン、ファッション・リーダーのドンナ・カランと一緒に、工場のオープンを祝った。ヒラリーは、ハイチにとっての偉大な日だと褒めそやした。ビルは泣いていた。

プロジェクトの当初の範囲を設定したUSAIDの住宅チームのメンバーであるビル・バスティンは、彼に関する限り、この結果に仰天した。彼は二〇一四年、レポーターに「アメリカの人々がこのコストを知ったら、『奴らは気が狂っていたに違いない』と言うことだろう」と述べた。(62)

おそらく、最も幸福だったのはカラコールから出てくる低価の製品を売って儲けるアメリカの小売業者だった――そして、その人たちはすべて、クリントン夫妻との積年の関係を享受していた。

これらの業者の中には、ヒラリーの大統領選の資金委員会のメンバーであり、CEO兼会長のロバート・フィッチャーに就いていた、GAP社も含まれる。フィッチャー一家は、長年にわたるクリントン夫妻の支援者だ。

もう一人の大きな受益者は、デイトン一家によって設立され、支配されているターゲット・ストア社だ。デイトン一家もまた、クリントン夫妻を長年にわたって財務面で支援してきた。ウォルマート社もまた、この工場から非関税の衣類を受け取っていた。ヒラリーは、ビルがアーカンソー州知事だったころに、ウォルマート社の理事でもあった。ウォルトン一家の一部はクリントンと政治をともにしないとはいえ、工場が開いて以来、何人かがヒラリーのスーパーPACに小切手を書いてきた。

悔やまれることに、カラコールは誇大宣伝の内容に沿うことができなかった。プロジェクトのスポンサーは、六万の雇用を創出すると言っていた。実際の数字は、約三〇〇〇だった。労働者の日給は二〇〇グルドで、約五ドルだった。工場の労働者にとっては、明らかに、何もないよりはましだった。しかし、このような貧弱な結果が、多大な犠牲のもとに正当化され得ると信じるのは難しい。(63)

結論として、二〇一〇年の地震以降にハイチに流れ込んだお金のうち、ハイチ人の助けとなったものは、ほとんどなかった。どのようにお金が使われたのかは、おおむねヒラリーとビル次第だった。

こうした事実を受けて、二人のハイチ人弁護士が、監査行政争議におけるハイチ最高裁に対し、ビル・クリントンのＩＨＲＣにおける任期の監査を求める請願を提出した。ニュートン・ルイ・サン・ジュスト、アンドレ・マイケルの両弁護士は、元元首であるウィリアム・ジェファーソン・ビル・クリントンと、彼のＩＨＲＣトップの任期中とその後に契約から利益を受けた会社との関係を判断するための情報を求めた。(64)

一方で、がれきの散乱したポルトープランスの街々は、二〇一〇年に家を破壊されるのを見た人々が住んでいる。被災者の純資産は変わらなかったが、クリントン夫妻と仲間の資産は、確実に変化した。

（vii）スーパーＰＡＣは選挙資金を管理する政治資金団体のこと。

（1）Haberman, Maggie, "50 Politicos to Watch: Cheryl Mills," *Politico*, July 19, 2013, http://www.politico.com/story/2013/07/50-politico-to-watch-cheryl-mills-94182.html

（2）US Government Accountability Office, "Haiti Reconstruction U.S. Efforts Have Begun, Expanded Oversight Still to Be Implemented," report, May 2011, http://www.gao, gov/assets/320/318629.pdf.

（3）"Bill Clinton's New Plan to Fix Haiti," Esquire, August 7, 2010, http://www.esquire.com/blogs/politics/bill-clinton-haiti-news-070810.

（4）US Department of State, "Fast Fact on U.S. Government's Work in Haiti: Interim Haiti Recovery Commission," fact sheet, January 8, 2011, http://www.state.gov/p/wha/rls/fs/2011/154141.htm; http://www.gao.gov/assets/320/318629.pdf.

（5）US Government Accountability Office, "Haiti Reconstruction U.S. Efforts Have Begun."

（6）US Government Accountability Office, "Haiti Reconstruction: USAID Infrastructure Projects Have Had Mixed Results," June 2013, http://www.gao.gov/assets/660/655278.pdf.

（7）World Bank, "Indonesia: A Reconstruction Chapter Ends Eight Years after the Tsunami." December 26, 2012, http://www.worldbank.org/en/news/feature/2012/12/26/indonesia-reconstruction-chapter-ends-eight-years-after-the-tsunami.

(8) US Government Accountability Office, "Haiti Reconstruction: U.S. Efforts Have Begun."

(9) Sontag, Deborah, "Rebuilding in Haiti Lags after Billions in Post-Quake Aid," *New York Times*, December 23, 2012, http://www.nytimes.com/2012/12/24/world/americas/in-aiding-quake-battered-haiti-lofty-hopes-and-hard-truths.html?pagewanted=all&_r=0.

(10) Herz, Ansel, and Kim Ives, "WikiLeaks Haiti: The Post-Quake 'Gold Rush' for Reconstruction Contracts," *The Nation*, June 15, 2011, http://www.thenation.com/article/161469/wikileaks-haiti-post-quake-gold-rush-reconstruction-contracts.

(11) Clary, Mike, "Broward Rivals Battle for Workin Post-quake Haiti," *Sun Sentinel* (Florida), July 14, 2010, http://articles-sun-sentinel.com/2010-07-14/news/fl-haiti-recoveryrivals-20100714_1_ashbritt-post-earthquake-haiti-debris.

(12) Echeverria, Lily, "Contractors Bet on Work in Helping Haiti Recover," *The Ledger* (Lakeland, FL), May 26, 2010, http://www.theledger.com/article/20100526/NEWS/5265081.

(13) Iuspa-Abbott, Paola, "Developer Takes Fact-finding Mission to Haiti," *Daily Business Review*, March 4, 2010, http://www.dailybusinessreview.com/id=1202446755176/Developer-takes-factfinding-mission-to-Haiti?slreturn=20141003155631.

(14) O. Grady, Mary Anastasia, "Clinton for Haiti Czar?" *Wall Street Journal*, January 24, 2010, http://www.wsj.com/articles/SB10001424052748704509704575019070435720154.

(15) Herz and Ives, "WoloLeaks Haiti."

(16) Boyer, Peter J., "General Clark's Battles," *New Yorker*, November 17, 2003, http://www.newyorker.com/

magazine/2003/11/17/general-clarks-battles,

(17) Haberman, Maggie, "Wes Clark Also 'Ready for Hillary Clinton," *Politico*, June 23, 2013, http://www.politico.com/story/2013/06/wes-clark-ready-for-hillary-clinton-93194.html.

(18) US Department of State, Embassy in Port-au-Prince, "Earthquake Sitrep as of 1800," Wikileaks, February 1, 2010, https://wikileaks.org/cable/2010/02/10PORTAUPRINCE110.html.

(19) Viglucci, Andres, "Low Cost Cabins Offered for Post-Haiti Earthquake Housing," *Miami Herald,* February 25, 2010. Brinkmann, Paul, "Claudio Osorio Target in $220M Swiss Probe," *South Florida Business Journal*, January 27, 2011, http://www.bizjournals.com/southflorida/news/2011/01/27/claudio-osorio-target-of-swiss-probe.html?page=all.

(20) US Overseas Private Investment Corporation, "Non-confidential Information Summary for the Public." Innovida Holdings LLC, n.d., http://www.opic.gov/sites/default/files/docs/innovida_haiti_smef.pdf.

(21) Gray, Kevin, "Claudio Osorio Arrested on Fraud Charges over Immovida Haiti Housing Scam." video, *Huffington Post,* December 7, 2012, http://www.huffingtonpost.com/2012/12/07/claudio-osorio-fraud-charges-jeb-bush-innovida_n_2262717.html.

(22) Chiarella, Tom, "While Most of the World Has Stopped Paying Attention to Haiti, Bill Clinton Is the De Facto Leader of the Effort to Rebuild the Country." *Esquire*, July 19, 2010, http://www.esquire.com/features/impossible/bill-clinton-haiti-relief-0810-7.

(23) Charles, Jacqueline, "Bill Clinton to take on key Haiti reconstruction role," *Miami Herald*, March 30, 2010, http://

sbrewstertypepad.com/thebrewsterreport/2010/03/the-miami-herald-bill-clinton-to-take-on-key-haiti-reconstruction-role.html.

(24) Pierre-Pierre, Garry, "Our Man in Haiti: Bill Clinton," *America's Quarterly*, Fall 2009, http://www.americasquarterly.org/garry-pierre-pierre-haiti.

(25) Hujer, Marc, "A Stubborn Savior: Is Bill Clinton Haiti's Hope for Salvation?" *Spiegel*, January 10, 2012, http://www.spiegel.de/international/world/a-stubborn-savior-is-billclinton-haiti-s-hope-for-salvation-a-807377.html.

(26) Archibold, Randal C., "Haiti's Prime Minister Quits after 4 Months," *New York Times*, February 25, 2012, http://www.nytimes.com/2012/02/25/world/americas/garrysconille-resigns-as-haitis-prime-minister.html.

(27) "Haiti Economy: Bill Clinton's Role in Economic Policy Increases," *Economist Intelligence Unit (EIU) Newswire*, November 15, 2011, http://country.eiu.com/article.aspx?articleid=978596082&Country=Haiti&topic=Economy&subtopic=Current+policy&sub-subtopic=Economic+policy:+Bill+Clinton%27s+role+in+economic+policy+increases.

(28) Johnston, Jake, "Outsourcing Haiti," *Boston Review*, January 16, 2014, http://www.bostonreview.net/world/jake-johnston-haiti-earthquake-aid-caracol.

(29) 同右。

(30) Valbrun, Marjorie, "Haitian Firms Few and Far between on Reconstruction Rosters," Center for Public Integrity, January 11, 2012, http://www.publicintegrity.org/2012/01/11/7846/haitian-firms-sew-and-far-between-reconstruction-rosters.

(31) Uttley, Jimmy, "An Eventful Time for Haiti: Did Anyone Notice?" *Haiti Observateur*, May 27, 2009.

(32) Marcus, Ruth, "Reelection Team Repeatedly Asked President's Aid," *Washington Post*, September 22, 1997, http://www.

washingtonpost.com/wp-srv/politics/special/campfin/stories/cf.09.2297.htm.

(33) Byron, Christopher, "Pols Haiti Hook-up," *New York Post*, March 2, 2005, http://www.haitipolicy.org/content/2882.htm?PHPSESSID=.

(34) O'Grady, Mary Anastasia, "Democrats for Despotism," *Wall Street Journal*, October 27, 2008, http://online.wsj.com/articles/SB122506507943370505.

(35) 同右。

(36) Heinrich, Erik, "Haiti's Mobile Redemption," *Fortune*, August 15, 2013, http://fortune.com/2013/08/15/haitis-mobile-redemption/.

(37) 同右。

(38) Jackson, Steven, "Digicel Operating Profit Hits Record US$1B." *The Gleaner* (Jamaica), June 6, 2012, http://jamaica-gleaner.com/gleaner/20120606/business/busimess5.html.

(39) Bramhill, Nick, "Bill Clinton Praises Ireland for Being First to Help with His Global AIDS Initiative," *Irish Central*, October 10, 2013, http://www.irishcentral.com/news/bill-clinton-praises-ireland-for-being-first-to-help-with-his-global-aids-initiative-227204991-237782151.html.

(40) "Find a Goal for Jamaica to Embrace, Says Bill Clinton," *Jamaica Observer*, October 27, 2010, http://m.jamaicaobserver.com/mobile/business/Find-a-goal-for-Jamaica-to-embrace--says-Bill-Clinton_8091662.

(41) Humphreys, Joe, "Bill Clinton Visit Cements Close Working Relationship with Denis O'Brien," Irish Times, October

10, 2013, https://www.irishtimes.com/search/search7,1213540?article=true&q=&tag_person=Mr%20O%20Brien&tag_company=Conrad%20Hotel&tag_organisation=Un.

（42）Clinton, Bill, "The Case for Optimism," Time, October 1, 2012, http://content.time.com/time/magazine/article/0,9171,2125031,00.html.

（43）Browne, Vincent, "O'Brien's Record Should Disbar Him from Having a Disproportionate Hold on Media," *Dennis O'Brien News*, August 14, 2013, http://www.denisobrien news.com/?p=25, *Tribunal of Inquiry* (Ireland), "Report of the Tribunal of Inquiry into Payments to Politicians and Related Matters," part II, vols. 1 and 2, *The Guardian*, March 2011, http://www.theguardian.com/world/2011/mar/22/irish-minister-accused-collusion-telecoms; http://www.moriarty-tribunal.ie/asp/detail.asp?objectid=310&Mode=0&Record ID=545.

（44）See VCSmining.com and Evens Sanon and Danica Coto, "Haiti Awards Gold, Copper Mining Permits," *Associated Press*, December 21, 2012.

（45）Pulitzer Center on Crisis Reporting, "Haiti's 'Gold Rush Promises El Dorado—but for Whom?" June 27, 2012, http://pulitzercenter.org/reporting/haiti-lakwev-gold-rushnorth-america-mining-company-corruption.

（46）Regan, Jane, "Haitian Senate Calls for Halt to Mining Activities," *Inter Press Service*, February 24, 2013.

（47）Reitman, Janet, "Beyond Relief. How the World Failed Haiti," *Rolling Stone*, August 4, 2011, http://www.rollingstone.com/politics/news/how-the-world-failed-haiti-20110804?page=7.

（48）同右。

(49) 同右。

(50) US Agency for International Development, Office of Inspector General, "Audit of USAID's Efforts to Provide Shelter in Haiti," April 19, 2011, https://oigusaid.gov/sites/default/files/audit-reports/1-521-11-003-p.pdf.

(51) Macdonald, Isabel, and Isabeau Doucet, "The Shelters that Clinton Built." *The Nation*, August 1–8, 2011, http://www.themation.com/article/161908/shelters-clinton-built.

(52) Doucet, Isabeau, and Isabel MacDonald, "Shelters in Leogare Inspected by Clinton Foundation." *The Gazette* (Montreal), August 27, 2011.

(53) Sontag, Deborah, "Rebuilding in Haiti Lags after Billions in Post-Quake Aid," *New York Times*, December 23, 2012, http://www.nytimes.com/2012/12/24/world/americas/in-aiding-quake-battered-haiti-lofty-hopes-and-hard-truths.html?pagewanted=all&_r=0.

(54) Regan, Jane, "Haiti: Housing Exposition Exposes Waste, Cynicism," *The WorldPost*, December 3, 2012, http://www.huffingtonpost.com/jame-regan/haiti-housingexposition-_b_1911898.html. "Haiti. Housing Exposition Exposes Waste, Cynicism," *Global Information Network*, October 2, 2012, http://www.ipsnews.net/2012/10/haiti-housing-exposition-exposes-waste-cynicism/.

(55) "Haiti's Two-Million-Dollar Ghost Town," Inter Press Service News Agency, October 2, 2012, http://www.ipsnews.net/2012/10/haitis-two-million-dollar-ghost-town/.

(56) "Haiti: Housing Exposition Exposes Waste, Cynicism," *Global Information Network*, October 2, 2012.

(57) Watkins, Tate, "A $300 Million Development Project—and Haiti's Future—Depend on America's Open Markets," *Quartz*, May 8, 2013, http://qz.com/79015/a-300million-development-project-and-haitis-future-depend-on-americas-open-markets/.

(58) Charles, Jacqueline, "Haitian Garment Industry Uplifted by Korean Investment," Cleveland.com, April 10, 2011, http://www.cleveland.com/business/index.ssf/2011/04/haitian_garment_industry_uplift.html.

(59) Sontag, Deborah, "Earthquake Relief Where Haiti Wasn't Broken," *New York Times*, July 5, 2012, http://www.nytimes.com/2012/07/06/world/americas/earthquake-relief-where-haiti-wasnt-broken.html?pagewanted=all.

(60) US General Accountability Office, "Report to Congressional Requesters, Haiti Reconstruction: USAID Infrastructure Projects Have Mixed Results and Face Sustainability Challenges," June 2013, 8, 10.

(61) Sontag, "Earthquake Relief Where Haiti Wasn't Broken."

(62) Johnston, Jake, "Outsourcing Haiti," *Boston Review*, January 16, 2014, http://www.bostonreview.net/world/jake-johnston-haiti-earthquake-aid-caracol.

(63) Watkins, "A $300 Million Development Project."

(64) Louis, Newton, and Andre Michel, "Haiti–Justice: Me Newton and Me Michel Initiate an Action against Former President Clinton," *Haiti Libre*, April 17, 2014, http://www.haitilibre.com/en/news-10960-haiti-justice-me-newton-and-me-michel-initiate-an-action-against-former-president-clinton.html. O'Grady, Mary A., "Bill, Hillary and the Haiti Debacle," *Wall Street Journal*, May 18, 2014, http://online.wsj.com/articles/SB10001424052702304547704579564651201202122.

第一一章　「汚職」のボーダーライン

二〇〇九年一二月九日、国務省はヒラリー・クリントン国務長官からのビデオ・メッセージを発表した。それは、「国際汚職防止デー」でのことだった。カメラの前に腰かけ、彼女は世界中で政治的な腐敗と戦うことの重要性について話し、賄賂や汚職と戦う経済協力開発機構（OECD）の仕事を褒め称えた。OECDは、世界の経済先進国から成る国際機関だ。ヒラリー自身が、五〇周年となる二〇一一年に、この組織の議長を務めた。ビデオの中で、ヒラリーはOECDの贈賄防止条約を、「政府が責任感を持ち、説明責任を果たすことを後押しする、国際的な取り組みの一里塚」として、称えた。彼女はさらに、アメリカは「OECDの汚職防止の目標を全面的に応援する」と宣言した。(1)

発展途上国での汚職や賄賂と戦うことは、ヒラリーの任期における重要な焦点だった。国務省の報道官は次のように説明している。

「彼女は、汚職の問題をアメリカの外交政策における、主要な論点へと引き上げた。彼女はまた、OECDの贈賄防止条約を含め、国際的な汚職防止の協定の重要性を周知させてきた」(2)

OECDの贈賄に関する作業部会は、次のように説明している。

「個人や企業は、第三者が賄賂の取り引きに関与している場合にも、訴追され得る。それは例えば、高官以外で賄賂をもらった人物が、家族やビジネスパートナー、高官のお気に入りの慈善団体への違法な利益を受け取った場合のことである」(3)

彼女は汚職防止についての立場と、どんなに好意的に見たとしても、まず間違いなく利益相反を示している、自身と夫が関与する多くの取り引きとを、どう両立させるのだろうか。明示的な合意がなかったとしても、夫や家族の財団に渡った数百万ドルによって、彼女の決定が影響されていないと、彼女はどう主張できるのだろうか。彼女はどうすれば、自身が問題の一部ではないと見ることができるのだろうか。

ＯＥＣＤの賄賂の定義に基づけば、明示的なギブアンドテイクの関係は必要ない。二〇〇九年の汚職の裁判で第六区巡回控訴裁判所は、ギブアンドテイクの関係が成立する上で、資金が送られる際に「特定の、それと分かる行動」があったかどうかは問題ではないと指摘した。「その代わり、公務員が、機会がある時に、払い手の利益のための影響力を行使することが期待されていると理解していることで、十分である」という。(4) 友人、お金、政治に、危険なカクテルだ。クリントン一家は、アメリカの政策を舵取りする上で、このような危険な飲み物を避けるべきだった。

影響力を得るために政府高官にお金を渡してきた海外の実業家によって、多額の寄付がなされてきた。たとえば、ビルの講演をスポンサーし、クリントン国際イニシアチブに一〇億ドルを寄付したギルバート・チャゴリーは、ナイジェリアでの腐敗した取り引きに関わってきた、長い歴史を持つ。同様に講演を企画し、クリントン財団に小切手を書いてきたデニス・オブライエンは、自身の携帯電話事業を推進するため、アイルランドの政府官僚に蓄財させることに関与した。(5)

クリントン夫妻自身にも、疑わしい金融取引の歴史がある。一九九二年の大統領選の期間に、ホワイトウォーター疑惑として知られる、アーカンソー州の不動産開発における、自身の立場についての懸念が持ち上がった。また、一〇〇〇ドルの投資が一〇万ドルに変わった牛の先物取引から得た、ヒラリーの奇跡的な利益の問題もあった。これらの取り引きが違法だと証明した人は、誰もいない。しかし、疑念は彼らの頭の上にとどまり続け、ビルが大統領になった際に、彼とヒラリーはそれをワシントンに持ち込んだ。

ビルの大統領としての最初の任期中、彼とヒラリーが非倫理的な行いについての様々な申し立てを受ける中で、彼の法的弁護基金は四五万ドルの匿名の献金を、チャーリー・トリーというリトル・ロックのレストラン経営者を通じて受け取った。クリントンとトリーは、近しい友人だ。一九九二年の選挙の直後に、トリーは法的弁護基金と、大統領の再選に向けたＤＮＣのいわゆるソフトマネー口座に、お金を流し始めた。ＤＮＣはそのお金が中国から来ているのではないかと懸念して、テリー・レンズナーを私的調査官として雇って調査させた。

レンズナーは後に、次のように書いている。

「私は彼らがなぜ懸念しているのか分かる。危険信号が上がっているのは明らかだ。たとえば、郵便為替にはそれぞれ違う名前が書いてある。しかし、すべてにおいて『大統領』という単語は、スペルが間違っていた――同じ筆跡の、ピッタリ同じ間違え方で」(6)

レンズナーは、これらの寄付の多くが、年に二万ドルから三万ドルしか稼いでいない人々から来ていて、多額の寄付の出所とはなり得ないだろうことを発見した。したがって、レンズナーはＤＮＣに寄付金を返還するように勧めた。だが、ビルは初め、これを拒否した。献金が返還されたのは、彼の法的弁護基金の共同会長の両方（元司法長官とカトリック神父）が辞めると脅した後のことだった。

一九九六年の選挙の後に、DNCは、その多くが外国からきていた二八〇万ドルの違法な、あるいは不適切な献金の返還に追い込まれた。その額のうち、約八〇%はトリーや別のクリントンの友人であるジョン・ホワンが集めたものだった。トリーと同様に、ホワンもクリントンを長年知っており、インドネシアのコングロマリットであるリッポ・グループに勤めていた。ホワンはDNCの資金調達担当としての立場を得て、海外の出資者からの多額のお金を集めることに素早く着手した。ホワンは、韓国の実業家であるジョン・H・K・リーのためにクリントン大統領との夕食会をセットし、見返りに二五万ドルの献金を得た。(7) 彼はまた、マハトマ・ガンジーの親戚だというヨゲシュ・K・ガンジーが、ホワイトハウスで大統領と会って賞を渡され、写真に収まるように企画した見返りは三二万五〇〇〇ドルだった。どちらの献金も、この話題が公になったことで、返還しなければならなかった。(8)

同時に、一〇〇回以上の「ホワイトハウス・カフェ・ミーティング」が一九九五年と一九九六年に行われ、多額の寄付者が大統領と直接会う時間のためにお金を払った。ホワイトハウス高官は、これらが資金集めのイベントだというのを当初は否定していたが、ホワイトハウスの副首席補佐官だったハロルド・アイクスのスケジュールでは、これらのイベントが「政治的/資金集めカフェ・ミーティング」と書かれている。ホワイトハウスの高官は、誰がいくら払ったかを含め、こうしたイベントの「収入見積り」を記録していた。(9) そして、正当な献金の場合には、リンカーン・ベッドルームに泊まることができたという証拠がある。(10)

クリントン夫妻は、バカな人々ではなかった。彼らは法律を知っており、そのもとで活動する痛みを知っていた。加えて、この本で私が描いた種類の汚職は、証明することがとても困難だ。私たちは、彼らの頭の中がどうなっていたのかを究極的に知ることはできないし、彼らが得たお金とその後に彼ら自身と友人、仲間にもたらされた利益との関係を立証することも結局はできない。それを言った上で述べれば、私が立証してきた行動のパターンは、無視するにはあまりに露骨で、ジャーナリズムを超える調査能力を持つ人々による法的な調査が行われるに値するものだ。

過去一〇年以上にわたって、クリントン夫妻は、世界中の外国政府や、海外投資家、外国企業との間の数百の取り引きに（私的な個人として、公的な高官として）関わってきた。クリントン財団の寄付者リストと講演をスポンサーした人々の名簿から明らかなのは、独裁者や、王家、法的な問題を抱えている海外投資家でそこに表れていない人は、ほとんどいないということだ。

これまでに見てきたように、クリントン財団の評議員のうち四人は、金融犯罪で告発されたり、有罪判決を受けている。似たような問題に直面している財団は、世界にどれだけあるだろうか。もっと重要なのは、アメリカの元大統領がどうして、そのような疑わしい人物たちと、関わり合いを選ぼうとするのかということだ。

これらの取り引きにヒラリーが関与していると見えることは、さらに問題だ。ビルは一般市民だとしても、ヒラリーは依然として政府高官だった。国務長官としての彼女の任期中、巨額なお金の流れには注意すべきパターンがある。資金の出所、金額、タイミングは、しばしば疑わしい。ウランからキーストーンXLパイプラインまで、支払いの多くは、ヒラリーが重要な安全保障に関する問題に取り組んでいた時に行われている。

実際に、お金の流れは、ヒラリーがアメリカ最高位の外交官になった後も減速しなかった。反対に、特に海外からの資金については、むしろ加速した。そして、資金は、様々な問題のある出所から来ていた。外国政府、第三世界の独裁者、外国企業だ。最大規模の支払いはイギリスやドイツではなく、賄賂や汚職が普通で、しかも巨大な規模で行われている文化のある、国や企業から来ていた。

ヒラリーは二〇一二年三月、ワシントンDCの中心部にあるメイフラワー・ホテルの大宴会場でスピーチをした。その場は、トランスピアレンシー・インターナショナルという汚職と戦う国際組織の夕食会だった。ヒラリーは、長い時間をかけて、「なぜ日の光が最大の消毒剤なのか」について話し、汚職との戦いが安全保障に不可欠な分野であると断言した。ヒラリーは、「私たちが信用されるかどうかは、説いたことを実行できるかにかかっている」と言った。(11)

しかし、これまで見てきた限りでは、クリントン夫妻は、財団の全ての主要な寄付者の名前を単に公開するという、オバマ大統領、連邦上院、そしてアメリカ国民との約束さえ実行できていない。数百万ドルの海外からの寄付者は、報告されていない。国務省との案件を抱えていた海外企業の株式の寄付についても、報告されていない。数百万ドルを注ぎ込んだ海外企業については、視界から隠されている。さらに、この本で記録されているケースは、私たちが知っているものだけに限られている。

ビルの講演について言えば、クリントン夫妻はたびたび、誰が実際に講演料を払っているのかを全面的に公開することを怠ってきた。なぜクリントン夫妻はこのようなことをするのか。どうして彼らは、非倫理的な行動について深刻な疑問を抱かせるような立場に、自らを何度も何度も置くのか。

論評は全範囲に及んでいる。弁護する側は、お金は問題ではないと主張する。ビルとヒラリーは、実のところ、お金にはそれほど関心はないという。それは、おかしな議論だ。もし財を成すことがゴールでないなら、どうして六ケタもの講演料を請求して、懐に入れるのか。なぜ最少額の請求にとどめたり、収入を慈善事業に寄付しないのだろうか。

お金は明らかに要素の一つに見受けられる。クリントン夫妻についても、政界にいる多くの人と一緒で、お金はかなり物を言うのだ。十分な影響力を手にすれば、多くの人を脅して、どのようにそれを得たのか、尋問されないようにできる。

以前、指摘したように、クリントン夫妻は、恥知らずなほどに実務的だ。例えば、アーカンソー州知事としてのビルの任期中、夫から何かを得たい人々との取り引きによって家族を財政的に利したのはヒラリーだった。牛の先物取引での彼女の驚くべき成功が思い浮かぶ。タイソン・フーズ社の外部カウンセラーであるジェームズ・ブレアが、彼女の口座を立ち上げた。同じ時期にタイソンは、いくつかの州の動きによって利益を得た。(12)

最近では、もちろん、役割は逆になった。ヒラリーの助けを求める人々は、ビルにお金を投下する人々になった。海外のお金は、国務長官の政治的な選択に重大な個人的利害を持つ人々や団体から、クリントン夫妻と彼らの財団に流れ込んだ。そして、私たちが紹介してきたいくつもの例において、資金を提供する人々を利するようにヒラリーは方針を転換してきたという事実を、証拠が示唆している。

さらには、最近の工作は、州のレベルや国内問題のレベルでなく、国際的なスケールで展開されている。グローバリゼーションの時代は、世界中で資源採掘の契約を結びたいと願い、実際に結べる実業家にとって、大きなチャンスをもたらした。これらの案件の多くは、私たちが見てきたように、文明的な統治が必ずしも行われておらず、不快な人々が関わっている発展途上国で交わされたものだ。

クリントン夫妻は、当代で最も政治的に長けた公人なのだろう。彼らは権力の中枢と世界中で、どのように物事が動いているかを知っている。彼らは、外国政府がアメリカの外交政策に影響を与えようとしていることを知っている。そして彼らは、賄賂が世界中でまかり通っていることを知っている。彼らはお金を稼ぐ数多くの手段を持っている。こうした手段の一部は、ナイジェリアで七〇万ドルの講演を行うほど儲けが良くはないかもしれないが、その方がよほどクリーンだろう。

もし不法行為が何も行われていなかったとしても、関わっている政治的な判断については、いぶかしむべきだ。アメリカの影響力を海外の利益団体に売り渡していると見えるだけで、元大統領と――そして、ひょっとすると将来の大統領――が、国辱になり得る関わり合いを避ける理由になる。ヒラリー・クリントンは二〇一一年にOECDの五〇周年フォーラムで、「賄賂は、貿易、投資、開発を妨げる。賄賂は良き統治を蝕み、さらにひどい汚職を呼び込む。そしてもちろん、それは倫理的に間違っている――しかし、はびこりすぎている」と述べている。

この点については、私たちもまったく同感だ。

（1）Clinton, Hillary, "International Anti-Corruption Day,"US Department of State, December 9, 2009, http://www.state.gov/secretary/2009.2013clinton/rm/2009a/12/133339.htm.

（2）"Secretary of State Hillary Rodham Clinton to Receive Transparency International USA's Integrity Award," US Department of State, Office of the Spokesman, March 21, 2012, http://www.state.gov/r/pa/prs/ps/2012/03/186148.htm.

（3）OECD Working Group on Bribery, "Annual Report 2013," December 4, 2013, http://www.oecd.org/daf/anti-bribery/AntiBriberyANNRep2012.pdf, 6.

（4）*United States v. Abbey* 560 F.3d 513, 518-19 (6th Cir. 2009). Henning, Peter J., and Lee Radek, *The Prosecution and Defense of Public Corruption: The Law and Legal Strategies* (New York: Oxford University Press, 2011), 114.

（5）Metcalf, Tom, "Ireland's Would-Be Carlos Slim Sells Mobiles to Masses," Bloomberg. com, November 12, 2013, http://www.bloomberg.com/news/2013-11-13/ireland-swould-be-carlos-slim-sells-mobiles-to-masses.html. Clinton Foundation, "Contributor Information," https://www.climtonfoundation.org/contributors?category=%241%2C000%2C001+to+%245%2C000%2C000.

（6）Lenzner, Terry F., "A Second Presidential Scandal," in *The Investigator: Fifty Years of Uncovering the Truth* (New York: Penguin Group, 2013), 290–314.

（7）US Senate, Governmental Affairs Committee, *Majority Report: Executive Summary*, March 5, 1998, http://www.washingtonpost.com/wp-srv/politics/special/campfin/stories/execsumm030698.htm.

（8）同右。

（9）同右。

（10）Fournier, Ron, "White House Database: Hotel Link to Lincoln Bedroom," *Lubbock Avalanche-Journal*, January 1, 1997, http://lubbockonline.com/news/013197/white.htm.

（11）Clinton, Hillary, "Remarks at the Transparency International-USA's Annual Integrity Award Dinner," speech, Transparency International Integrity Award Dinner, Mayflower Hotel, Washington DC, March 22, 2012, http://m.state.gov/md136703.htm. Geman, Ben, "Clinton: SEC Oil, Mining Regs Will Have 'Profound' Effect," *The Hill*, March 23, 2012, http://thehill.com/policy/energy-environment/217885-clinton-sayssec-oil-transparency-regs-will-have-profound-effect.

（12）Gerth, Jeff, "Top Arkansas Lawyer Helped Hillary Clinton Turn Big Profit," *New York Times*, March 17, 1994, http://www.nytimes.com/1994/03/18/us/top-arkansas-lawyerhelped-hillary-clinton-turn-big-profit.html.

謝辞

この調査プロジェクトは、カナダの納税記録からウクライナの貿易記録までも閲覧するなど、並はずれた量の詳細なリサーチを必要とした。この調査はグローバルな規模だったため、世界中の資料を詳細に調べる必要があった。繊細な調査の性質のため、調査者は謝辞に名前を載せないように言ってきた。とはいえ、私は彼らのプロフェッショナリズムと、根気強さ、詳細に及ぶ注意力に、感謝している。

政府アカウンタビリティ研究所は、発足から三年と少しの間、素晴らしいリーダーシップを享受してきた。それは、私たちの議長兼CEOのステファン・K・バノン、また私たちの理事会のオーウェン・スミス、ロン・ロビンソン、ハンター・レウィスといった面々だ。私は、ワシントンの共和党も民主党も両方を攻撃することになった、二年間にわたる私たちの研究を支援してくださった人々に、特別な感謝を述べたい。

愛と感謝は常に、私の子供、ジャックとハナに。君たち両方が、私にとってかけがえのない存在だ。

この複雑なプロジェクトを進めるにあたって、私の家族はとても協力的でいてくれた。（この本を捧げる）妻のロンダ、母のシャスティン・シュバイツァー、そして「北にいる」私の家族、マリアとジョー、ダニーとアダムに、ありがとう。また、アバとラクエルもありがとう。わが家族へようこそ！

作家としてのキャリアを通じて、私は大いなるプロの指導と友情に助けられてきた。私のエージェントであるグレン・ハートリーとリン・チューには、その賢明な助言に感謝している。そして、長年の友人であるアダム・ベローと一緒にこのプロジェクトに取り組めて、とても嬉しかった。

そしていつも通り、本書の内容についての責任は、すべて著者ひとりにある。

【著者・監修者プロフィール】

【著者】
ピーター・シュバイツァー
米国のベスト・セラー作家。ジョージ・W・ブッシュ大統領の元スピーチ・ライティング・コンサルタント。著書『Throw Them All Out』『Extortion』の中で、ワシントンの政治家たちが権力を背景に私腹を肥やしている実態を告発し、ドキュメンタリー番組『60 ミニッツ』や、ニューヨーク・タイムズ紙などの主要メディアで大きな話題となった。また、政・官・財の癒着や税金の無駄遣い、政府の汚職、違法行為などを明らかにする、政府アカウンタビリティ研究所（ＧＡＩ）の共同創設者兼会長も務める。

【監修者】
あえば　直道（じきどう）
共和党全米委員会・顧問（アジア担当）。一般社団法人 JCU 議長。政治評論家。ワシントンD．Cにて、故ロナルド・レーガン大統領が創設した全米税制改革協議会（ATR）で経済政策を学ぶ中、米国保守政界の中枢に多数の知己を得る。2012 年、共和党全米委員会（RNC）のシャロン・デイ共同議長の推挙により、同委員会・顧問に就任。2015 年、米国最古で最大の草の根保守組織・全米保守連合（ACU）の日本側パートナーとして、JCU を設立した。著書に『最強国家』（文芸社）。1967 年、神奈川県生まれ。慶應義塾大学法学部卒。

クリントン・キャッシュ

― 外国政府と企業がクリントン夫妻を『大金持ち』にした手法と理由 ―

2016年2月10日　初版第1刷発行

著者　ピーター・シュバイツァー
監修者　あえば直道
翻訳　小濱由美子、呉　亮錫
企画制作　一般社団法人JCU
発行人　牧野智彰
発行所　株式会社LUFTメディアコミュニケーション
〒105-0001 東京都港区虎ノ門1-17-1
虎ノ門5森ビル4F
TEL：03-5510-7725　FAX：03-5510-7726
http://www.atpub.co.jp
印刷・製本　シナノ書籍印刷株式会社

ISBN978-4-906784-41-7 C0031